머신러닝과 경제·금융 시계열 예측

R과 Python을 활용한 실습 중심 입문서

한희준 지음

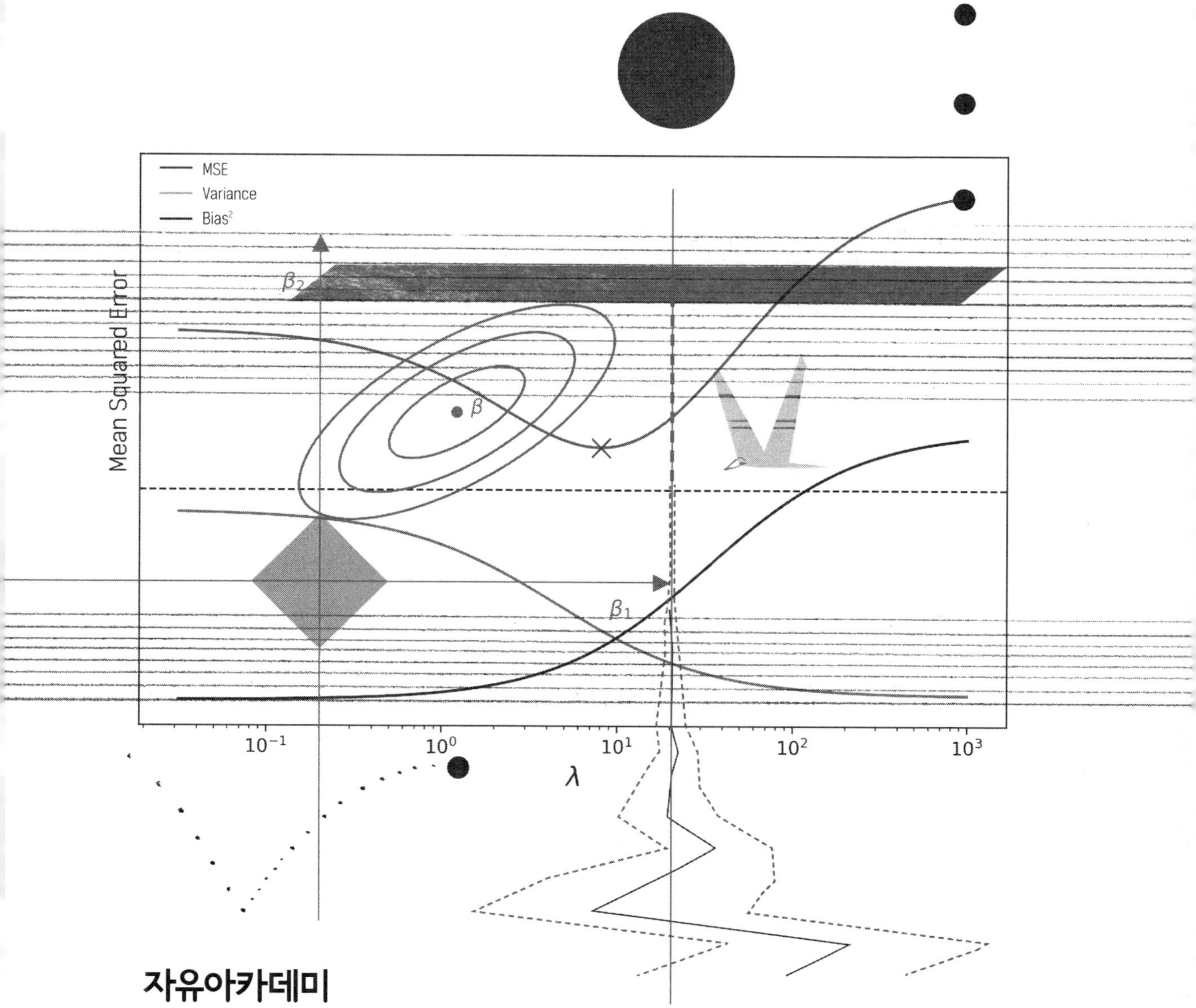

자유아카데미

머리말

이 책은 경제와 금융 분야에서 시계열 데이터를 예측하는 데 필요한 머신러닝 기법을 쉽고 체계적으로 익힐 수 있도록 구성하였다. 특히 시계열 자료의 특성을 고려한 예측 방법에 초점을 맞추었으며, 실제 데이터를 활용한 실습을 통해 독자가 이론적 이해를 넘어 실제 분석에 적용할 수 있는 능력을 기를 수 있도록 돕는다.

1부와 2부는 성균관대학교 경제학과 학부 수업 '머신러닝과 경제 · 금융 시계열 예측'과 퀀트응용경제학과 대학원 수업 '머신러닝과 경제예측'의 강의 내용을 바탕으로 정리하였다. 경제 및 금융 시계열 데이터를 머신러닝 기법으로 예측할 때 꼭 필요한 개념과 방법만을 선별하여, 가능한 한 쉽고 명확하게 설명하는 데 중점을 두었다. 이 책이 머신러닝을 활용한 경제 · 금융 시계열 예측에 관심 있는 학생, 연구자, 강사 모두에게 유용한 길잡이가 되기를 바란다.

이 책의 가장 큰 특징은 각 장마다 R과 파이썬을 활용한 실습 사례를 포함하고 있다는 점이다. 실습에서는 실제 경제 및 금융 데이터를 사용하여 예측 과정을 따라가며 학습할 수 있도록 구성하였다. 모든 실습용 코드와 데이터는 아래 웹사이트에서 내려받을 수 있다.

https://github.com/heejoonhan/Machine-Learning-and-Forecasting-Textbook

각 장에는 실습 부분이 별도로 포함되어 있으며, 코드를 실행하여 예측 결과를 도출하는 데 필요한 단계별 설명도 함께 제시한다. 독자들은 위 웹사이트에서 실습 코드를 내려받아 직접 실행해 보면서 교재의 설명을 참고하여 자연스럽게 실습 내용을 익힐 수 있다. 보다 자세한 프로그램 및 코드에 대한 설명은 뒷부분의 '프로그램 및 실습 코드' 항목을 참고하면 된다.

이 책의 1부는 시계열 분석과 예측의 기초를 다루며, 총 두 개의 장으로 구성되어 있다. 1장에서는 정상성과 단위근 등 시계열 분석에 필수적인 개념과 함께, 자기회귀, 이동평균 등 기본적인 시계열 모형을 설명한다. 2장에서는 시계열 데이터를 활용한 예측 절차와 예측력 평가 방법을 소개한다. 일반적인 머신러닝 교재들은 대부분 횡단면 데이터를 전제로 설명되어 있으며, 시계열 자료의 특성을 충분히 반영하지 않는 경우가 많다. 하지만, 시계열 데이터는 횡단면 데이터와 다른 고유한 특성이 있기 때문에, 이러한 특성을 무시한 채 머신러닝 기법을 그대로 적용하는 것은 바람직하지 않다. 특히 경제 및 금융 데이터는 단위근을 포함한 경우가 많은데, 이를 정상시계열로 적절히 변환하지 않고 예측에 사용하는 것은 특히 주의해야 할 사항이다. 따라서 경제 · 금융 시계열 예측에서 시계열의 정상성 여부를 판단하고 처리하는 과정이 매우 중요하며, 이러한 배경지식은 1부에서 다루는 내용들을 통해 반드시 이해하고 넘어가야 한다.

2부는 머신러닝과 예측을 다루는 핵심 부분으로, 3장부터 7장까지 총 다섯 개의 장으로 구성되어 있다. 머신러닝의 기초 개념부터 시작하여 실무와 학술 분야에서 널리 활용되는 주요 기법들을 소개한다. 머신러닝에서는 범주형 변수를 예측하는 분류(classification)도 중요하지만, 이 책은 경제 · 금융 시계열 예측에 초점을 맞추기 때문에 연속형 변수를 예측하는 회귀(regression)만을 다룬다. 3장에서는 머신러닝 및 지도학습의 기본 개념을 소개하며, 머신러닝의 작동 원리와 학습 방식에 대한 이해를 돕는다. 4장에서는 선형회귀모형과 축소추정 기법을 설명한다. 특히 변수 선택과 해석에 강점을 가지며 경제학 분야에서 널리 사용되는 라쏘 회귀를 중심으로 다룬다. 5장은 의사결정나무를 기반으로 한 모형들을 설명하며, 특히 실무에서 자주 사용되는 랜덤 포레스트와 부스팅을 중점적으로 소개한다. 6장에서는 인공신경망 기반 예측 방법을 다루며, 시계열 예측에 널리 활용되는 순환신경망과 LSTM 모형에 초점을 맞춘다. 의사결정나무 기반 모형과 인공신경망 기반 모형에 대해서는 복잡한 알고리즘 설명을 최소화하고, 직관적인 이해에 도움이 되는 핵심 개념만을 설명하고자 하였다. 7장은 앞의 1장부터 6장까지 배운 내용을 종합하여 실습하는 장이다. 인플레이션 예측을 주제로 데이터 세트 구축, 예측 절차 설정, 다양한 시계열 및 머신러닝 모형을 활용한 예측, 예측력 평가 및 검정 등을 실제로 수행해 본다.

3부는 중급 시계열 분석을 다루며, 총 두 개의 장으로 구성된다. 8장에서는 여러 시계열 변수들 간의 상호작용을 분석하는 벡터자기회귀모형을 다루고, 9장에서는 ARCH와 GARCH 모형을 중심으로 시계열의 조건부 분산과 변동성을 설명한다. 이 장들에서 다루는 내용은 시계열 분석에서 이론적으로도 중요한 주제일 뿐만 아니라, 실제 경제 · 금융 분야에서도 매우 유용하게 활용된다. 시계열 예측에 벡터자기회귀모형이 사용되는 경우도 많고, 금융시장 변동성 예측은 금융시장 참가자들의 리스크 관리 및 포트폴리오 조정 등에 중요한 정보를 제공한다. '시계열 분석 및 예측'이나 '금융계량경제학'과 같은 수업에서는 1부와 3부, 그리고 2부의 4장(축소추정)을 함께 학습하면 바람직할 것이다.

이 책의 내용은 필자가 지난 20여 년 동안 싱가포르국립대학교, 경희대학교, 성균관대학교에서 연구하고 가르친 내용을 정리한 것이다. 책을 집필하는 데 최선을 다하였지만 부족한 부분이 있을 수 있다. 이 점은 양해를 바라며, 출간 후 나올 수 있는 수정사항 등은 자유아카데미 홈페이지(www.freeaca.com) 자료실에 제공할 예정이니 참고하기 바란다.

다음으로 이 책의 집필을 직간접적으로 도와준 분들께 감사의 마음을 전하고자 한다. 우선 Indiana 대학의 박준용 교수님과 장유순 교수님께 감사드린다. 높은 수준의 시계열 계량경제학을 열정적으로 가르쳐 주셨고, 연구자로서 성장하는 데 큰 도움이 되는 조언을 아낌없이 주셨다. 성균관대학교 경제학과의 동료 계량경제학자인 김창식 교수님, 김준성 교수님, 김지현 교수님과는 같은 분야의 좋은 동료로서 함께 학생을 가르치고, 논문을 지도하며, 공동 연구를 이어갈 수 있음에 늘 감사함을 느낀다.

또한 이 책의 집필을 도와준 성균관대학교 경제학과 대학원생 김겨레 군에게도 감사의 말을 전한다. 파이썬 코드 부분에서 큰 도움을 주었을 뿐만 아니라, 이 책을 교재로 사용할 학생의 관점에서 도움이 될 만한 의견을 제시해 주었다. 끝으로 이 책의 집필을 응원해 주고 표지를 디자인해 준 아내 이수지 그림책 작가에게도 고마움을 전한다.

2025년 8월

한희준

프로그램 및 실습 코드

R은 통계 전용 언어로, SPSS, SAS, MATLAB 등 상용 통계 소프트웨어의 고비용 문제를 해결하기 위해 통계학자들이 개발하였다. 현재는 통계학 및 계량경제학 분야에서 널리 사용되고 있다. 반면 파이썬은 직관적인 문법과 유연한 구조를 바탕으로 다양한 분야에서 활용되는 범용 프로그래밍 언어로, 최근에는 데이터 분석과 인공지능 분야에서도 주류로 자리 잡고 있다.

개발 언어에 익숙하지 않지만 통계 분석에는 능숙한 사용자라면 R이 적합할 수 있다. 오랜 시간 축적된 다양한 통계 패키지들이 존재하며, 특히 계량경제학 분야에서는 새로운 기법이 제안될 때 R 패키지로 구현되어 공개되는 경우가 많다. 이런 이유로 많은 대학의 계량경제학 수업에서도 R을 활용한 실습이 이루어진다.

반면, 머신러닝 분야에서는 파이썬이 훨씬 널리 사용된다. 특히 딥러닝에 대한 관심이 급증한 2016년경부터 파이썬의 사용이 급격히 증가하였으며, 텐서플로우(TensorFlow), 케라스(Keras), 파이토치(PyTorch) 등 대표적인 딥러닝 프레임워크들이 모두 파이썬 기반으로 개발되었다. R에서도 이들과 연동이 가능하긴 하지만, 앞으로도 딥러닝 분야는 파이썬 중심으로 발전할 가능성이 높다.

이에 따라 본 교재에서는 기본적으로 R을 활용하여 실습 사례를 제시하지만, 머신러닝 관련 내용을 다루는 제4장부터 제7장까지는 R 코드와 함께 파이썬 코드도 병기하여 설명한다.

이 책에서 사용하는 실습용 코드와 데이터는 다음의 웹사이트에서 내려받을 수 있다.

https://github.com/heejoonhan/Machine-Learning-and-Forecasting-Textbook

차례

1부 시계열 분석 및 예측의 기초

| 4장 | 선형회귀모형과 축소추정

| 5장 | 의사결정나무 기반 모형

| 6장 | 인공신경망 기반 모형

| 7장 | 종합 실습: 머신러닝을 이용한 인플레이션 예측과 관련 이슈

3부 중급 시계열 분석

1부

시계열 분석 및 예측의 기초

1장

시계열의 정상성 및 시계열 분석의 기초

1.1 시계열의 정상성

시계열의 정상성(stationarity)은 시계열 데이터의 특성이 시간에 따라 일정하게 유지되는 성질을 의미한다. 이는 시계열 데이터에서 시간이 지나더라도 데이터의 통계적 특성이 변하지 않는다는 것을 의미하며, 시간 이동에 대한 불변성(invariance with respect to time shift)의 개념과 깊이 관련되어 있다.

보통 정상시계열(stationary time series)은 공분산 정상성(covariance stationarity)을 만족하는 시계열을 의미한다. 공분산 정상성의 정의는 다음과 같다.

정의

시계열 $\{y_t\}$는 다음 세 가지 조건이 만족한다면 공분산 정상시계열(covariance stationary time series)이다.

1) 평균의 시간 불변성
   시계열의 평균이 시간에 따라 일정하다.
2) 분산의 시간 불변성
   시계열의 분산이 시간에 따라 일정하다.
3) 공분산의 시간 불변성
   두 시점 t와 $t-k$간의 공분산 $cov(y_t, y_{t-k})$이 시간 t에는 의존하지 않고, 시차 k만의 함수로 표현된다.

공분산 정상성은 시간 이동을 하더라도 평균, 분산, 공분산 이 세 가지 통계적 특성이 변하지 않는다는 것을 의미한다. 즉 y_t와 y_t를 s만큼 시간 이동한 y_{t+s}를 비교할 때, 다음 세 가지 조건이 만족한다면 시계열 $\{y_t\}$는 정상시계열(공분산 정상성을 만족하는 시계열)이라 할 수 있다.

1) $E(y_t) = E(y_{t+s})$
2) $var(y_t) = var(y_{t+s})$
3) $cov(y_t, y_{t-k}) = cov(y_{t+s}, y_{t+s-k})$

확률 변수 Y의 k차 적률(moment)을 $E\left(Y^k\right)$라 하므로, 공분산 정상성은 암묵적으로 시계열의 1차 적률과 2차 적률이 유한한 값으로 일정하다는 것을 가정하고 있다.

공분산 정상성과 다른 정상성의 개념으로 협의의 정상성(strict stationarity) 또는 엄격한 정상성이 있으며 그 정의는 아래와 같다.

정의

임의의 s에 대해 $\left(y_{t_1},\cdots,y_{t_m}\right)$의 결합확률분포와 $\left(y_{t_1+s},\cdots,y_{t_m+s}\right)$의 결합확률분포가 동일할 때, 시계열 $\{y_t\}$는 순정상시계열(strictly stationary time series)이다.

이는 시간 이동을 하더라도 결합확률분포가 변하지 않는다는 것을 의미하는데, 이 개념은 추정치의 일치성(consistency) 또는 점근분포(asymptotic distribution)에 대한 계량경제이론을 증명할 때 사용되는 경우가 많다.

엄격한 정상성은 시계열 $\{y_t\}$의 결합확률분포가 시간 이동에 대해 동일해야 함을 의미하고, 공분산 정상성은 시계열의 1차 및 2차 적률과 관련된 평균, 분산, 공분산만이 시간에 따라 일정함을 요구한다. 만약 확률 변수 y_t의 2차 적률이 유한한 값으로 일정하다면, 시간 이동을 하더라도 $\left(y_{t_1},\cdots,y_{t_m}\right)$의 결합확률분포가 일정하다는 것은 y_t의 평균, 분산, 공분산이 일정하다는 것에 비해 훨씬 강한 조건입니다. 이는 분포가 동일하면 적률도 당연히 같기 때문이다. 따라서 엄격한 정상성을 강정상성(strong stationarity) 그리고 공분산 정상성을 약정상성(weak stationarity)이라 하기도 한다. 그러나 엄밀히 말해 강정상성이 약정상성보다 더 강한 가정은 아니다. 강정상성은 적률에 대해 어떠한 가정도 하고 있지 않지만, 약정상성은 최소한 2차 적률이 유한한 일정한 값이라는 것을 전제로 하고 있기 때문이다. 예를 들어, 시계열 $\{y_t\}$이 독립동일 코시분포(Caucy distribution)를 가진다면, 이 시계열은 강정상을 가지지만 약정상성을 가지지 못한다. 왜냐하면 코시분포를 따르는 확률 변수는 어떠한 적률도 유한한 일정한 값을 가지지 못하기 때문이다.

관련 논문이나 교재의 관례에 따라 이 책에서도 시계열의 정상성은 공분산 정상성을 뜻한다. 시계열 예측에서 대부분은 시계열 모형을 이용하든 머신러닝 모형을 이용하든 과거 데이터의 특성을 학습한 후 동일한 특성이 유지될 것으로 가정하여 미래를 예측한다. 따라서 시계열 예측에서 시계열의 정상성은 주의해야 할 매우 중요한 개념이다. 특히 머신러닝 예측에서 시계열의 정상성이 간과되는 경우가 많은데, 이에 대해 추후 자세히 살펴볼 예정이다.

$\{y_t\}$가 독립동일분포(independent and identically distributed, iid)를 따른다고 하면, 서로 다른 i와 j에 대해 y_i와 y_j가 서로 독립이고 각각 동일한 분포를 따른다는 것을 뜻한다. 독립동일분포를 따르는 경우의 예로 동전 던지기를 들 수 있다. 동전을 한 번 던지는 결과(앞면 또는 뒷면)는 이전 던지기의 결과에 영향을 받지 않으므로 각 던짐은 독립적이며, 동전을 던져 앞면이 나올 확률과 뒷면이 나올 확률은 항상 각각 0.5이므로 각 던짐은 동일한 확률 분포를 따른다.

기초 통계량

다음으로 시계열의 특성을 살펴볼 때 사용하는 기초 통계량을 몇 가지 살펴본다. 두 확률 변수 Y와 X의 공분산(covariance)은

$$cov(Y,X)=E[(Y-E(Y))(X-E(X))]$$

이며, 이는

$$cov(Y,X)=E(YX)-E(Y)E(X)$$

임을 쉽게 알 수 있다. 두 확률 변수의 상관계수(correlation)는

$$corr(Y,X)=\frac{cov(Y,X)}{\sqrt{var(Y)}\sqrt{var(X)}}$$

이다.

시계열 $\{y_t\}$의 자기공분산(autocovariance)은 시계열의 두 시점 t와 $t-k$간의 공분산으로

$$\gamma(k)=cov(y_t,y_{t-k})$$

로 표현한다. 시계열 $\{y_t\}$의 자기상관계수(autocorrelation, ACF)은 시계열의 두 시점 t와 $t-k$간의 상관계수로

$$\rho(k) = corr(y_t, y_{t-k})$$

로 표현한다.

다른 확률 변수 Z의 영향을 제거한 후의 Y와 X의 상관관계를 측정하기 위해 부분 상관계수(partial correlation)를 사용하는데, 시계열 $\{y_t\}$의 부분 자기상관계수(partial autocorrelation, PACF)는 y_t와 y_{t-k}간의 자기상관을 계산하되 1부터 $k-1$까지의 모든 중간 시차(lags)의 영향을 제거한 관계를 나타낸다. k차 부분 자기상관계수는 다음 회귀 식에서의 계수 ϕ_k의 추정치로 계산된다.

$$y_t = \phi_1 y_{t-1} + \phi_2 y_{t-2} + \cdots + \phi_p y_{t-p} + \epsilon_t$$

참고 시계열 분석과 관련된 용어

계량경제학과 통계학에서 중심극한정리(central limit theorem)와 대수의 법칙(law of large numbers)은 추정량의 점근분포(asymptotic distribution)와 일치성(consistency)을 증명하는 데 필수적인 이론적 도구이다. 시계열은 독립적이지 않고 의존성(dependence)이 있는데, 주어진 시계열의 의존성이 매우 심한 것은 아니라서 여전히 중심극한정리와 대수의 법칙이 성립할 때 그 시계열을 약의존적(weakly dependent)이라고 한다. 약의존적인 시계열 y_t는 y_{t-k}와 독립적이지는 않지만, k가 커지면 거의 독립적으로 된다. 그리고 주어진 시계열에 대해 대수의 법칙이 성립하면, 그 시계열이 에르고딕(ergodic)하다고 표현한다.

1.2 기본 시계열 모형

1.2.1 백색잡음, 자기회귀, 이동평균

시계열 분석에서 자주 사용되는 대표적 모형들에 대해 살펴본다.

정의 백색잡음(white noise)

분산이 일정하고 자기상관이 없는 확률과정을 백색잡음이라 한다.

평균이 0이고 분산이 σ^2인 백색잡음을 $\{\epsilon_t\} \sim WN(0, \sigma^2)$으로 나타낸다. 이 경우 $\{\epsilon_t\}$는 정상시계열임을 쉽게 확인할 수 있다. 모든 t에 대해 $E(\epsilon_t) = 0$ 그리고 $var(\epsilon_t) = \sigma^2$이므로 정상성의 첫 번째와 두 번째 조건을 만족한다. 그리고 백색잡음은 자기상관이 없으므로, 0이 아닌 k에 대해 $cov(\epsilon_t, \epsilon_{t-k}) = 0$이다. 따라서 $cov(\epsilon_t, \epsilon_{t-k})$이 시간 t에 의존하지 않고 시차 k만의 함수이므로 정상성의 세 번째 조건도 만족한다.

[그림 1.1]은 백색잡음의 전형적인 시간경로, 자기상관함수, 부분 자기상관함수를 보여준다. 백색잡음의 시간경로는 분산이 일정하다는 것을 보여주고 있다. 또한 백색잡음은 자기상관이 없으므로 자기상관함수와 부분 자기상관함수가 모두 0에 가까운 값으로 나타났다. 특히, 자기상관함수와 부분 자기상관함수는 점근적으로 평균이 0,

그림 1.1 백색잡음의 시간경로, 자기상관함수(ACF), 부분 자기상관함수(PACF)

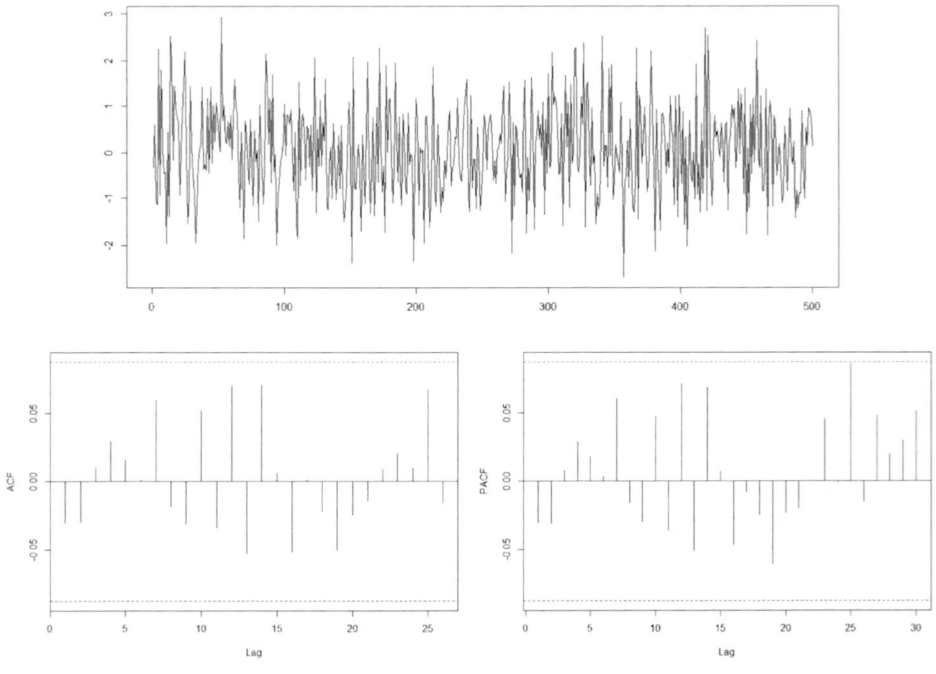

분산이 $1/n$인 정규분포를 따르는데, 모두 95% 신뢰구간인 $\pm 1.96/\sqrt{n}$ 안에 있음을 확인할 수 있다.

정의

$\{y_t\}$는 다음 세 가지 조건이 만족할 때, 1차 자기회귀과정(autoregressive process)이라 한다. 1) $y_t = \alpha y_{t-1} + \epsilon_t$, 2) $\{\epsilon_t\} \sim WN(0, \sigma^2)$, 3) ϵ_t는 y_t의 모든 과거값과 상관관계가 없다.

1차 자기회귀과정을 AR(1) 과정 또는 AR(1) 모형이라 한다. AR(1) 과정을 자기회귀과정이라 하는 이유는 t 시점의 y_t를 그 자신의 과거값인 y_{t-1}로 회귀시킨 모형이기 때문이다. 위와 같이 정의된 AR(1) 과정에서 $|\alpha| < 1$라면, 아래 사항들을 도출할 수 있다.

$$E(y_t) = 0,\ var(y_t) = \sigma^2/(1-\alpha^2)$$

$$\gamma(k) = \alpha^k \sigma^2/(1-\alpha^2),\ \rho(k) = \alpha^k$$

이는 평균과 분산이 일정하고 공분산이 t의 함수가 아니라 k의 함수임을 나타내므로, AR(1) 과정이 정상시계열임을 알 수 있다. 이때 $|\alpha| < 1$ 조건이 필요하다는 점을 유의해야 한다. 만약 $|\alpha| \geq 1$라면 분산이 일정하다는 조건을 만족할 수 없으므로 AR(1) 과정은 비정상시계열이 된다. $\alpha = 1$인 경우에 대한 자세한 설명은 아래에 제시되어 있다.

$\{y_t\}$가 p차 자기회귀과정이라면 이는 AR(p) 과정으로 표기하고 아래와 같이 주어진다.

$$y_t = \alpha_1 y_{t-1} + \alpha_2 y_{t-2} + \cdots + \alpha_p y_{t-p} + \epsilon_t$$

그림 1.2 AR(1) 과정($y_t = 0.7y_{t-1} + \epsilon_t$)의 시간경로, 자기상관함수, 부분 자기상관함수

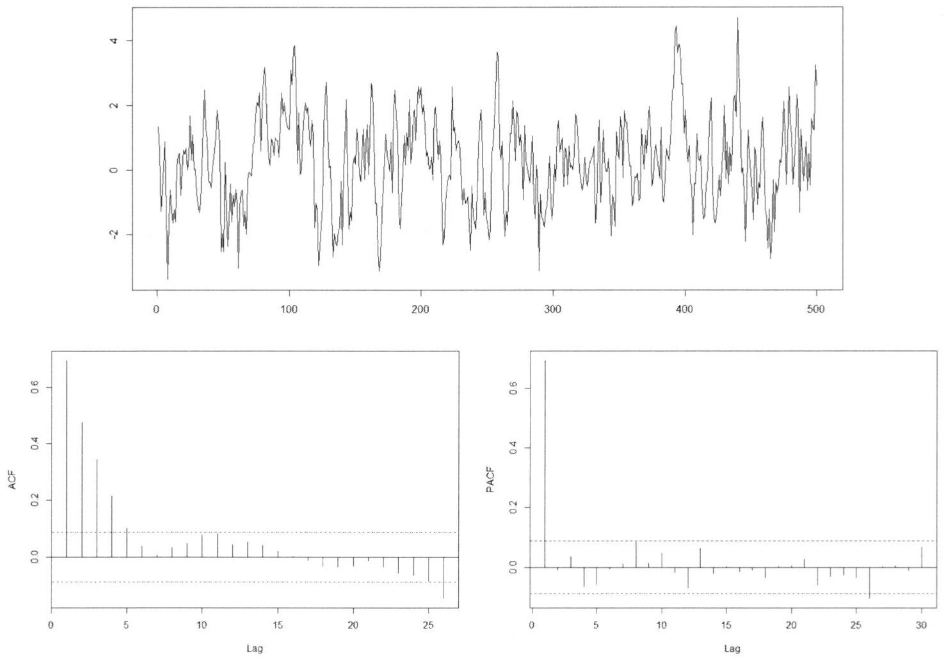

[그림 1.2]는 자기회귀계수 α가 0.7인 AR(1) 과정($y_t = 0.7y_{t-1} + \epsilon_t$)의 시간경로, 자기상관함수, 부분 자기상관함수를 보여준다. 백색잡음과 달리 AR(1) 과정은 자기상관이 존재하며, 특히 자기상관함수는 시차가 증가함에 따라 지수적으로(exponentially) 감소한다. 부분 자기상관함수는 시차가 1인 경우에만 통계적으로 유의한 값을 가지는 것을 보여준다.

정의

$\{y_t\}$는 다음 세 가지 조건이 만족할 때, 1차 이동평균과정(moving average process)이라 한다. 1) $y_t = \epsilon_t + \beta\epsilon_{t-1}$, 2) $\{\epsilon_t\} \sim WN(0, \sigma^2)$, 3) ϵ_t는 y_t의 모든 과거값과 상관관계가 없다.

1차 이동평균과정을 MA(1) 과정 또는 MA(1) 모형이라 한다. MA(1) 과정을 이동평균과정이라 하는 이유는 y_t가 ϵ_t와 ϵ_{t-1}의 가중평균으로 결정되는 모형이기 때문이다. 위와 같이 정의된 MA(1) 과정에 대해 아래 사항들을 도출할 수 있다.

$$E(y_t) = 0, var(y_t) = (1+\beta^2)\sigma^2$$

$$\gamma(k) = \beta\sigma^2 \text{ and } \rho(k) = \beta/(1+\beta^2) \text{ for } k = 1$$

$$\gamma(k) = 0 \quad \text{and } \rho(k) = 0 \qquad\qquad \text{for } k > 1$$

이는 평균과 분산이 일정하고 공분산이 t의 함수가 아니라 k의 함수임을 나타내므로, MA(1) 과정이 정상시계열임을 알 수 있다. 이때 β의 크기에 대한 조건은 필요 없다는 점을 유의해야 한다.[1)]

$\{y_t\}$가 q차 이동평균과정이라면 이는 MA(q) 과정으로 표기하고 아래와 같이 주어진다.

$$y_t = \epsilon_t + \beta_1\epsilon_{t-1} + \beta_2\epsilon_{t-2} + \cdots + \beta_q\epsilon_{t-q}$$

그림 1.3 MA(1) 과정($y_t = \epsilon_t + 0.7\epsilon_{t-1}$)의 시간경로, 자기상관함수, 부분 자기상관함수

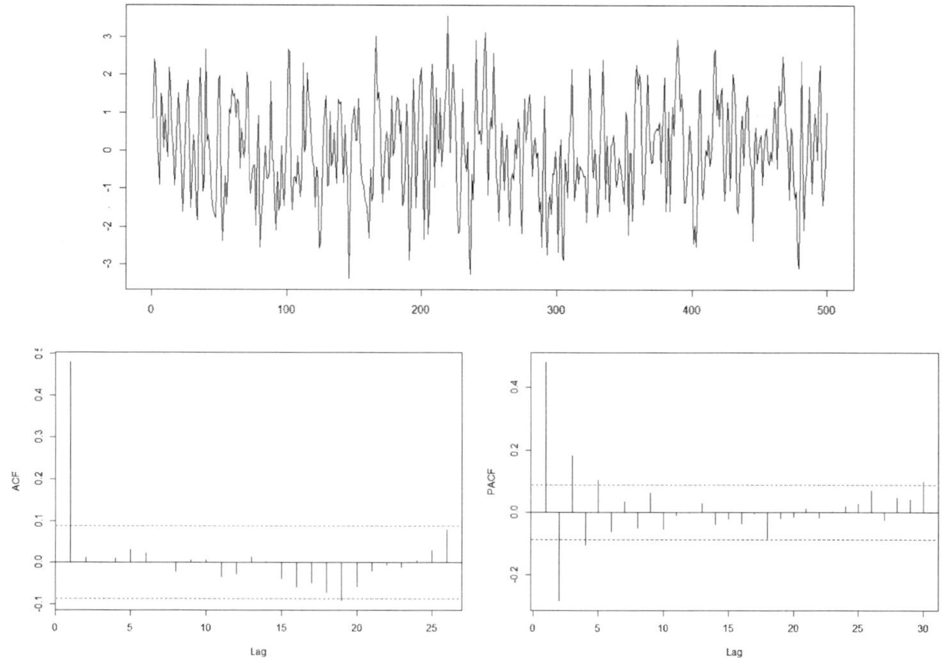

1) AR(1) 과정은 y_t의 과거값을 계속 대체하면 MA(∞) 과정으로 변환할 수 있고, MA(1) 과정은 AR(∞) 과정으로 변환할 수 있다. 이처럼 변환한 후의 과정이 안정적일 경우 이 과정이 가역적(invertible)이라고 한다. AR(1) 과정의 가역성을 위한 조건은 $|\alpha| < 1$이고, MA(1) 과정의 가역성을 위한 조건은 $|\beta| < 1$이다.

[그림 1.3]은 β가 0.7인 MA(1) 과정($y_t = \epsilon_t + 0.7\epsilon_{t-1}$)의 시간경로, 자기상관함수, 부분 자기상관함수를 보여준다. MA(1) 과정도 자기상관이 존재하는 것을 보이는데, 자기상관함수는 시차가 1인 경우에만 통계적으로 유의한다. 한편, 부분 자기상관함수는 양수와 음수를 반복하며 점차 줄어든다.

자기회귀과정과 이동평균과정을 결합하면 자기회귀 이동평균과정(autoregressive moving average process, ARMA)가 되며, AR(p) 모형과 MA(q) 모형을 결합하면 아래와 같은 ARMA(p,q) 모형이 된다.

$$y_t = \alpha_1 y_{t-1} + \alpha_2 y_{t-2} + \cdots + \alpha_p y_{t-p} + \epsilon_t + \beta_1 \epsilon_{t-1} + \beta_2 \epsilon_{t-2} + \cdots + \beta_q \epsilon_{t-q}$$

그림 1.4 ARMA(1,1) 과정($y_t = 0.7y_{t-1} + \epsilon_t + 0.7\epsilon_{t-1}$)의 시간경로, 자기상관함수, 부분 자기상관함수

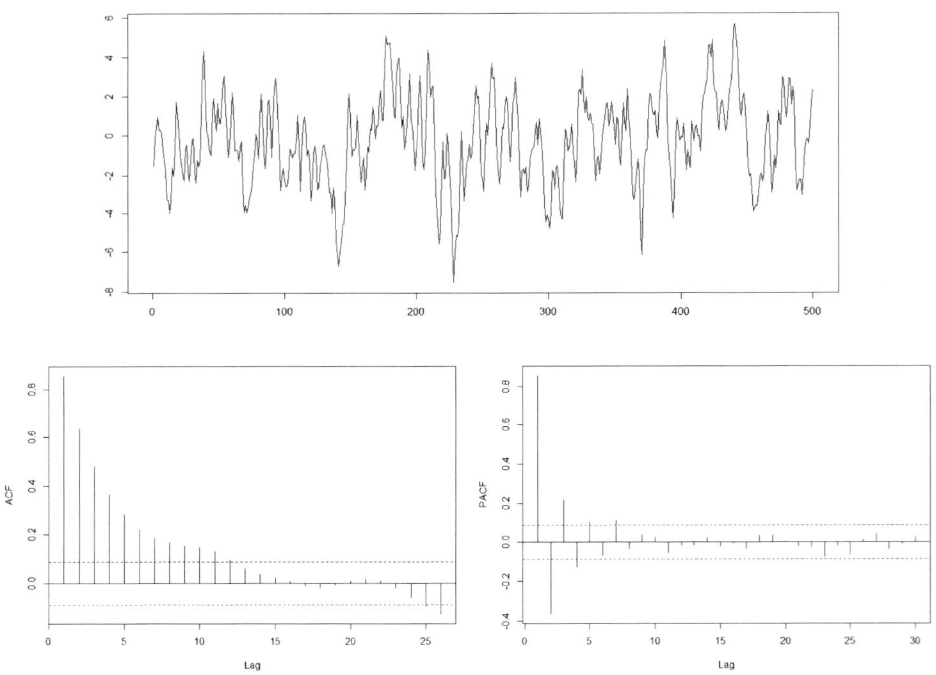

[그림 1.4]는 $\alpha = 0.7$ 그리고 $\beta = 0.7$인 ARMA(1,1) 과정($y_t = 0.7y_{t-1} + \epsilon_t + 0.7\epsilon_{t-1}$)의 시간경로, 자기상관함수, 부분 자기상관함수를 보여준다. ARMA(1,1) 과정은 AR(1) 과정과 MA(1) 과정이 결합한 것이므로, 자기상관함수가 AR(1) 과정과 MA(1) 과정에 비해 훨씬 오랜 시차에 걸쳐 통계적으로 유의한 값을 지닌 것을 보여준다.

1.2.2 ARMA 모형의 추정

ARMA(p,q) 모형을 추정할 때 가장 널리 사용되는 방법은 최우추정법(maximum likelihood estimation)이다. 다만 AR(p) 모형을 추정할 때는 최소자승법(ordinary least squares estimation)을 사용할 수도 있는데, 이는 선형모형을 추정할 때 교란항이 정규분포를 따르면 최우추정치와 최소자승추정치가 일치하는 것이 잘 알려져 있기 때문이다.

모형의 적합도를 평가할 때는 정보기준(information criteria)을 이용하는데, 이는 모형의 과적합(overfitting)을 방지하면서 최적의 모형을 선택하는 데 사용되는 통계적 기준이다. 예를 들어 AR(p) 모형에서 차수 p를 선택하는 경우를 살펴보자. 일반적으로 세 가지 정보기준을 많이 사용한다.

첫째는 아카이케정보기준(Akaike Information Criterion, AIC)으로 최적 차수 p^*는

$$AIC(p) = \log\left(\frac{1}{n}\sum_{t=1}^{n}\hat{\epsilon}_t^2\right) + \frac{2}{n}p$$

을 최소로 하는 p의 값이다. 이때 $\hat{\epsilon}_t$는 회귀잔차

$$\hat{\epsilon}_t = y_t - \hat{\alpha}_1 y_{t-1} - \hat{\alpha}_2 y_{t-2} - \cdots - \hat{\alpha}_p y_{t-p}$$

이고, 첫 번째 항에 속하는 회귀잔차의 제곱 합은 차수 p가 늘어날수록 그 크기가 줄어들게 된다. 차수 p가 지나치게 커지는 것은 모형 과적합이 심해지는 것인데, 이에 대해 벌칙을 부여할 필요가 있고 두 번째 항이 그 역할을 하게 된다. 차수 p가 늘어날수록 두 번째 항의 값이 증가해 차수를 늘리는 데 대한 비용으로 작용한게 된다. 아래 설명하는 다른 두 정보 기준도 동일한 첫 번째 항을 가지고 있으며, 모형 과적합에 대한 비용 부분의 역할을 하는 두 번째 항만이 다른 형태를 지니고 있다.

둘째는 쉬워츠(Schwartz)의 베이즈정보기준(Bayesian Information Criterion, BIC)으로

$$BIC(p) = \log\left(\frac{1}{n}\sum_{t=1}^{n}\hat{\epsilon}_t^2\right) + \frac{\log n}{n}p$$

을 최소로 하는 p가 최적 차수가 된다. 세 번째는 하난-퀸(Hannan-Quinn Criterion, HQ)으로

$$HQ(p) = \log\left(\frac{1}{n}\sum_{t=1}^{n}\hat{\epsilon}_t^2\right) + \frac{2\log(\log n)}{n}p$$

을 최소로 하는 p가 최적 차수가 된다.

AIC는 유한 표본에서 더 우수한 성능(better finite sample performance)을 발휘하는 것으로 알려져 있는데, 이는 표본 크기가 작을 때 다른 정보기준에 비해 더 적절한 모형을 선택하는 경향이 있음을 의미한다. 반면 BIC와 HQ는 최적 차수에 대한 일치추정량을 제공함이 알려져 있는데, 이는 표본 크기가 커질수록 이 두 정보기준이 더 적절한 모형을 선택하는 경향이 있음을 의미한다. 정보기준은 MA(p) 모형에서 최적 q를 선택할 때와 ARMA(p,q) 모형에서 최적 p와 q를 선택할 때 사용할 수 있을 뿐만 아니라 일반적인 경우의 모형 선택에도 사용할 수 있다.

ARMA 형태의 모형에서 정보기준을 통해 특정 모형을 선택한 후 그 모형이 제대로 설정되었는지를 확인하는 방법은 모형의 잔차에 자기상관이 존재한지를 검정하는 것이다. ARMA 모형의 교란항은 백색잡음이기 때문에, ARMA 형태의 모형이 제대로 설정되었다면 그 잔차는 자기상관이 없는 시계열이어야 한다는 것이 기본 아이디어이다. 이를 위해 흔히 아래에 설명한 Ljung-Box Q 검정통계량을 이용한다.

포트맨토 검정(portmanteau test)은 시계열 데이터에서 자기상관이 있는지를 검정하는 데 사용된다. 즉, 아래의 귀무가설과 대립가설을 고려한다.

$$H_0 : \rho(1) = \cdots = \rho(m) = 0$$

$$H_1 : \rho(k) \neq 0 \text{ for } some\ 1 \leq k \leq m$$

위 귀무가설은 시차 1부터 시차 m까지의 모든 자기상관함수가 0이라는 것인데, 이는 시차 m까지 자기상관이 존재하지 않는다는 것을 의미한다. 대립가설은 1과 m 사이의 어떠한 시차 k에서의 자기상관함수가 0이 아닌 값을 가진다는 것으로, 시차 k에서 자기상관이 존재함을 의미한다.

자기상관이 존재하는지를 검정하는 대표적인 방법은 Box-Pierce Q 검정 또는 Ljung-Box Q 검정이 있다. Box-Pierce Q 검정통계량은

$$Q(m) = n \sum_{k=1}^{m} \widehat{\rho(k)}^2$$

이고, 이때 $\widehat{\rho(k)}$는 시차 k의 표본 자기상관계수이다. Ljung–Box Q 검정통계량은

$$Q^*(m) = n(n+2) \sum_{k=1}^{m} \frac{\widehat{\rho(k)}^2}{n-k}$$

으로 정의된다. 귀무가설이 성립할 때 두 검정통계량의 극한분포는 χ^2 분포를 따르며 자유도는 m이다. Ljung–Box Q 검정통계량은 유한표본(finite sample)에서의 통계적 성과가 Box–Pierce Q 검정통계량에 비해 우수하다고 알려져 있다.

시계열이 주어졌을 때, ARMA 형태의 모형을 추정하고 그 모형 설정이 제대로 되었는지를 확인하는 것은 다음과 같은 절차를 따르는 것으로 요약할 수 있다.

1) 다양한 p와 q를 고려하여 ARMA(p,q) 모형을 추정한다. 각 AR과 MA 항의 계수 추정치들의 통계적 유의성을 t 검정을 이용해서 살펴본다. (상수항은 중요하지 않으므로 이를 제외하고) 통계적으로 유의한 항들만을 포함하는 모형만을 고른다.
2) 1단계에서 고른 모형들의 정보기준을 비교하여, 정보기준이 가장 낮은 값을 나타내는 모형을 선택한다.
3) 2단계에서 선택된 모형의 잔차에 Ljung–Box Q 검정을 실행한다. 귀무가설을 기각하지 못한다면 잔차에 자기상관이 존재하지 않는 것이므로, 이는 선택된 모형이 제대로 설정되었음을 의미한다.

1.2.3 단위근 시계열과 적분 차수

시차연산자와 특성방정식

시차연산자(lag operator)는 시계열 분석에서 과거의 값을 간결하게 표현하기 위해 사용된다. 시차연산자 L은 다음과 같이 정의된다.

$$Ly_t = y_{t-1}$$

y_{t-k}는 $L^k y_t = y_{t-k}$와 같이 표현할 수 있다. 시차연산자 L를 대신하여 후방이동 연

산자(back shift operator) B를 사용하기도 한다.

시차연산자를 이용하면 AR(p) 과정을 아래와 같이 표현할 수 있다.

$$\left(1-\alpha_1 L-\alpha_2 L^2-\cdots-\alpha_p L^p\right)y_t=\epsilon_t$$

이때 시차연산자의 다항식에 의해 주어지는 아래 식을 특성방정식(characteristic equation)이라 한다.

$$1-\alpha_1 z-\alpha_2 z^2-\cdots-\alpha_p z^p=0$$

이 특성방성식의 근을 특성근(characteristic root)이라 한다. 모든 특성근이 단위원(unit circle) 바깥에 위치한다면 이 AR(p) 과정은 정상시계열이라는 것이 알려져 있다.

예를 들어 AR(1) 모형의 경우 특성방정식은

$$1-\alpha z=0$$

이며, 특성근은 $1/\alpha$이다. 특성근의 절댓값이 1보다 크다면, 이 AR(1) 과정은 정상시계열이다. 특성근의 절댓값이 1보다 크다는 것과 α의 절댓값이 1보다 작은 것이 같다는 것을 쉽게 확인할 수 있다.

단위근 시계열

만약 AR(1) 모형의 특성방정식에서 $\alpha=1$이라면 이 AR(1) 과정이 정상시계열이 아닌데, 특히 $\alpha=1$인 AR(1) 모형의 경우 "시계열 $\{y_t\}$가 단위근(unit root)을 가진다"라고 표현한다. 단위근이라는 용어는 $\alpha=1$인 경우 특성방정식의 근이 1이 되는 데 기인한다.

정의

단위근 시계열은

$$y_t=y_{t-1}+u_t$$

에서 $\{u_t\}$가 백색잡음을 포함한 일반적인 정상시계열인 경우를 말한다.

엄밀한 의미에서의 무작위보행(random walk) 시계열은

$$y_t = y_{t-1} + \epsilon_t$$

에서 $\{\epsilon_t\}$이 독립동일분포(i.i.d.)를 갖는 경우를 말한다. 따라서 무작위보행 시계열은 단위근 시계열의 구체적인 사례 중 하나라고 할 수 있다. 그러나 보통은 이 둘을 엄밀하게 구분하지 않고 무작위보행 시계열을 단위근 시계열과 같은 뜻으로 혼용하는 경우가 많다.

[그림 1.5]는 단위근 시계열의 시간경로, 자기상관함수, 부분 자기상관함수를 보여준다. 단위근 시계열의 시간경로는 $\alpha = 0.7$인 경우의 AR(1) 과정의 시간경로와는 질적으로 다른 모습을 보여주고 있다. AR(1) 과정은 자기상관계수 α의 절댓값이 1보다 작으면 정상시계열인데, 정상시계열은 지속적으로 올라가거나 내려가는 확률적 추세(stochastic trend)를 보이지 않지만 단위근 시계열은 뚜렷한 확률적 추세를 보인다. 단위근 시계열의 자기상관함수는 이론적으로는 모든 시차에 대해 1의 값을 가진다. 단위근 시계열도 AR(1) 모형에 속하므로 부분 자기상관함수는 시차가 1인 경우에만 통계적으로 유의한 값을 가진다.

그림 1.5 단위근 시계열의 시간경로, 자기상관함수, 부분 자기상관함수

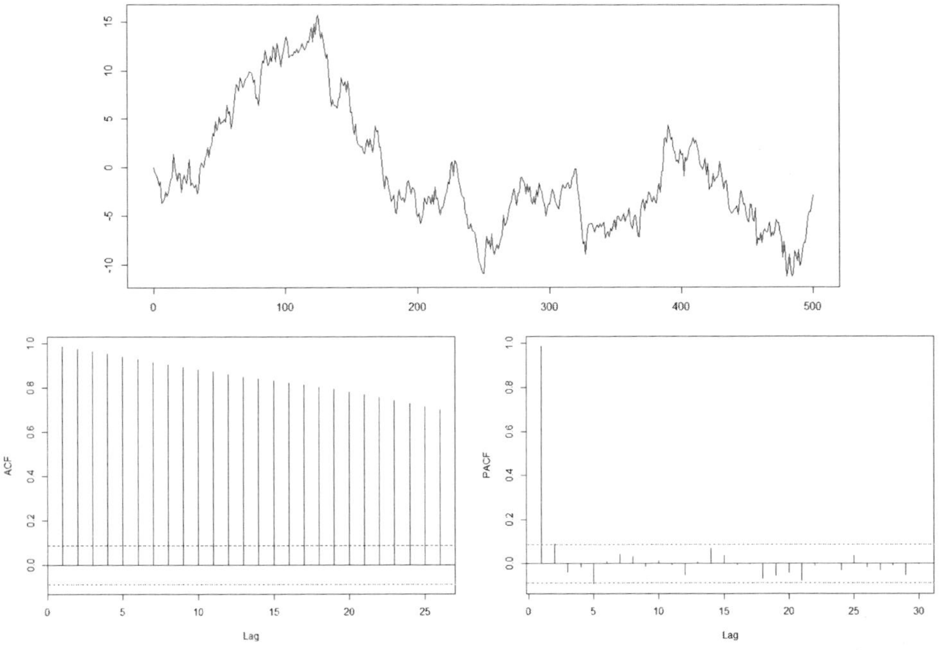

적분 차수

주어진 시계열이 정상시계열이면 적분 차수(integration order 또는 order of integration)이 0이고 $I(0)$ 과정이라 표현한다. 주어진 시계열을 1회 차분(difference)했더니 정상시계열이 되었다면, 이 시계열의 적분 차수는 1이고 $I(1)$ 과정이라 표현한다. 단위근 시계열의 경우

$$\Delta y_t = y_t - y_{t-1} = \epsilon_t$$

이므로 $I(1)$ 과정임을 쉽게 알 수 있다. 보통 관련 문헌에서 적분 과정(integrated process)이라 하면, 적분 차수가 1인 단위근 시계열을 의미한다. 만약 주어진 시계열이 $I(2)$ 과정이라면, 이 시계열을 두 번 차분하면 정상시계열이 된다는 것을 의미한다.

대부분의 경제 및 금융 시계열은 $I(0)$ 과정 또는 $I(1)$ 과정에 속하는데, $I(2)$ 과정의 예로는 로그(log)를 취한 물가지수를 들 수 있다. 예를 들어, 로그를 취한 월별 소비자 물가지수를 y_t라 할 때,

$$\Delta y_t = \log CPI_t - \log CPI_{t-1}$$

이므로 Δy_t는 소비자물가지수의 변화율(전월대비 소비자물가상승률)을 나타낸다. 만약 Δy_t이 단위근 시계열이고 한 번 더 차분을 해야지만 정상시계열이 된다면, 로그를 취한 물가지수인 y_t는 $I(2)$ 과정이 된다.

ARIMA(p,d,q) 과정은 자기회귀 적분 이동평균과정(autoregressive integrated moving average)으로 d는 ARMA 과정을 만들기 위한 차분의 회수를, p와 q는 차분된 시계열의 AR 및 MA 차수를 나타낸다. 즉, 시계열 $\{y_t\}$이 ARIMA(p,1,q) 과정이라면, 1차 차분인 Δy_t이 ARMA(p,q) 과정임을 의미한다.[2)]

단위근 시계열에 상수항(drift)이 포함되면

$$y_t = \omega + y_{t-1} + u_t$$

---

2) 적분 차수가 0, 1, 2와 같은 정수가 아니라 분수인 경우의 시계열을 분수 적분 차수 과정(fractionally integrated process)이라 하는데, 이는 금융시장의 변동성 등 장기기억 특성(long memory property)을 가지는 시계열을 모델링할 때 사용된다.

이 된다. 이때 y_t의 과거값을 계속 대체하면

$$\begin{aligned} y_t &= \omega + (\omega + y_{t-2} + u_{t-1}) + u_t \\ &\vdots \\ &= \omega t + y_0 + \{u_1 + u_2 + \cdots + u_t\} \end{aligned}$$

이 되어 선형 추세(linear trend) ωt에 단위근 시계열이 더해 진 것임을 알 수 있다.

추세 정상시계열(trend-stationary process)는

$$y_t = \beta_0 + \beta_1 t + u_t$$

로 표현할 수 있는데, 선형 추세 t가 제거되면 정상시계열이 된다.

그림 1.6 상수항이 포함된 단위근 시계열의 시간경로

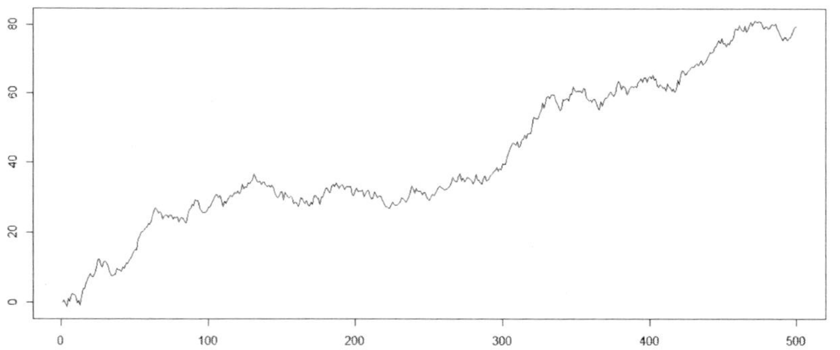

그림 1.7 추세 정상시계열의 시간경로

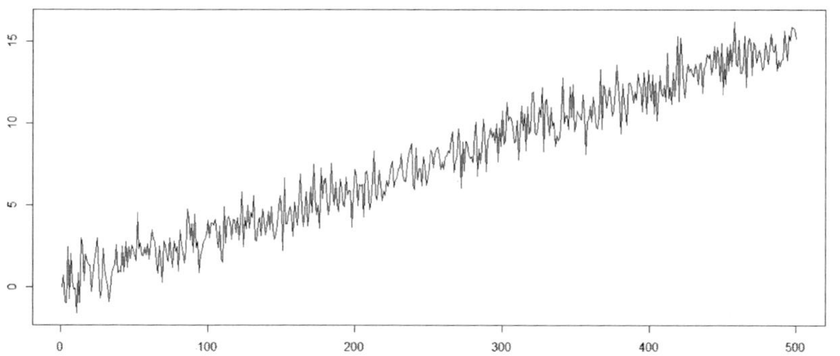

상수항을 포함한 단위근 시계열은 선형 추세에 단위근 시계열이 합쳐진 것이라 할 수 있고, 추세 정상시계열은 선형 추세에 정상시계열이 합쳐진 것이라 할 수 있다. 위 그림들에서 상수항을 포함한 단위근 시계열에서 선형 추세를 제거하면 확률적 추세를 지닌 단위근 시계열이 남을 것이라 예상할 수 있으며, 추세 정상시계열에서 선형 추세를 제거하면 정상시계열이 남을 것이라 예상할 수 있다.

참고 마팅게일(Martingale) 과정과 마팅계열 차분열(Martingale difference sequence)

F_t를 t 시점까지의 모든 이용 가능한 정보를 포함하고 있는 정보집합이라 하자. 이는 자연 필트레이션(natural filtration)이라고 불리는데, 시그마 필드 $\sigma(\bullet)$을 이용하여

$$F_t = \sigma(y_1, y_2, \cdots, y_t)$$

로 표현할 수 있다. 만약

$$E(y_t | F_{t-1}) = y_{t-1}$$

이 성립한다면, y_t를 마팅게일 과정이라 한다. 이를 예측의 측면에서 해석하면 $t-1$ 시점에서 구하는 다음 기 y_t의 예측치가 y_{t-1}라는 것인데, $t-1$ 시점에서 이용 가능한 모든 정보를 이용하여 구할 수 있는 y_t에 대한 예측치는 $t-1$ 시점의 값 y_{t-1}임을 의미한다. 즉 y_{t-1}에 $t-1$ 시점에 이용 가능한 모든 정보가 반영되어 있다고 해석할 수 있고, 이는 효율적 시장가설(efficient market hypothesis)과도 연결된다. 오늘의 주식가격에는 오늘까지 이용 가능한 모든 정보가 반영되어 있다는 것이다. 만약 y_t가 단위근 시계열이면 이것이 마팅게일 과정임을 쉽게 확인할 수 있다.

만약

$$E(x_t | F_{t-1}) = 0$$

이 성립한다면, x_t를 마팅게일 차분열이라 한다. y_t가 마팅게일 과정이라면 $E(\Delta y_t | F_{t-1}) = 0$을 쉽게 확인할 수 있는데, 마팅게일 차분열이라는 용어는 이에 기인할 것이다. x_t가 마팅게일 차분열이라면 자기상관이 존재하지 않는 것을 확인할 수 있다. 주식가격 S_t의 로그 차분$(\log(S_t) - \log(S_{t-1}))$을 주식수익률이라 하는데, 주식가격은 마팅게일 과정이라 볼 수 있고 주식수익률은 (9장에서 설명하는 ARCH 또는 GARCH 모형을 따른다면) 마팅게일 차분열이 된다. 자세한 사항은 9장을 참고하기를 바란다.

1.3 단위근 검정

단위근 검정(unit root test)은 주어진 시계열이 단위근 시계열인지 아니면 정상시계열인지를 확인하기 위한 것이다. 단위근 검정에 관해서는 오랜 시간에 걸쳐 방대한 연구가 이루어졌으며 기존 단위근 검정 방법의 한계를 극복하기 위한 새로운 단위근 검정 방법도 많이 제안되고 연구되었다.3) 이 책에서는 널리 사용되는 기본적인 단위근 검정 방법을 설명하고자 한다.

가장 널리 사용되는 단위근 검정 방법의 하나는 Augmented Dickey-Fuller(ADF) 단위근 검정이라 하고, 흔히 줄여서 ADF 단위근 검정이라 부른다. Dickey-Fuller 단위근 검정은 오차항이 백색잡음과정을 따른다고 가정하므로 고려할 수 있는 모형의 범위가 지나치게 작다. ADF 단위근 검정은 오차항이 AR(p) 과정이 되도록 허용하여 보다 일반적인 모형을 고려할 수 있다.4)

오차항 $\{u_t\}$가 AR(p) 모형이 되는 경우, ADF 단위근 검정이 고려하는 회귀방정식은

$$y_t = \alpha y_{t-1} + \sum_{i=1}^{p} \Delta y_{t-i} + u_t$$

이 된다.

ADF 검정의 귀무가설과 대립가설은 다음과 같다.

$$H_0 : \alpha = 1$$

$$H_1 : \alpha < 1$$

시계열 $\{y_t\}$는 귀무가설이 성립할 때 단위근 시계열이 되고, 귀무가설이 기각되면 정상시계열이 된다. ADF 검정통계량은 α에 대한 t-통계량

---

3) 단위근 검정에 관한 방대한 연구에 대해서는 Choi(2015)을 참고하기를 바란다. 단위근 검정에 관한 비정상시계열의 점근분포 등에 대한 계량경제이론을 자세히 살펴보기 위해서는 박준용 · 장유순 · 한상범(2002)을 참고하기를 바란다.

4) 시차과거항의 수인 p를 표본의 수가 많아짐에 따라 적절한 속도로 같이 증가시키면, 오차항 $\{u_t\}$가 AR(p) 과정이 아니라 더 일반적인 정상시계열인 경우에도 ADF 검정 방법이 적용 가능한 것으로 알려져 있다.

$$\frac{\hat{\alpha}-1}{s.e.(\hat{\alpha})}$$

으로 계산된다. 귀무가설이 성립할 때 시계열 $\{y_t\}$이 단위근 시계열이 되므로 ADF 통계량의 점근분포는 표준적인 경우의 t-통계량이 가지는 점근 분포와는 다른 Dickey-Fuller 점근분포를 가지게 된다.

실제 경제 시계열을 검정할 때는 확정적 추세(deterministic trend)를 포함하여 단위근 검정을 하는데, 이 경우 회귀방정식은

$$y_t = c_t + \alpha y_{t-1} + \sum_{i=1}^{p} \Delta y_{t-i} + u_t$$

이 된다. 이 회귀방정식에서 c_t는 확정적 추세로 단위근 검정시 절편만을 포함하는 경우와 절편과 선형 추세를 함께 포함하는 경우를 고려할 수 있다. 실제 관련 연구에서는 ADF 검정을 대신하여 Phillips-Perron 검정을 사용하는 때도 많은데, 이는 ADF 검정과 유사하므로 자세한 설명은 생략한다.

위 ADF 또는 Phillips-Perron 단위근 검정은 시계열 $\{y_t\}$가 단위근을 갖는다는 것을 귀무가설로 한다. 그러나 때에 따라서는 주어진 시계열이 정상시계열이라는 것을 귀무가설로 하여 검정을 수행할 필요가 있다. 이를 위해 널리 사용하는 방법은 Kwiatkowski et al.(1992)에 개발된 방법으로 보통 KPSS 검정 방법이라 불린다.

$$y_t = c_t + d\sum_{k=1}^{t} u_k + \epsilon_t$$

위 식에서 $\{u_t\}$와 $\{\epsilon_t\}$는 정상시계열이며, c_t는 위에서 설명한 것과 같은 확정적 추세이다. 위 식에서 계수 d는 0 또는 1의 값을 가지는데, $d=0$이면 시계열 $\{y_t\}$가 정상시계열이라는 귀무가설이 성립한다. $d=1$인 대립가설의 경우에는 시계열 $\{y_t\}$은 그 확률적 부분이 $\sum_{k=1}^{t} u_k$의 무작위보행항과 ϵ_t의 오차항으로 이루어지므로 단위근 시계열이 된다. KPSS 검정통계량의 임곗값은 Kwiatkowski et al.(1992)에 의해 구해졌다.

단위근 검정 사례

실제 데이터를 이용하여 단위근 검정을 실행하는 사례를 살펴보자. Baa 회사채 수익률과 Aaa 회사채 수익률의 차이는 채무 불이행의 우려가 있는 회사채를 매입할 때 생기는 위험을 반영하며 흔히 디폴트 프리미엄(default premium)이라 불린다. [그림 1.8]은 1987년 11월 2월부터 2003년 6월 30일까지의 일별(daily) 디폴트 프리미엄으로 표본 수는 총 3,938개이다.

그림 1.8 일별 디폴트 프리미엄(Baa 회사채 수익률 - Aaa 회사채 수익률)

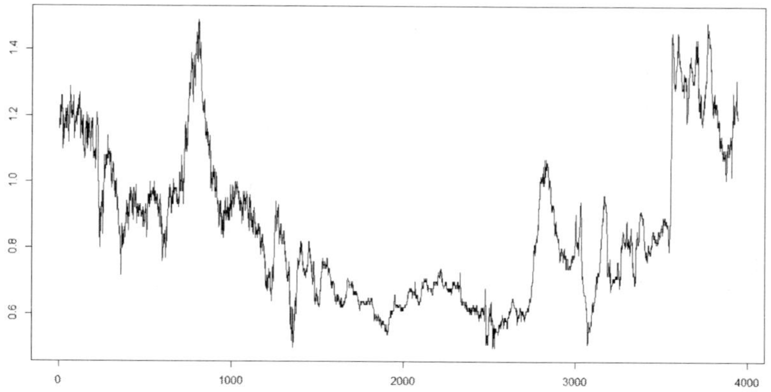

위 그림을 보면 확률적 추세가 있어 보이는데, 우선 아래 모형의 AR 계수 α의 추정치를 구해보자.

$$y_t = c_t + \alpha y_{t-1} + u_t$$

확정적 추세 c_t가 절편만 포함할 경우와 절편과 선형 추세를 함께 포함한 경우 모두에서 AR 계수의 추정치는 0.996으로 매우 1에 가까운 값으로 나타났다. 이를 통해 일별 디폴트 프리미엄 데이터가 단위근 시계열이라는 것을 유추할 수 있는데, [표 1.1]은 단위근 검정 결과를 보여준다.

ADF 검정 결과는 절편을 포함한 경우과 절편과 선형 추세를 함께 포함한 경우 모두에서 10% 유의수준에서 귀무가설을 기각하지 못하고 있다. ADF 검정의 귀무가설은 주어진 시계열이 단위근 시계열이라는 것이므로, 이 결과는 일별 디폴트 프리미엄이 단위근 시계열임을 의미한다. KPSS 검정 결과는 절편을 포함한 경우와 절편과 선형 추세를 함께 포함한 경우 모두에서 1% 유의수준으로 귀무가설을 기각하고 있다. KPSS 검정의 귀무가설은 주어진 시계열이 정상시계열이고 대립가설은 단위근 시계열이라는 것이므로, 이 결과는 일별 디폴트 프리미엄이 단위근 시계열임을 의미한다.

[표 1.1]의 단위근 검정 결과는 모든 경우 일별 디폴트 프리미엄이 단위근 시계열임을 보여주고 있으므로, 손쉽게 이 시계열이 단위근 시계열이라 판단할 수 있다. 1.5.2항은 [표 1.1]의 단위근 검정 결과에 대한 R 실습 코드를 설명하고 있다.

표 1.1 일별 디폴트 프리미엄 단위근 검정 결과

	절편 포함	절편과 선형 추세 포함
AR 계수 추정치	0.996	0.996
ADF 검정통계량	−2.53	−2.45
KPSS 검정통계량	2.25***	2.11***

주: 10%, 5%, 1% 유의수준의 ADF 통계량의 임계치는 절편만 포함할 경우 각각 -2.57, −2.86, −3.43이며, 절편과 선형 추세를 포함한 경우 각각 -3.12, −3.41, −3.96이다. 10%, 5%, 1% 유의수준의 KPSS 통계량의 임계치는 절편만 포함할 경우 각각 0.347, 0.463, 0.739이며, 절편과 선형 추세를 포함한 경우 각각 0.119, 0.146, 0.216이다. *, **, ***는 각각 10%, 5%, 1% 유의수준에서 귀무가설을 기각함을 의미한다.

다음 그림은 1947년부터 2023년까지의 계절 조정된 분기별 미국 명목 국내총생산(GDP)에 로그를 취한 그래프이며, 표본 총수는 308개이다.

그림 1.9 로그를 취한 미국 분기별 명목 국내총생산

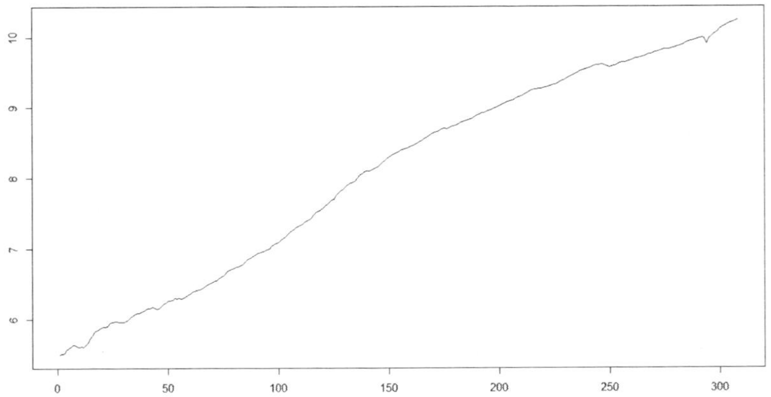

표 1.2 미국 GDP 단위근 검정 결과

	절편 포함	절편과 선형 추세 포함
AR 계수 추정치	1.000	0.997
ADF 검정통계량	−2.47	0.08
KPSS 검정통계량	2.02***	0.42***

미국 GDP 그래프를 보면 뚜렷하게 우상향하는 추세가 있다. 따라서 단위근 검정시 절편과 선형 추세를 함께 포함하는 것이 적절해 보인다. [표 1.2]를 보면 절편만 포함하거나 절편과 선형 추세를 함께 포함하거나 단위근 검정 결과는 동일한 것으로 나타났다. AR 계수는 1로 추정되거나 1에 매우 가까운 0.997로 추정되었다. ADF 검정은 단위근 시계열이라는 귀무가설을 기각하지 못하고, KPSS 검정은 1% 유의수준에서 정상시계열이라는 귀무가설을 기각하고 있다. 따라서 모든 경우 로그를 취한 미국 GDP 데이터가 단위근 시계열임을 의미한다.

그러나 확률적 추세를 지닌 것처럼 보이는 시계열의 단위근 검정 결과가 위 두 가지 예시처럼 모든 경우에 걸쳐 분명하게 단위근 존재 여부를 나타내지는 않는다. 즉 검정통계량에 따라 상반된 결과를 보여주는 경우도 많다. 아래 그림은 1919년 1월부터 2003년 6월까지의 월별 디폴트 프리미엄을 보여준다. 표본의 총수는 1,014개이다.

그림 1.10 월별 디폴트 프리미엄

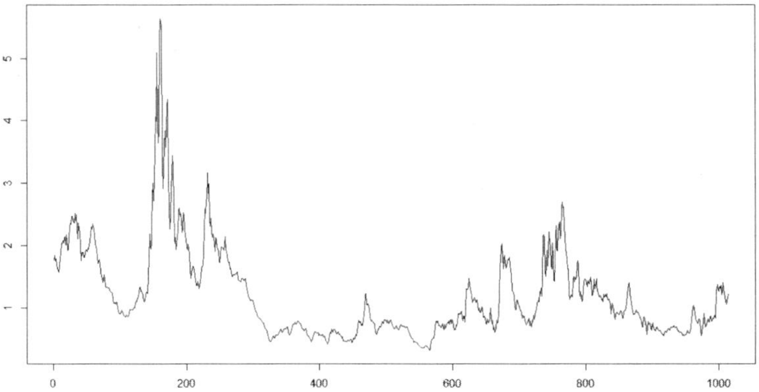

표 1.3 월별 디폴트 프리미엄 단위근 검정 결과

	절편 포함	절편과 선형 추세 포함
AR 계수 추정치	0.977	0.973
ADF 검정통계량	−4.06***	−4.36***
KPSS 검정통계량	1.12***	0.37***

월별 디폴트 프리미엄의 AR 계수 추정치는 0.977 또는 0.973으로 1에 가깝기는 하지만 매우 가깝지는 않다. ADF 검정 결과는 절편만 포함한 경우와 절편과 선형 추세를 함께 포함한 경우 모두에서 단위근 시계열이라는 귀무가설을 1% 유의수준에서 기각하고 있다. ADF 검정 결과만 보면 월별 디폴트 프리미엄이 정상시계열이라 판단할 수 있지만, KPSS 검정은 이와 반대의 결과를 보인다. KPSS 검정 결과는 1% 유의수준에서 정상시계열이라는 귀무가설을 기각하고 있으며, 이는 이 시계열이 단위근 시계열임을 나타낸다.

이처럼 ADF 검정과 KPSS 검정은 단위근 존재 여부에 대해 상반된 결과를 보이는데, 주어진 시계열의 AR 계수 추정치가 0.97 또는 0.98 정도로 추정될 때 이처럼 단위근 검정 결과가 선택한 검정 방법에 따라 다르게 나오는 경우가 종종 있다. 이러한 경우 주어진 시계열을 근접 단위근(near-integrated) 시계열이라 부를 수 있다. 근접 단위근 시계열은 아래와 같이 표현된다.

$$y_t = \left(1 - \frac{c}{n}\right) y_{t-1} + u_t$$

c는 음이 아닌 고정된 값이며 n은 표본 수이다. c가 양의 값을 가지고 표본 수가 크지 않으면 AR 계수 $(1 - c/n)$는 1보다 작게 되어 이 시계열은 정상시계열이 되고, 표본 수가 무한대로 커지면 이 시계열은 단위근 시계열이 된다. 근접 단위근 시계열은 점근적으로(asymptotically) 단위근 시계열이므로, 단위근 시계열처럼 취급하면 된다. AR 계수가 1이거나 1보다 작은지에 따라 단위근 시계열이거나 정상시계열이 되는데, 1을 기준으로 해서 급격하게 질적으로 달라지는 것을 보완해서 단위근 시계열과 정상시계열을 연결하는 개념으로 이해할 수 있다.

1.4 정상시계열로의 변환

7.1절은 머신러닝과 예측 실험에 대한 단계를 설명하고 있는데, 이는 데이터를 정상시계열로 변환하는 단계를 포함하고 있다. 다양한 시계열 모형 또는 머신러닝 모형을

통해 예측치를 구할 때 데이터를 있는 그대로 입력하는 것이 아니라 적절하게 변환한 후 입력하는 것이 중요하다. 1.4절에서는 FRED-MD 데이터를 이용하여 정상시계열로 변환하는 사례를 살펴볼 것이다.

FRED-MD 데이터는 미국 St. Louise 연방준비은행의 웹사이트[5]에서 내려받을 수 있는 월별 데이터 세트이고, 분기별 데이터 세트 FRED-QD도 이 웹사이트에서 내려받을 수 있다. FRED-MD 데이터 세트는 산출 · 소득, 노동시장, 주택시장, 업황 및 재고, 통화량 · 신용, 이자율 · 환율, 가격지수, 주식시장 등에 대한 130여 개 미국의 주요 거시경제 및 금융 데이터를 포함한다. MaCracken and Ng(2015)는 정상시계열로 변환하는 아래의 7가지 변환 코드를 FRED-MD의 각 데이터에 부여하였다.

표 1.4 FRED-MD 변환 코드 및 설명

변환 코드(tcode)	변환 방법
1	y_t그대로 사용
2	$\triangle y_t$
3	$\triangle^2 y_t$
4	$\log(y_t)$
5	$\triangle\log(y_t)$
6	$\triangle^2\log(y_t)$
7	$\triangle(y_t/y_{t-1}-1)$

위 변환 코드에 따르면 주어진 시계열의 적분 차수와 데이터값의 부호 및 크기에 따라 각 변환 코드가 부여된다. 우선 데이터 자체가 정상시계열이며 데이터값의 크기가 크지 않고 적당할 때 데이터 변환 코드 1이 부여된다. 데이터값의 크기가 적당할 때, 단위근 검정을 통해 주어진 시계열이 단위근 시계열인 것으로 나타나면 1차 차분을 통해 정상시계열로 변환할 수 있으므로 변환 코드 2가 부여된다. 데이터값의 크기가 적당한 주어진 시계열을 1차 차분한 과정이 단위근 시계열인 경우 적분 차수가 2로 차분을 두 번 해야만 정상시계열이 되는데, 이때 변환 코드 3이 부여된다.

계량경제분석 또는 예측에서 주어진 데이터가 항상 양수이며 그 값이 크면 자연로그를 취해서 사용하는데, 이는 로그 변환을 통해 데이터의 변동을 크게 줄일 수 있기 때문이다. 데이터의 값이 얼마나 클 때 로그를 취하는지에 대한 정답이 있는 것은 아니

5) https://www.stlouisfed.org/research/economists/mccracken/fred-databases

지만, 흔히 산업생산지수처럼 기준값이 100인 지수들은 로그를 취해 사용한다. 따라서 데이터의 값이 100 정도보다 크고 모든 값이 양수라면 자연로그를 취하고 사용하는 것이 바람직하다. 로그를 취한 주어진 시계열이 그 자체가 정상시계열이라면 변환 코드 4가 부여된다. 로그를 취한 시계열이 단위근 시계열이라면 변환 코드 5가 부여된다. 로그를 취한 변수를 1차 차분하면 이는 이 변수의 전기 대비 증가율로 해석할 수 있음을 유의하라.

만약 로그를 취한 시계열을 1차 차분한 과정이 단위근 시계열이라면, 변환 코드 6이 부여된다. 특히 FRED-MD에서는 물가지수에 변환 코드 6이 부여된 경우가 많다. 로그를 취한 물가지수의 1차 차분은 전기 대비 물가상승률에 해당하는데, 전기 대비 물가상승률이 단위근 시계열이라면 로그를 취한 물가지수를 2차 차분해야만 정상시계열이 된다는 것을 의미한다. 변환 코드 7은 데이터의 값이 양수로만 이루어진 것이 아니라 음수도 포함하고 있을 때 사용하는데, 주어진 시계열의 증가율을 차분해야 정상시계열이 될 때 부여된다.

정상시계열로의 변환 예시

정상시계열로의 변환에서 많이 사용되는 변환의 예시를 살펴보자. 1960년 1월에서 2014년 12월까지(총 660개월)의 FRED-MD 데이터 중 5개 시계열을 골랐다. [그림 1.11]의 NAPMPI는 ISM(Institute for Supply Management) 제조업 생산지수이며 변환 코드는 1로 되어 있다. 이는 시계열 자체가 정상시계열이며 시계열의 값이 상대적으로 크지 않기 때문에 로그를 취할 필요는 없기 때문이다.

그림 1.11 NAPMPI(tcode=1)

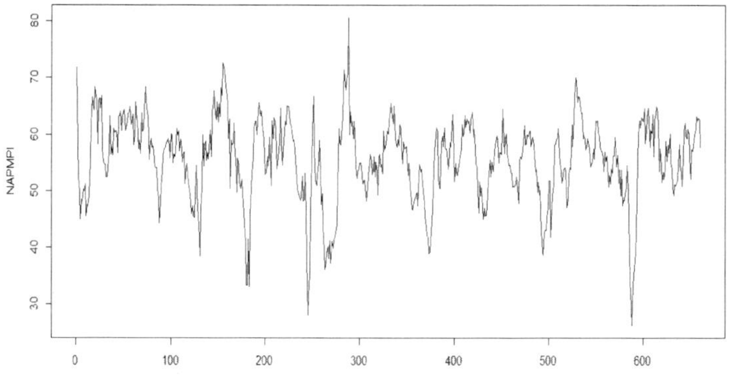

[그림 1.12]의 AAA는 Aaa 회사채 수익률이며 변환 코드는 2로 설정되어 있다. 금리는 시계열의 값이 크지 않기 때문에 로그를 취할 필요는 없고, 단위근 시계열이기 때문에 정상시계열로 변환하기 위해 1차 차분을 할 필요가 있다.

그림 1.12 AAA(tcode=2)

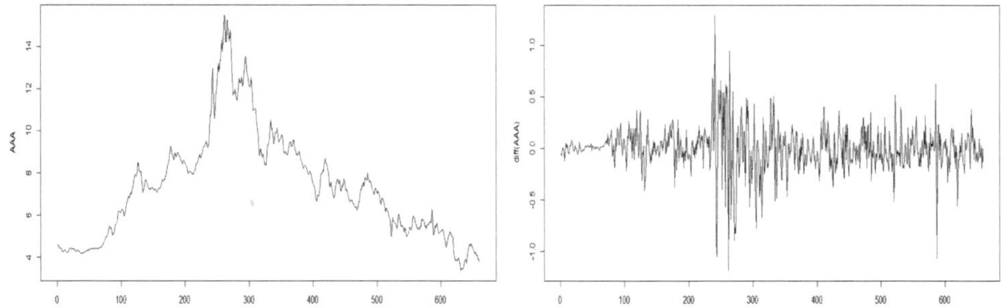

주: 왼쪽 그림은 원래 시계열이고 오른쪽 그림은 변환 코드에 따라 1차 차분한 시계열을 나타낸다.

[그림 1.13]의 HOUST는 주택착공 건수(민간 소유 신규 주택)이며 변환 코드는 4로 설정되어 있다. 시계열의 값이 500에서 2500 사이로 크기 때문에 로그를 취할 필요가 있는데, 로그를 취한 시계열이 이미 정상시계열이기 때문에 더 이상의 변환은 필요 없는 것으로 보인다.

그림 1.13 HOUST(tcode=4)

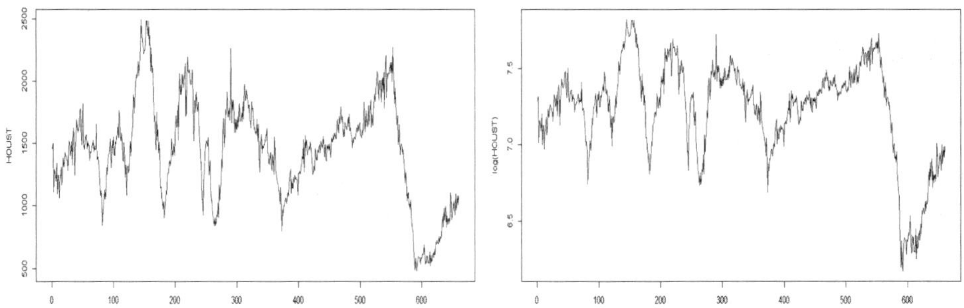

주: 왼쪽 그림은 원래 시계열이고 오른쪽 그림은 변환 코드에 따라 로그를 취한 시계열을 나타낸다.

[그림 1.14]의 INDPRO는 산업생산지수이며 변환 코드는 5로 설정되어 있다. 기준년에 100의 값을 가지는 지수이므로 시계열의 값이 큰 편이기 때문에 로그를 취할 필요가 있으며 로그를 취한 산업생산지수가 단위근 시계열이기 때문에 정상시계열로 변환

하기 위해 로그 차분할 필요가 있다.

그림 1.14 INDPRO(tcode=5)

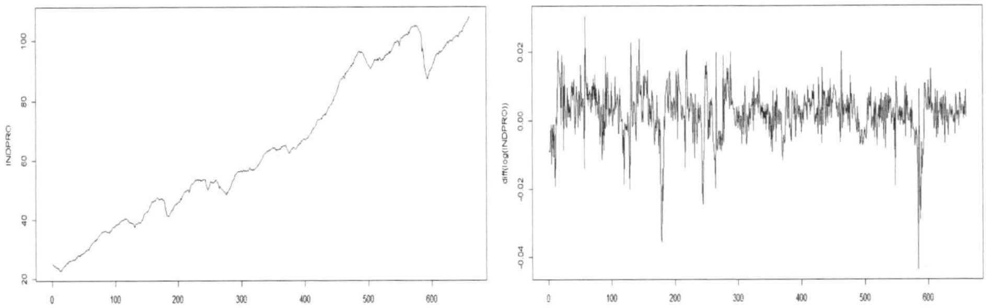

주: 왼쪽 그림은 원래 시계열이고 오른쪽 그림은 변환 코드에 따라 로그 차분한 시계열을 나타낸다.

[그림 1.15]의 CPIAUCSL은 소비자물가지수(CPI all items)이며 변환 코드는 6으로 설정되어 있다. 앞서 설명했듯이 물가지수에 로그를 취하고 한번 차분한 것이 전기 대비 물가상승률에 해당하는데, 전기 대비 물가상승률이 단위근 시계열이라면 정상시계열로 변환하기 위해 차분을 한 번 더 할 필요가 있다. [그림 1.15]의 오른쪽 그림에 제시된 로그 1차 차분한 소비자물가지수는 AR 계수가 0.628로 추정되는데, ADF 검정은 단위근이 있다는 귀무가설을 기각하나 KPSS 검정은 정상시계열이라는 귀무가설을 기각한다.

그림 1.15 CPIAUCSL(tcode=6)

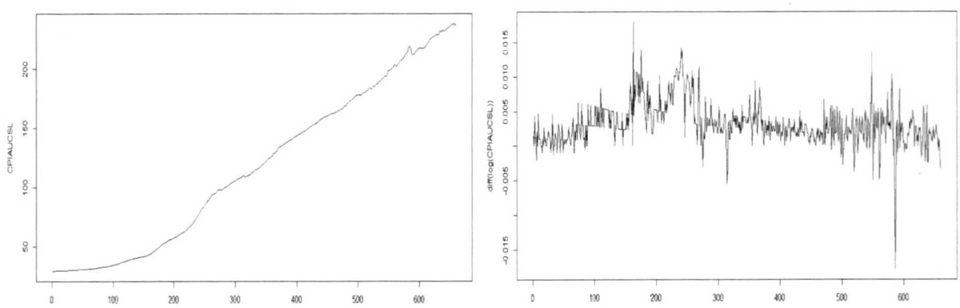

주: 왼쪽 그림은 원래 시계열이고 오른쪽 그림은 로그 차분 시계열을 나타낸다. 변환 코드 6에 따르면 차분을 두 번 하는 것이지만 한 번만 차분한 그림을 제시한다.

1.5 실습

1.5.1 ARMA 모형 추정 실습

arima.sim 함수는 ARIMA(p,d,q) 과정을 모의 생성한다. 5번 줄은 표본 수가 1,000인 ARMA(1,1) 과정을 그리고 9번 줄은 AR(2) 과정을 만드는 것이다.

```
3  # 1) simulate ARIMA(p,d,q) models
4  # ARMA(1,1)
5  sim.arma=arima.sim(list(order=c(1,0,1),ar=0.5,ma=0.5),n=1000)
6
7  # AR(2)
8  set.seed(40)
9  sim.ar=arima.sim(list(order=c(2,0,0),ar=c(0.6,0.2)),n=1000)
10
11 # true DGP: AR(2)
12 y = sim.ar
13 plot(y)
```

이렇게 만들어진 AR(2) 과정을 y로 놓고 이를 추정하는 간단한 사례를 살펴보자. arima 함수는 ARIMA 모형을 추정할 때 사용한다.

```
16 # 2) estimate ARIMA(p,d,q) models
17 fit1=arima(y,order=c(2,0,0))
18 fit1
19
20 # Ljung-Box Q-test
21 uhat<-fit1$resid
22 Box.test(uhat,lag=10,type='Ljung')
```

17번 줄은 AR(2) 모형을 추정하는 부분인데, 원래 시계열이 AR(2) 과정을 따르므로 모형이 제대로 설정된(correctly specified) 경우임을 알 수 있다. 18번 줄을 실행하면 추정 결과를 아래와 같이 보여준다. 다만 arima 함수에 대해 유의할 점이 하나 있다. arima(y,order=c(2,0,0))은 $(y_t-\mu)$가 AR(2) 과정을 따른다는 것을 의미한다.

즉, arima(y,order=c(2,0,0))은

$$y_t = \mu + \alpha_1 y_{t-1} + \alpha_2 y_{t-2} + \epsilon_t$$

을 추정하는 것이 아니라

$$y_t - \mu = \alpha_1(y_{t-1} - \mu) + \alpha_2(y_{t-2} - \mu) + \epsilon_t$$

을 추정한다.

```
> fit1

Call:
arima(x = y, order = c(2, 0, 0))

Coefficients:
         ar1     ar2  intercept
      0.5328  0.2516    -0.1351
s.e.  0.0306  0.0306     0.1436

sigma^2 estimated as 0.9674:  log likelihood = -1402.79,  aic = 2813.57
> |
```

추정치와 표준오차를 보면 통계적으로 유의한 것을 알 수 있고, AIC는 2,813.57인 것으로 나타났다. 21번 줄과 22번 줄은 잔차에 대해 Ljung–Box Q 검정을 실행하는 부분이다. 아래와 같이 p 값이 0.776으로 나타나, 시차 10까지 잔차에 자기상관이 존재하지 않는다는 귀무가설을 기각하지 못한다. 따라서 모형 설정이 제대로 되었음을 확인할 수 있다.

```
> Box.test(uhat,lag=10,type='Ljung')

        Box-Ljung test

data:  uhat
X-squared = 6.4517, df = 10, p-value = 0.776
```

다음은 모형이 잘못 설정하여 MA(2) 모형을 추정하는 사례를 살펴보자.

```
16  # 2) estimate ARIMA(p,d,q) models
17  fit1=arima(y,order=c(2,0,0))
18  fit1
19
20  # Ljung-Box Q-test
21  uhat<-fit1$resid
22  Box.test(uhat,lag=10,type='Ljung')
```

MA 항에 대한 계수 추정치는 둘 다 통계적으로 유의한 것으로 보이나, ACI가 3,010.53으로 AR(2) 모형을 추정했을 때보다 큰 것으로 나타났다.

```
> fit2

Call:
arima(x = y, order = c(0, 0, 2))

Coefficients:
         ma1     ma2  intercept
      0.5056  0.4034    -0.1364
s.e.  0.0321  0.0263     0.0655

sigma^2 estimated as 1.178:  log likelihood = -1501.26,  aic = 3010.53
>
```

특히 Ljung–Box Q 검정 결과는 검정통계량이 매우 크고 p 값이 0에 가까운 것으로 나타나, 시차 10까지 잔차에 자기상관이 존재하지 않는다는 귀무가설을 기각한다. 즉, 모형 설정이 잘못되었음을 나타낸다.

```
> Box.test(uhat2,lag=10,type='Ljung')

        Box-Ljung test

data:  uhat2
X-squared = 300.06, df = 10, p-value < 2.2e-16
```

마지막으로 auto.arima 함수에 대한 주의 사항을 살펴보자. forecast 패키지의 이 함수는 정보기준을 이용하여 자동으로 최적 ARIMA 모형을 추정하는 것인데, 이 함수의 추정 결과를 무조건 이용해서는 안 된다.

```
# 3) auto.arima 주의
install.packages("forecast")
library(forecast)

autofit=auto.arima(y, seasonal=FALSE)
autofit
```

위에서 살펴본 동일한 AR(2) 과정에 대해 추정한 결과 아래와 같이 ARIMA(0,1,1) 모형을 최적으로 제시하는데, 모의 생성된 AR(2) 과정은 정상시계열이기 때문에 이는 명백히 잘못된 결과이다. auto.arima 함수가 이처럼 잘못된 결과를 제시하는 점을 주의해야 한다.

```
> autofit
Series: y
ARIMA(0,1,1) with drift

Coefficients:
          ma1   drift
      -0.3791  0.0012
s.e.   0.0302  0.0201

sigma^2 = 1.05:  log likelihood = -1441.04
AIC=2888.09   AICc=2888.11   BIC=2902.81
>
```

1.5.2 단위근 검정 실습

1.3절의 [표 1.1]에 제시된 일별 디폴트 프리미엄에 대한 단위근 검정 결과가 어떻게 구해졌는지를 R 코드를 이용해서 살펴보자. 단위근 검정을 위해 다양한 패키지가 있는데, 본 실습에서는 urca 패키지를 이용한다.

```
10 library(readxl)
11 library(urca)
12 
13 data <- read_excel("DefaultPremium_data.xls")
14 daily = matrix(data$Daily)
15 plot(daily, type = 'l')
16 
17 ## AR 계수 추정
18 ar1=arima(daily, order=c(1,0,0))
19 ar1
20 
21 ar2=arima(daily, order=c(1,0,0), xreg = 1:length(daily))
22 ar2
```

이는 데이터를 불러들이고 그래프를 그려본 후 AR 계수를 추정하는 부분이다. 18번 줄은 절편만 포함한 경우를 추정하고, 21번 줄은 절편과 선형 추세를 모두 포함한 경우를 추정한다. 19번 줄과 22번 줄을 실행하면 아래의 추정 결과를 제시한다. 두 경우 모두 AR 계수는 0.996으로 추정되어 [표 1.1]에 입력된다.

```
> ar1

Call:
arima(x = daily, order = c(1, 0, 0))

Coefficients:
         ar1  intercept
      0.9961     0.8557
s.e.  0.0014     0.0786

sigma^2 estimated as 0.000408:  log likelihood = 9786.31,  aic = -19566.62
> ar2

Call:
arima(x = daily, order = c(1, 0, 0), xreg = 1:length(daily))

Coefficients:
         ar1  intercept  1:length(daily)
      0.9962     0.8888            0e+00
s.e.  0.0014     0.1447            1e-04

sigma^2 estimated as 0.000408:  log likelihood = 9786.32,  aic = -19564.63
> 
```

다음은 ADF 검정을 실행하는 부분이다. ur.df 함수에서 type="drift"는 절편만 포함하는 모형을 다루고, type="trend"는 절편과 선형 추세를 모두 포함한 모형을 다룬다.

```
24 ## Augmented Dickey-Fuller (ADF) Test,
25 ##귀무가설 : Unit Root
26 
27 ## Model with intercept
28 daily_adf1=ur.df(daily, type="drift")
29 summary(daily_adf1)
30 daily_adf1@teststat
31 daily_adf1@cval
32 
33 ## Model with intercept and trend
34 daily_adf2=ur.df(daily, type="trend")
35 summary(daily_adf2)
36 daily_adf2@teststat
37 daily_adf2@cval
```

29번 줄을 실행하면 절편만 포함한 모형의 추정 결과와 ADF 검정통계량과 임곗값들을 제시한다.

```
###############################################
# Augmented Dickey-Fuller Test Unit Root Test #
###############################################

Test regression drift


Call:
lm(formula = z.diff ~ z.lag.1 + 1 + z.diff.lag)

Residuals:
     Min       1Q   Median       3Q      Max
-0.12071 -0.00971 -0.00058  0.00913  0.40897

Coefficients:
             Estimate Std. Error t value Pr(>|t|)
(Intercept)  0.003040   0.001246   2.440   0.0147 *
z.lag.1     -0.003561   0.001407  -2.531   0.0114 *
z.diff.lag  -0.108771   0.015825  -6.873 7.26e-12 ***
---
Signif. codes:  0 '***' 0.001 '**' 0.01 '*' 0.05 '.' 0.1 ' ' 1

Residual standard error: 0.02006 on 3937 degrees of freedom
Multiple R-squared:  0.01386,   Adjusted R-squared:  0.01336
F-statistic: 27.66 on 2 and 3937 DF,  p-value: 1.175e-12


Value of test-statistic is: -2.5307 3.2024

Critical values for test statistics:
      1pct  5pct 10pct
tau2 -3.43 -2.86 -2.57
phi1  6.43  4.59  3.78
```

검정통계량과 임곗값만 확인하려면 30번과 31번 줄을 실행하면 되고, 아래와 같은 결과가 나타난다. 이 결과에서 필요한 것은 tau2에 해당하는 검정통계량과 임곗값인데, 검정통계량은 −2.53이고 10%, 5%, 1% 유의수준의 임곗값은 각각 −2.57, −2.86, −3.43으로 나타났다.

```
> daily_adf1@teststat
                tau2     phi1
statistic -2.530667 3.202362
> daily_adf1@cval
      1pct  5pct 10pct
tau2 -3.43 -2.86 -2.57
phi1  6.43  4.59  3.78
> |
```

34번과 36번 줄을 실행하면 절편과 선형 추세를 모두 포함한 모형의 추정 결과와 ADF 검정통계량과 임곗값들을 제시한다. 36번 줄과 37번 줄을 실행하면 아래와 같은 검정통계량과 임곗값을 나타낸다. tau3에 해당하는 검정통계량과 임곗값을 보면 되는데, 검정통계량은 −2.45이고 10%, 5%, 1% 유의수준의 임곗값은 각각 −3.12, −3.41, −3.96으로 나타났다.

```
> daily_adf2@teststat
                tau3     phi2     phi3
statistic -2.449655 2.373805 3.560483
> daily_adf2@cval
      1pct  5pct 10pct
tau3 -3.96 -3.41 -3.12
phi2  6.09  4.68  4.03
phi3  8.27  6.25  5.34
>
```

다음은 KPSS 검정을 실행하는 부분이다. ur.kpss 함수에서 type="mu"는 절편만 포함하는 모형을 다루고, type="tau"는 절편과 선형 추세를 모두 포함한 모형을 다룬다.

```
## Kwiatkowsk-Phillips-Schmidt-Shin (KPSS) Test
## 귀무가설 : Stationarity

# Model with intercept
daily_kpss1=ur.kpss(daily, type="mu", lags = "long")
summary(daily_kpss1)

# Model with intercept and trend
daily_kpss2=ur.kpss(daily, type="tau", lags = "long" )
summary(daily_kpss2)
```

44번 줄과 45번 줄을 실행하면 절편만 포함한 모형의 KPSS 검정통계량과 임곗값들을 확인할 수 있다. 아래와 같이 검정통계량이 2.25로 나타났고 각각의 임곗값들이 제시된다.

```
> summary(daily_kpss1)

#######################
# KPSS Unit Root Test #
#######################

Test is of type: mu with 30 lags.

Value of test-statistic is: 2.2457

Critical value for a significance level of:
                10pct  5pct 2.5pct  1pct
critical values 0.347 0.463  0.574 0.739
```

48번 줄과 49번 줄을 실행하면 절편과 선형 추세를 모두 포함한 모형의 KPSS 검정통계량과 임곗값들을 확인할 수 있다. 아래와 같이 검정통계량이 2.11로 나타났고 각각의 임곗값들이 제시된다.

```
> summary(daily_kpss2)

#######################
# KPSS Unit Root Test #
#######################

Test is of type: tau with 30 lags.

Value of test-statistic is: 2.1102

Critical value for a significance level of:
                10pct  5pct 2.5pct  1pct
critical values 0.119 0.146  0.176 0.216
```

2장

시계열 예측 절차 및 평가 방법

2.1 예측 절차

시계열을 예측하고 각 모형의 예측력을 평가할 때 보편적으로 사용하는 예측 절차(forecasting procedure)는 이동 윈도우 예측(rolling window forecasting)[1] 방법이다. 이는 일정한 크기의 고정된 윈도우(시간 창)를 설정하고, 데이터를 새로운 값으로 업데이트하면서 예측을 수행하는 방법이다. 구체적으로 아래 절차를 따른다.

1) 데이터 윈도우 크기(예: 과거 240개월)를 설정한다.
2) 이 기간에 속하는 데이터를 이용하여 예측 모형을 추정하고(학습하고) 예측치를 생성한다.
3) 가장 오래된 시기의 데이터를 제외하고 새로운 시기의 데이터를 추가하여 윈도우를 한 시기 앞으로 이동하여, 다시 예측 모형을 추정하고 예측치를 생성한다.

[그림 2.1]은 이러한 절차를 보여준다. 이에 비해 [그림 2.2]이 제시하는 확장 윈도우 예측(expanding window forecasting)은 데이터 윈도우의 크기를 점진적으로 늘려가면서 예측을 수행하는 방법이다. 이동 윈도우 예측 방법에서는 윈도우를 이동할 때마다 가장 오래된 시기의 데이터를 제외하지만, 확장 윈도우 예측 방법에서는 이를 제외

그림 2.1 이동 윈도우 예측

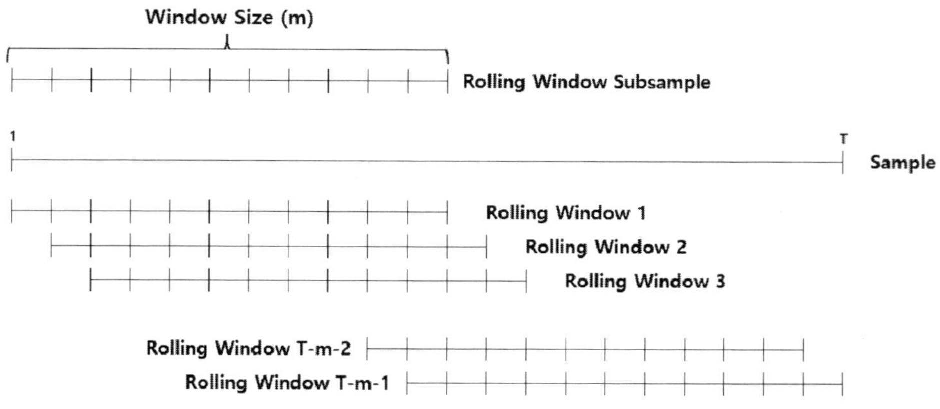

1) 슬라이딩 윈도우 예측 방법이라고도 불린다.

그림 2.2 확장 윈도우 예측

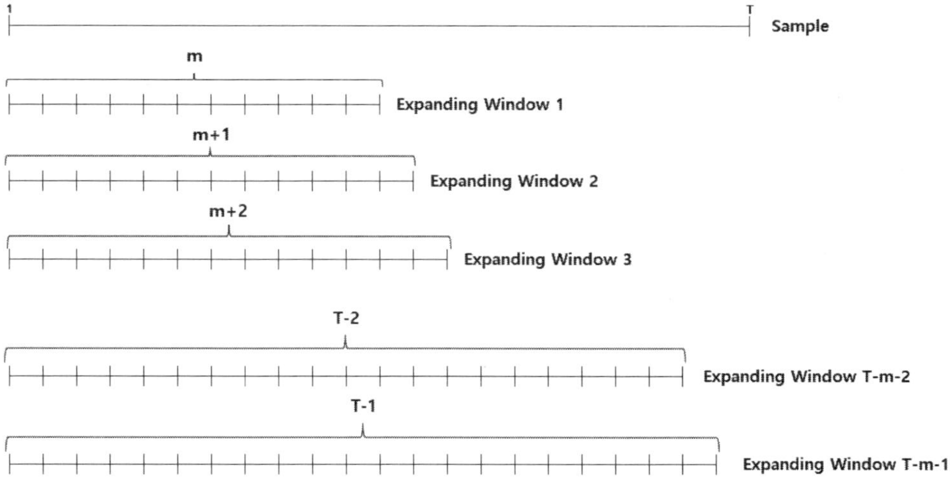

하지 않는다. 따라서 이동 윈도우 예측 방법에서는 고정된 크기의 윈도우가 사용되지만, 확장 윈도우 예측 방법에서는 윈도우 크기가 점진적으로 커지는 것이다. 대부분은 이동 윈도우 예측 방법이 사용되지만, 간혹 확장 윈도우 예측 방법이 사용되기도 한다.

2.2 다단계 앞 예측

주어진 표본에서 모형을 추정하고 한 단계 앞 예측(one-step-ahead forecasting)을 할 뿐만 아니라 다단계 앞 예측(multi-step-ahead forecasting)이 필요한 경우도 많다. 예를 들어, 이번 달까지의 데이터를 이용해서 물가상승률을 예측할 때 다음 달의 물가상승률보다 오히려 6개월 앞 또는 12개월 앞 물가상승률 예측이 더 중요할 수 있다.

다단계 앞 예측의 주요 방법은 반복 예측(iterated forecasting)과 직접 예측(direct forecasting)으로 나눌 수 있다.

반복 예측은 모형 설정이 제대로 되었을 때 비편향(unbiaed) 다단계 예측치를 제공하는 것으로 알려져 있다. 주어진 표본에서 추정된 모형이 AR(1) 모형

$$y_t = \alpha_0 + \alpha_1 y_{t-1} + \epsilon_t$$

이라 하고, Ljung–Box Q 검정을 통해 모형 설정이 제대로 설정되었음을 확인하였다고 가정하자. 한 단계 앞 예측은 모형 추정치를 통해 다음과 같이 구할 수 있다.

$$E(y_{T+1}|F_T) = \widehat{\alpha_0} + \widehat{\alpha_1} y_T$$

여기서 F_T는 T 시점에 이용할 수 있는 모든 정보를 포함하는 정보 집합(information set 또는 natural filtration)을 뜻한다. 반복 예측을 통해 구하는 다단계 예측치는 아래와 같다.

$$
\begin{aligned}
E(y_{T+2}|F_T) &= \widehat{\alpha_0} + \widehat{\alpha_1} E(y_{T+1}|F_T) \\
E(y_{T+3}|F_T) &= \widehat{\alpha_0} + \widehat{\alpha_1} E(y_{T+2}|F_T) \\
&\vdots \\
E(y_{T+k}|F_T) &= \widehat{\alpha_0} + \widehat{\alpha_1} E(y_{T+k-1}|F_T)
\end{aligned}
$$

즉, k 단계 앞 예측치를 구하기 위해서는 그 이전 단계 예측치인 $k-1$ 단계 앞 예측치를 (반복해서) 이용하는 것이다. 반복 예측에서는 모형 추정을 한 번만 실시하고, 각 단계 앞 예측치를 구할 때 이용하는 계수 추정치인 $\widehat{\alpha_0}$과 $\widehat{\alpha_1}$는 모든 단계에 걸쳐 동일하다.

직접 예측은 k 단계 앞 예측을 위해 개별 모형을 추정하여 예측치를 생성하는 방식이다. k 단계 앞 예측을 위해

$$y_t = \alpha_{0(k)} + \alpha_{1(k)} y_{t-k} + \epsilon_t$$

을 추정하고 추정치 $\widehat{\alpha_{0(k)}}$과 $\widehat{\alpha_{1(k)}}$를 구한다. 이때 이 모형을 추정하는 것은

$$y_{t+k} = \alpha_{0(k)} + \alpha_{1(k)} y_t + \epsilon_{t+k}$$

을 추정하는 것과 같다. 따라서 k 단계 앞 예측치는

$$E(y_{T+k}|F_T) = \widehat{\alpha_{0(k)}} + \widehat{\alpha_{1(k)}} y_T$$

가 된다. 각 k 단계 앞 예측마다 조금씩 다른 모형을 추정하기 때문에 계수 추정치 $\widehat{\alpha_{0(k)}}$과 $\widehat{\alpha_{1(k)}}$는 각 k 단계마다 조금씩 다른 값을 가지게 된다.

예를 들어, 2 단계 앞 예측치 $E(y_{T+2}|F_T)$를 구하기 위해서는

$$y_t = \alpha_{0(2)} + \alpha_{1(2)} y_{t-2} + \epsilon_t$$

모형을 추정하고, 그 추정치 $\widehat{\alpha_{0(2)}}$과 $\widehat{\alpha_{1(2)}}$를 이용하여

$$E(y_{T+2}|F_T) = \widehat{\alpha_{0(2)}} + \widehat{\alpha_{1(2)}} y_T$$

를 생성한다. 그다음으로 3단계 앞 예측을 위해서는

$$y_t = \alpha_{0(3)} + \alpha_{1(3)} y_{t-3} + \epsilon_t$$

모형을 추정하고, 그 추정치 $\widehat{\alpha_{0(3)}}$과 $\widehat{\alpha_{1(3)}}$를 이용하여

$$E(y_{T+3}|F_T) = \widehat{\alpha_{0(3)}} + \widehat{\alpha_{1(3)}} y_T$$

를 생성한다. 이때 2개월 앞 예측을 위해 구한 추정치 $\widehat{\alpha_{0(2)}}$과 $\widehat{\alpha_{1(2)}}$와 3개월 앞 예측을 위해 구한 추정치 $\widehat{\alpha_{0(3)}}$과 $\widehat{\alpha_{1(3)}}$는 다를 수 있을 것이다.

직접 예측은 모형 오지정(model misspecification)에 대해 강건한 다단계 예측치를 제공하는 것으로 알려져 있다. 이는 추정된 모형이 제대로 설정되어 있지 않더라도 직접 예측 방법을 통해 성능이 괜찮은 예측치를 구할 수 있다는 것을 의미한다. 만약 위 예와 같이 AR(1) 모형처럼 단순한 모형이 설정되면 다단계 예측을 위해 직접 예측 방법을 실시하는 것이 그다지 바람직하지 않은 것처럼 보일 수 있다. 그러나 ARMA 형태의 모형이 아니라 설명변수를 포함하는 모형의 다단계 예측에는 직접 예측 방법이 반복 예측에 비해 훨씬 편리한 면이 있다. 특히 설명변수가 아주 많은 모형의 경우 반복 예측 방법을 사용하기 어렵기 때문에 직접 예측 방법을 이용하는 것이 당연할 것이다.

예를 들어 다음과 같은 모형이 설정된 상황을 고려해 보자.

$$y_t = \alpha_0 + \alpha_1 y_{t-1} + \beta_1 x_{1,t-1} + \beta_2 x_{2,t-1} + \cdots + \beta_m x_{m,t-1} + \epsilon_t$$

반복 예측 방법을 위해서 k 단계 앞 예측치를 구하면,

$$E(y_{T+k}|F_T) = \widehat{\alpha_0} + \widehat{\alpha_1}E(y_{T+k-1}|F_T) + \widehat{\beta_1}E(x_{1,T+k-1}|F_T) + \widehat{\beta_2}E(x_{2,T+k-1}|F_T) + \cdots + \widehat{\beta_m}E(x_{m,T+k-1}|F_T)$$

인데, 이를 위해 설명변수 x_1부터 x_m까지의 $k-1$ 단계 앞 예측치들이 필요한 것을 알 수 있다. 각 설명변수의 $k-1$ 단계 앞 예측치까지 구해야 하는 번거로움이 있기 때문에, 만약 보통 머신러닝 방법을 적용하는 경우와 같이 m이 매우 큰 상황에서는 반복 예측 방법을 통해 다단계 앞 예측치를 구하는 것이 바람직하지 않다.

반면, 직접 예측 방법을 이용한다면 훨씬 쉽게 다단계 앞 예측치를 구할 수 있다. 즉, k 단계 앞 예측을 위해

$$y_t = \alpha_{0(k)} + \alpha_{1(k)}y_{t-k} + \beta_{1(k)}x_{1,t-k} + \beta_{2(k)}x_{2,t-k} + \cdots + \beta_{m(k)}x_{m,t-k} + \epsilon_t$$

모형을 추정하고, 그 추정치를 이용하여

$$E(y_{T+k}|F_T) = \widehat{\alpha_{0(k)}} + \widehat{\alpha_{1(k)}}y_T + \widehat{\beta_{1(k)}}x_{1,T} + \widehat{\beta_{2(k)}}x_{2,T} + \cdots + \widehat{\beta_{m(k)}}x_{m,T}$$

를 구하면 된다. 머신러닝과 예측 관련 연구 및 실무에서는 많은 수의 설명변수를 사용하기 때문에 대부분 다단계 예측을 위해 직접 예측 방법을 사용하고 있으며, 이하 7장의 종합 실습에서도 이를 이용하고 있다.

2.3 예측오차 함수

예측오차 함수(forecast loss function)는 모형이 예측한 값과 실제값 사이의 차이를 측정하는 함수이다. n_f개의 예측치 $\widehat{y_t}$와 실제값 y_t에 대해 평균제곱오차(mean squared error, MSE)는

$$MSE = \frac{1}{n_f}\sum_{t=1}^{n_f}\left(y_t - \widehat{y_t}\right)^2$$

로 계산된다. 평균제곱근오차(root mean squared error, RMSE)는 평균제곱오차에 제곱근을 취한 값이다. 평균절대오차(mean absolute error, MAE)는

$$MAE = \frac{1}{n_f} \sum_{t=1}^{n_f} \left| y_t - \widehat{y_t} \right|$$

이다. 평균절대오차는 평균제곱오차에 비해 극단적으로 값이 크거나 작은 이상치(outlier)의 영향을 상대적으로 적게 받는 것이 특징이다.

위 예측오차 함수들은 예측오차에 제곱을 취하거나 절댓값을 취하기 때문에 예측치가 실제값에 비해 크거나 작은 것에 상관없이 동일한 오차를 지닌 것으로 취급한다. 그러나 리스크 관리(risk management) 등에서는 실제값이 예측치보다 작으면 비용이 많이 들지 않지만 실제값이 예측보다 클 경우 비용이 매우 커지는 상황이 있는데, 이럴 때 비대칭적 예측오차 함수를 사용하기도 한다.

또한, 금융경제학 분야에서는 Mincer–Zarnowitz 회귀를 이용하여 모형의 예측력을 평가하기도 하는데, 이는

$$y_t = \beta_0 + \beta_1 \widehat{y_t} + \epsilon_t$$

를 추정하는 것이다. $\beta_0 = 0$이고 $\beta_1 = 1$이면 비편향 예측치를 의미한다. 각 모형의 예측치를 위 선형모형에 회귀하고, 결정계수 R^2을 비교해서 모형 간 예측력을 평가한다. 이때 $\beta_0 = 0$이고 $\beta_1 = 1$이면, 결정계수 R^2를 비교하는 것과 평균제곱오차를 비교하는 것이 동등하다는 것이 알려져 있다.

2.4 예측력 검정 방법

2.4.1 두 모형의 동등한 예측력 검정

우선 두 모형의 예측력을 비교하는 경우를 살펴보자. 예를 들어, 첫 번째 모형의 평균제곱오차가 1.7이고 두 번째 모형의 평균제곱오차가 1.5라고 하자. 단순히 예측오차

만을 비교하면 두 번째 모형의 예측오차가 낮으므로 첫 번째 모형보다 예측력이 우수하다고 할 수 있다. 그런데, 두 번째 모형의 평균제곱오차는 첫 번째 모형의 평균제곱오차보다 통계적으로 유의한 수준으로 낮은 것일까? 이에 대해 검정하는 것이 Diebold and Mariano(1995)가 소개한 Diebold−Mariano 검정 방법이다.

예측오차의 차이는 일반적으로

$$d_t = L\left(y_t, \widehat{y_{1,t}}\right) - L\left(y_t - \widehat{y_{2,t}}\right)$$

로 표현할 수 있다. 이때 $L\left(y_t, \widehat{y_{i,t}}\right)$는 i번째 모형의 예측오차를 의미한다. 만약 평균제곱오차를 예측오차 함수로 선택한 경우, 두 모형의 예측오차 차이는

$$d_t = \left(y_t - \widehat{y_{1,t}}\right)^2 - \left(y_t - \widehat{y_{2,t}}\right)^2$$

로 표현할 수 있다. 이때 $\widehat{y_{1,t}}$은 모형 1의 예측치이고 $\widehat{y_{2,t}}$는 모형 2의 예측치이다. Diebold−Mariano 검정의 귀무가설과 대립가설은

$$H_0 : E(d_t) = 0$$
$$H_0 : E(d_t) \neq 0$$

이다. 두 모형의 예측오차 차이의 평균이 0이라는 귀무가설이 성립한다는 것은 두 모형의 예측력이 동등하다는 것을 뜻한다. 예측오차 차이의 표본평균을 $\overline{d_t}$라 하면,

$$\overline{d_t} = \frac{1}{n_f}\sum_{t=1}^{n_f} d_t$$

이고, Diebold−Mariano−West 검정통계량2)은

$$DMW = \frac{\sqrt{n_f}\,\overline{d_t}}{\sqrt{var\left(\widehat{\sqrt{n_f}\,\overline{d_t}}\right)}}$$

---

2) $var\left(\widehat{\sqrt{n_f}\,\overline{d_t}}\right)$는 점근분산에 대한 일치추정량으로 West(1996)가 Newey-West 분산 추정치를 이용하여 Diebold-Mariano(1995)의 방법을 개선하였다. 참고로 Diebold-Mariano(1995)는 예측치의 수가 크기 않은 경우에 사용할 검정통계량도 별도로 제시하고 있다.

로 정의되고, 귀무가설이 성립한다면 예측치의 수 n_f가 커지면서 표준정규분포로 수렴하는 것이 알려져 있다.

참고 **Diebold-Mariano 검정 관련 연구**

Diebold-Mariano 검정 방법에 대해 예측 관련 분야에서 연구된 결과를 좀 더 자세히 설명하자면 아래 사항들로 요약할 수 있다. Diebold-Mariano 검정통계량은 비포함(non-nested) 모형의 경우 점근적으로 정규분포를 따른다. 그러나 포함(nested) 모형에서는 그 점근분포가 표준정규분포를 따르지 않는다는 것이 Clark and McCracken(2001)과 Clark and West(2007) 등에 의해 알려져 있다.

포함 모형과 비포함 모형을 간단히 설명하면 다음과 같다. 포함 모형은 한 모형이 다른 모형의 특수한 경우로 포함되는 관계를 맺는 모형을 의미한다. 예를 들어, 아래 두 모형은 포함 모형이다.

$$y_t = \beta_0 + \beta_1 x_{1,t} + \beta_2 x_{2,t} + \epsilon_t$$

$$y_t = \beta_0 + \beta_1 x_{1,t} + \epsilon_t$$

이는 위 두 번째 모형이 첫 번째 모형에 $\beta_2 = 0$이라는 제약이 추가된 특수한 경우이기 때문이다. 반면 비포함 모형은 두 개의 모형이 서로 포함 관계를 맺지 않는 경우를 의미한다. 예를 들어, 아래 두 모형은 비포함 모형이다.

$$y_t = \beta_0 + \beta_1 x_{1,t} + \epsilon_t$$

$$y_t = \beta_0 + \beta_1 x_{2,t} + \epsilon_t$$

이는 한 모형이 다른 모형의 특수한 형태가 아니기 때문이다.

Clark and McCracken(2012)은 포함 모형의 경우 Diebold-Mariano-West 검정에서 정확한 검정을 위해 부트스트랩(bootstrap) 방법을 사용할 수 있음을 보였다. 그런데, Clark and McCracken (2001)과 Clark and Wes (2007)은 포함 모형의 경우 검정통계량의 임곗값이 실제로 표준정규분포의 임곗값보다 작다는 것을 보였다. 그러므로, Diebold-Mariano-West 검정통계량이 매우 큰 경우, 두 모형의 예측력이 같다는 귀무가설을 기각하는 것이 여전히 유효할 것으로 유추할 수 있다.

Giacomini and White(2006)는 Diebold–Mariano 검정 방법을 보다 발전시킨 검정 방법을 제시하였다. 아래의 Giacomini–White 검정에 대한 설명은 지나치게 상세한 면이 있기 때문에 일반 독자는 지나쳐도 좋다. 다만, 이동 윈도우 예측 절차를 따르고 무조건부(unconditional) Giacomini–White 검정을 하는 것이 전통적인 Diebold–Mariano 검정과 동등하다는 점이 알려져 있다. 실제 예측 관련 논문들에서 Giacomini–White 검정을 사용할 때, 이동 윈도우 예측 절차를 따르면서 무조건부 Giacomini–White 검정을 사용하는 경우가 많으므로 이에 대한 실습을 2.5절에 추가하였다.

Giacomini–White 검정을 Diebold–Mariano 검정과 비교하기 위해, Diebold–Mariano 검정의 귀무가설을 일반적으로 표현하면 아래와 같다.

$$H_0 : E\left[L\left(y_{t+k}, \widehat{y_{1,t+k}}(\theta_{1,0})\right) - L\left(y_{t+k} - \widehat{y_{2,t+k}}(\theta_{2,0})\right)\right] = 0$$

이는 k 단계 앞 예측치의 예측오차 차이의 평균이 0이라는 것을 나타낸다. 이 경우 각 모형의 예측치 $\widehat{y_{1,t+h}}(\theta_{1,0})$와 $\widehat{y_{2,t+h}}(\theta_{2,0})$는 참모수(true parameter)의 함수이고, 예측오차의 무조건적(unconditional) 기댓값이 0이라는 것에 유의하라.

이에 비해 Giacomini–White 검정은 아래와 같이 표현된다.

$$H_0 : E\left[L\left(y_{t+k}, \widehat{y_{1,t+k}}(\hat{\theta}_1)\right) - L\left(y_{t+k} - \widehat{y_{2,t+k}}(\hat{\theta}_2)\right) | G_t\right] = 0$$

이는 Diebold–Mariano 검정에 비교해 두 가지 점에서 차이가 있다. 첫째는 각 모형의 예측치 $\widehat{y_{1,t+h}}(\widehat{\theta_{1,0}})$와 $\widehat{y_{2,t+h}}(\widehat{\theta_{2,0}})$는 참모수 $\theta_{1,0}$와 $\theta_{2,0}$가 아니라 이에 대한 추정치 $\hat{\theta}_1$와 $\hat{\theta}_2$의 함수라는 점이다. 추정치는 예측 절차와 예측 시 선택한 표본의 크기(이동 윈도우 예측에서는 선택한 윈도우의 크기) 등에 의해 달라지므로, Giacomini–White 검정은 이러한 예측 절차 및 예측 방법의 선택에 따라 예측치가 달라지는 점 등을 반영하고 있다. 둘째, 정보집합 G_t에 대한 조건부(conditional) 기댓값으로 표현된다는 점이다. 만약 정보집합 G_t이 시간 t에 따라 변하는 정보집합이라면 Giacomini–White 검정은 조건부 검정이 된다. 반면 $G_t = \{\varnothing, \Omega\}$라면 Giacomini–White 검정은 무조건부 검정이 된다.

또한, Giacomini–White 검정은 포함 모형과 비포함 모형을 모두 다룰 수 있다. 즉

Diebold-Mariano 검정은 포함 모형과 비포함 모형에 따라 점근분포가 다르지만, Giacomini-White 검정은 이러한 문제를 지니지 않는다.

2.4.2 여러 모형의 예측력 검정

다음으로 여러 모형의 예측력을 한꺼번에 검정하는 방법에 대해 살펴보자. 최근 Hansen et al.(2011)의 모형 신뢰 집합(model confidence set, MCS) 검정 방법이 주로 사용되는데, 이를 설명하기에 앞서 Hansen(2005)의 우월한 예측 능력(superior predictive ability, SPA) 검정을 간단히 알아보자. SPA 검정은 기준모형(benchmark model)을 정하고 여러 모형 중 이 기준모형보다 예측력이 우월한 모형이 존재하는지를 검정한다. 기준모형을 제외하고 총 m개의 모형이 있다고 할 때, 기준모형과 k번째 모형의 예측오차 차이를

$$d_{k,t} = L(y_t, \widehat{y_{0,t}}) - L(y_t - \widehat{y_{k,t}}),\ k = 1, \cdots, m$$

로 표현한다. 여기서 $\widehat{y_{0,t}}$는 기준모형의 예측치를 나타낸다. 만약 $E(d_{k,t}) < 0$이라면, k번째 모형의 예측오차가 더 큰 것을 의미하므로 기준모형의 예측력이 우월하다는 것을 나타낸다. 기준모형과 각 모형 간의 예측오차 차이를 아래와 같이 벡터로 표현하면,

$$D_t = (d_{1,t}, \cdots, d_{m,t})^T$$

SPA 검정의 귀무가설은

$$H_0 : E(D_t) \leq 0$$

이 된다. 귀무가설이 성립한다면, 전체 m개의 모형 중 기준모형보다 예측력이 우월한 모형은 존재하지 않는다는 것을 의미한다. Hansen and Lunde(2005)는 변동성 모형의 예측력 평가에 SPA 검정을 적용하였다. GARCH(1,1) 모형을 기준모형으로 정하고 여러 복잡한 330개의 ARCH/GARCH 형태의 변동성 모형들의 예측력을 평가하였다. 독일 마르크화 환율 변화율 데이터에 적용하여 단순한 GARCH(1,1) 모형보다 통계적으로 유의한 수준으로 예측력이 우월한 모형이 존재하지 않는 것을 보였고, IBM 주가수익률의 경우 레버리지 효과(leverage effect)를 설명하는 변동성 모형이 GARCH(1,1)

모형보다 통계적으로 유의한 수준으로 우월한 예측력이 있는 것을 보였다.

Hansen et al.(2011)의 MCS 검정은 SPA 검정을 발전시킨 것으로, MCS 검정에서는 기준모형을 별도로 설정할 필요가 없다. MCS 검정 방법은 전체 모형을 한꺼번에 검정해서 예측력이 우수한 모형들만을 모아둔 집합을 찾는다. 먼저 유의수준 α를 정하는데, 모형 신뢰 집합은 파라미터에 대한 신뢰구간(confidence interval)에 대응한다. 유의수준을 $\alpha = 0.2$로 설정하면 80% 신뢰수준(confidence level)에서 모형 신뢰 집합이 예측력이 가장 우수한 모형을 포함할 것임을 의미한다.

MCS 검정은 다음과 같이 예측력이 낮은 모형을 점진적으로 제거하는 방식으로 진행된다. 처음에는 모든 후보 모형을 포함하는 모형 집합을 설정하고, 예측력이 낮은 모형을 사전에 설정한 유의수준을 기준으로 하나씩 제거해 나간다. 더 이상 제거할 모형이 없을 때, 남아 있는 모형들이 모형 신뢰 집합(model confidence set 대신 set of superior models로 불리기도 함)을 형성한다. 즉 예측력이 가장 우수한 모형들만이 최종적으로 남아 있게 된다.

아래는 Hansen et al.(2011)의 MCS 검정통계량을 자세히 설명한다. 이 또한 지나치게 상세한 면이 있기 때문에 일반 독자는 지나쳐도 좋다. 집합 M이 m개의 모형을 포함하고 있다고 하자. i번째 모형의 오차 함수를 $L_{i,t} = L\left(y_t, \widehat{y_{i,t}}\right)$로 표현하면, i번째 모형과 j번째 모형의 오차 차이는

$$d_{ij,t} = L_{i,t} - L_{j,t} \text{ for } all\ i,j \in M$$

로 표기한다. 예측치 수 n_f에 대한 $d_{ij,t}$의 표본평균

$$\overline{d_{ij}} = \frac{1}{n_f} \sum_{t=1}^{n_f} d_{ij,t}$$

은 두 모형의 상대적인 오차를 측정하고, 이를 모형에 걸쳐 평균 낸

$$\overline{d_{i.}} = \frac{1}{m} \sum_{j \in M} \overline{d_{ij}}$$

는 전체 모형의 평균에 대한 i번째 모형의 상대적 오차를 나타낸다. 이를 이용한 아래의 두 검정통계량은

$$t_{ij} = \frac{\overline{d_{ij}}}{\sqrt{\widehat{var(\overline{d_{ij}})}}} \text{ and } t_{i.} = \frac{\overline{d_{i.}}}{\sqrt{\widehat{var(\overline{d_{i.}})}}} \text{ for } i,j \in M$$

각각 다음과 같은 귀무가설에 대응한다.

$$H_{ij} : E(d_{ij,t}) = 0 \text{ and } H_{i.} : E(\overline{d_{i.}}) = 0$$

이때 t_{ij} 는 Diebold–Mariano 검정통계량에 대응한다. 아래 두 귀무가설은 모든 모형의 예측력이 동일하다는 것을 의미하는 동일한 내용을 표현한다.

$$H_{0,M} : E(d_{ij,t}) = 0 \text{ for } all\ i,j \in M$$

$$H_{0,M} : E(\overline{d_{i.}}) = 0 \text{ for } all\ i \in M$$

이에 대응해서 Hansen et al.(2011)은 다음과 같은 두 검정통계량을 제안하였다.

$$T_{R,M} = \max_{i,j \in M} |t_{ij}| \text{ and } T_{\max,M} = \max_{i \in M} t_{i.}$$

R과 파이썬의 MCS 패키지를 사용할 수 있는데, 통계량에 'TR' 또는 'Tmax'을 선택할 수 있다. 'TR'은 위 $T_{R,M}$을 그리고 'Tmax'는 위 $T_{\max,M}$를 의미한다. 자세한 사항은 7.1절의 MCS 검정 실습 사례를 참고하기 바란다.

2.5 실습

7.1절의 종합 실습은 다양한 시계열 및 머신러닝 모형에 대해 2장에서 배운 예측 절차, 예측오차 함수, 예측력 검정 등을 적용하고 있다. MCS 검정을 포함한 자세한 사항은 7.1절을 참고하기를 바란다. 2.5절에서는 두 모형을 이용하여 이동 윈도우 예측으로 1단계 앞 예측치를 만들고, 예측오차를 계산한 뒤 예측력을 검증하는 간단한 사례를

살펴보고자 한다.

1.5.1항에서와 같이 AR(2) 과정을 모의 생성하여 이를 y로 지정하고, AR(2) 모형과 MA(2) 모형의 예측력을 비교할 것이다.

```
 2  ## Forecasting of ARMA models
 3  library(forecast)
 4
 5  # AR(2)
 6  set.seed(40)
 7  sim.ar=arima.sim(list(order=c(2,0,0),ar=c(0.6,0.2)),n=500)
 8
 9  # true DGP: AR(2)
10  y = sim.ar
11
12  ## Rolling window forecasting
13  w_size = 250
14  nf = length(y) - w_size # number of forecasts
15
16  AR2_pred=matrix(0,nf,1)
17  for(i in 1:nf){
18    y_window = y[i:(w_size-1+i)]
19    fit1=arima(y_window,order=c(2,0,0))
20    AR2_pred[i] = predict(fit1)$pred
21  }
22
23  MA2_pred=matrix(0,nf,1)
24  for(i in 1:nf){
25    y_window = y[i:(w_size-1+i)]
26    fit2=arima(y_window,order=c(0,0,2))
27    MA2_pred[i] = predict(fit2)$pred
28  }
```

13번 줄과 14번 줄은 이동 윈도우 예측 시 적용한 윈도우의 크기와 1단계 앞 예측 기준으로 만드는 예측치의 수를 설정한다. 16번 줄과 17번 줄은 AR(2) 모형을 적용하여 이동 윈도우 예측을 실행하는 부분이다. 18번 줄의 y_window로 주어진 윈도우를 정하고, 19번 줄은 이에 대해 AR(2) 모형을 추정하고, 20번 줄은 predict 함수를 이용하여 1단계 앞 예측치를 구한다. 반복문이 다 돌아가면 AR2_pred에 250개의 1단계 앞 예측치가 저장된다. 23번 줄과 24번 줄은 MA(2) 모형의 예측치를 동일한 방식으로 구한다.

```
31 # Comparison of forecast loss
32 real=tail(y,nf) # actual value
33
34 mse_AR2=mean((real-AR2_pred)^2)
35 mse_MA2=mean((real-MA2_pred)^2)
36
37 mae_AR2=mean(abs(real-AR2_pred))
38 mae_MA2=mean(abs(real-MA2_pred))
39
40 cbind(mse_AR2, mse_MA2)
41 cbind(mae_AR2, mae_MA2)
```

예측치를 구한 다음 실제값에 대해 예측오차를 계산한다. 32번 줄에서 41번 줄은 각 모형의 평균제곱오차와 평균절대오차를 제시한다. 아래와 같이 AR(2) 모형의 예측오차가 더 낮다는 것을 확인할 수 있다.

```
> cbind(mse_AR2, mse_MA2)
      mse_AR2  mse_MA2
[1,] 1.036822 1.285176
> cbind(mae_AR2, mae_MA2)
       mae_AR2   mae_MA2
[1,] 0.8068705 0.8760821
> 
```

마지막으로 두 모형의 예측오차 차이가 통계적으로 유의한지를 살펴보기 위해 Diebold–Mariano–West 검정과 Giacomini–White 검정을 실행하였다.

```
43 ## DMW test
44 source("dmwtest.r")
45 dmwtest(real,AR2_pred,MA2_pred)
46
47 ## GW test
48 source("gwtest.r")
49 gw.test(AR2_pred,MA2_pred,real,tau=1,T=nf,method="NeweyWest")
```

45번 줄을 실행하면 아래의 검정 결과가 나타나는데, Diebold–Mariano–West 검정 통계량이 −2.26이고 p 값이 0.02로 나타나 5% 유의수준에서 두 모형의 예측력이 같다는 귀무가설을 기각한다. 즉 평균절대오차가 더 낮은 AR(2) 모형이 통계적으로 유의한 수준으로 예측력이 더 우수하다는 것을 뜻한다.

```
> dmwtest(real,AR2_pred,MA2_pred)
$statistic
[1] -2.264976

$p.value
[1] 0.02351412

$MAE1
[1] 0.8068705

$MAE2
[1] 0.8760821
```

49번 줄은 Giacomini−White 검정을 실행하는데, 검정통계량이 −2.72이고 p 값이 0.007로 나타나 1% 유의수준에서 두 모형의 예측력이 같다는 귀무가설을 기각한다. 이처럼 Diebold−Mariano−West 검정과 Giacomini-White 검정은 비슷한 결과를 나타내는 경우가 많다.

```
> gw.test(AR2_pred,MA2_pred,real,tau=1,T=nf,method="NeweyWest")
$statistic
Normal Standad
     -2.715002

$alternative
[1] "two.sided"

$p.value
[1] 0.006627542

$method
[1] "Standard Statistic Simple Regression Estimator"

$data.name
[1] "AR2_pred"
```

2부

머신러닝과 예측

3장

머신러닝 소개 및 지도학습

3.1 머신러닝이란?

3.1.1 머신러닝의 정의

머신러닝[1](Machine Learning, 기계학습)은 컴퓨터가 명시적인 프로그래밍 없이 데이터로부터 학습하여 패턴을 인식하고 예측을 수행하는 기술이다. 이는 인공지능(artificial intelligence, AI)의 한 분야로, 대량의 데이터를 분석하고 의미 있는 정보를 추출하는 데 사용된다. 머신러닝의 핵심 목표는 데이터를 이용해 모형(model)을 학습시키고, 이를 통해 새로운 설명변수 데이터를 입력받았을 때 정확한 예측을 수행하는 것이다. 머신러닝, 인공지능, 딥러닝(deep learning) 간의 관계는 수학의 집합 기호 ⊂을 이용해서 다음과 같이 나타낼 수 있다.

$$\text{딥러닝} \subset \text{머신러닝} \subset \text{인공지능}$$

3.1.2 머신러닝의 분류

계량경제학 또는 통계학에서의 종속 변수(dependent variable)는 머신러닝 관련 분야에서 목표 변수(target variable)로 불리는 경우가 많으며, 또한 출력(output), 결과(outcome), 예측되는 변수(predicted variable) 등으로도 불린다. 계량경제학 또는 통계학에서의 설명 변수(indenpendent variable)는 머신러닝 관련 분야에서 특징 변수(feature variable)로 불리는 경우가 많으며, 또한 입력(input), 예측하는 변수(predictor) 등으로도 불린다.

머신러닝은 학습 방식에 따라 크게 지도학습(supervised learning), 비지도학습(unsupervised learning), 강화학습(reinforcement learning)으로 나뉜다.

지도학습

설명 변수와 종속 변수가 함께 주어진 데이터를 학습하여 예측 모델을 생성하는 방식이며, 설명 변수와 종속 변수 간의 관계를 학습하여 새로운 설명 변수에 대한 종속

1) 기계학습으로도 번역되지만, 본 교재에서는 흔히 사용되는 머신러닝이라는 용어를 사용할 것이다.

변수를 예측한다. 다양한 경제 및 금융 시계열 데이터를 이용하여 물가상승률이나 경제성장률과 같은 주요 경제지표를 예측하는 것을 예로 들 수 있다.

비지도학습

종속 변수가 없는 데이터에서 패턴을 찾는 방식으로, 설명 변수만 주어졌을 때 데이터의 숨겨진 구조를 발견하거나 유사한 데이터들을 군집화하는 데 사용된다. 고객 그룹화(cluster analysis) 등을 예로 들 수 있다.

강화학습

환경과 상호작용을 하면서 점진적으로 학습하는 방식으로, 알파고(바둑 AI) 또는 자율 주행 자동차 등을 예로 들 수 있다.

3.1.3 지도학습의 두 종류

지도학습은 종속 변수의 유형에 따라 크게 두 가지로 나뉜다:

- **회귀(regression):** 종속 변수가 연속적인 값인 경우이며, 주택가격이나 경제성장률 등과 같이 연속적인 값을 예측한다.
- **분류(classification):** 종속 변수가 특정 범주(클래스)로 분류되는 경우이며, 1과 0 사이를 선택하는 가장 단순한 경우부터 세 가지 범주 이상으로 분류되는 경우를 고려할 수 있다. 이메일 스팸 필터링, 대출 상환 여부, 기업 부도 여부 등을 예로 들 수 있다.

본 교재는 지도학습 그리고 지도학습 중 회귀에 대해 주로 다룬다. 본 교재의 이하 내용에서 변수를 표기할 때는 다음과 같은 방식을 따른다. 설명 변수는 X로 표기한다. 만약 X가 벡터(vector)라면, X_j은 벡터의 j번째 성분(component)을 나타낸다. 종속 변수는 Y로 표기한다. 대문자 X와 Y는 일반적인 확률변수(random variable)를 의미하고, 관측된 값들은 소문자로 표기한다. 즉 확률변수 X의 i번째 관측치는 x_i로 나타낸다. 이때 x_i는 스칼라(scalar) 또는 벡터가 될 수 있다. 행렬(matrix)은 진한 대문자로 표기한다. 예를 들어 $1 \times m$ 벡터인 x_i가 n개만큼 있다면($i = 1, \cdots, n$), 이는 $n \times m$ 행렬 $\boldsymbol{X}$로 표기한다.

3.2 지도학습

대부분의 머신러닝 방법은 지도학습에 속한다. 지도학습은 일반적으로 아래와 같이 표현할 수 있다.

$$Y = f(X) + \epsilon$$

Y는 종속 변수이며 X는 설명 변수 m개를 포함한 벡터, $X = (X_1, \cdots, X_m)^T$이다. ϵ는 확률 오차(error)이고, 교란항(disturbance term), 오차항(error term) 또는 이노베이션(innovation)이라 불린다. $f(\bullet)$는 설명 변수와 종속 변수의 관계를 나타내는 알려지지 않은 함수인데, 지도학습은 이를 추정하는 방법을 의미한다.

함수 f를 추정하는 목적은 크게 예측(prediction)과 추론(inference) 두 가지로 나뉜다.

예측

주어진 입력 X에 대해 미래 또는 미지의 결과 Y를 예측하기 위해 f를 추정한다. 예를 들어, 다양한 거시경제 및 금융 데이터 X를 이용해 미래 물가상승률 Y를 예측하기 위해 f를 추정한다. 이때 f의 추정치를 이용한 예측력이 중요하며, 반드시 f의 구조를 해석할 필요는 없다. 즉, f가 복잡한 비선형 함수라 하더라도 예측력이 높다면 유용하다.

$\hat{f}$을 f의 추정치라고 하면 X가 주어졌을 때의 Y의 예측치는 다음과 같이 표현된다.

$$\hat{Y} = \hat{f}(X)$$

예측치 $\hat{Y}$의 정확성은 크게 줄일 수 있는 오차(reducible error)와 줄일 수 없는 오차

(irreducible error)로 나뉜다. $\hat{f}$과 X가 주어졌을 때의 평균제곱오차를 구하면

$$\boldsymbol{E}[Y-\hat{Y}]^2 = E[f(X)-\hat{f}(X)]^2 + var(\epsilon)$$

이 되는데, 이때 $E[f(X)-\hat{f}(X)]^2$는 줄일 수 있는 오차이고, $var(\epsilon)$는 줄일 수 없는 오차이다.

줄일 수 있는 오차는 우리가 추정한 함수 $\hat{f}$가 실제 함수 f와 얼마나 차이가 있는지를 나타낸다. 모형이 충분한 정보를 학습하지 못했거나, 잘못된 모형을 선택하면 이 값이 커질 수 있다. 더 좋은 모형을 사용하거나 데이터를 더 많이 학습하면 줄일 수 있는 오차이다. 줄일 수 없는 오차는 추정한 함수 $\hat{f}$가 실제 함수 f와 정확하게 일치하더라도 여전히 존재하는 것으로, 주요 원인은 다음과 같다. 예측에 중요한 변수들이 데이터에 포함되지 않으면 발생하기도 하고, 데이터를 수집하는 과정에서 발생하는 측정 오류로 인해 발생할 수 있다.

따라서 예측을 개선하려면 줄일 수 있는 오차를 최소화하는 것이 중요하다. 이를 위해 더 좋은 모형을 사용하거나, 적절한 변수 선택 및 데이터 전처리를 수행해야 한다. 하지만 줄일 수 없는 오차는 어떤 모형을 사용해도 제거할 수 없으므로, 이를 고려한 한계 내에서 예측 성능을 평가해야 한다.

추론

X와 Y 사이의 관계를 이해하기 위해 f를 추정한다. 예를 들어, 최저임금 상승이 고용률에 미치는 영향을 파악하기 위해 f를 추정한다. 이때 f가 해석 가능해야 하며, 단순한 선형 함수나 특정 변수의 중요도를 알 수 있는 형태가 선호된다.

변수 선택(variable selection)은 Y를 예측하는 데 중요한 설명 변수 X_j를 식별하는 과정이다. 선택된 중요 설명 변수 X_j와 Y의 관계는 모형이 선형모형인지 아니면 비선형 모형인지에 좌우된다. 선형모형이라면 상대적으로 단순하고 해석이 쉬운 장점이 있다. 하지만 실제 함수 f가 비선형 모형인데 $\hat{f}$이 선형모형이라면 예측력이 떨어질 수 있다. 비선형 모형이라면 보다 정확한 예측이 가능하겠지만 변수 간 관계를 직관적으로 이해하기 어려울 수 있다.

데이터 분할과 그 역할

머신러닝에서 데이터는 모형의 성능을 효과적으로 평가하고 일반화 능력을 확보하기 위해 흔히 훈련 데이터(training data), 검증 데이터(validation data), 테스트 데이터(test data)로 나뉜다.

- **훈련 데이터:** 모형이 학습하는 데 사용되는 데이터이다. 즉, f의 추정치 $\hat{f}$을 구할 때 사용하는 데이터이다.
- **검증 데이터:** 모형 추정에 하이퍼 파라미터(hyper parameter)를 선택할 필요가 있을 때 이를 조정하는 데 사용하는 데이터이다. 하이퍼 파라미터는 계량경제학 및 통계학에서 조율 파라미터(tuning parameter)라고 부르는 것으로, 신경망 모형의 은닉층의 개수 또는 LASSO 모형의 정규화 계수 등을 예로 들 수 있다. 학습 중간에 검증 데이터를 이용해 모형의 정확도를 평가하고, 가장 좋은 성능을 보이는 하이퍼 파라미터를 선택하는 과정에서 사용된다.
- **테스트 데이터:** 최종적으로 모형의 성능을 확인하는 데 사용되는 데이터이다. 훈련 및 검증 과정에서 사용되지 않은 새로운 데이터로 구성되고, 모형이 실제 환경에서 새로운 데이터를 얼마나 잘 예측하는지 측정하는 역할을 한다.

일반적으로 데이터는 다음과 같은 비율로 나눈다.

훈련 데이터: 60~80%
검증 데이터: 10~20%
테스트 데이터: 10~20%

물론 데이터 크기와 문제의 특성에 따라 비율을 조정할 수 있다. 이처럼 데이터를 분할하여 이용하는 것은 과대적합(overfitting)을 방지하고, 가장 성능이 좋은 하이퍼 파라미터를 선택하고, 실제 환경에서 얼마나 잘 작동하는지를 확인하기 위해서이다. 다만, 모형 자체가 하이퍼 파라미터를 포함하지 않거나 프로그램에서 주어진 기본 하이퍼 파라미터 값을 그대로 사용하는 경우 등 하이퍼 파라미터를 조정할 필요가 없는 경우에는 검증 데이터를 사용하지 않을 수도 있다.

모형 추정 방식과 학습의 적절성

주어진 훈련 데이터를 이용하여 함수 f를 추정할 때 모수적(parametric) 방법과 비모수적(nonparametric) 방법이 사용된다. 모수적 방법은 f의 형태를 미리 지정한 후, 데이터를 이용해 해당 함수의 계수(파라미터)를 추정하는 방법이다. 예를 들어 선형회귀의 경우 $f(X) = \beta_0 + \beta_1 X$와 같이 선형모형을 가정하고 계수 β_0와 β_1을 추정하는 것이다. 일반적으로 단순하고 해석이 쉽지만, 실제 데이터의 복잡한 패턴을 잘 반영하지 못할 수 있다. 비모수적 방법은 함수 f의 형태를 미리 지정하지 않고, 데이터를 기반으로 유연하게 학습하는 방법이다. 복잡한 패턴을 잘 학습할 수 있지만, 학습이 쉽지 않고 해석이 어려울 수 있다.

[그림 3.1]은 머신러닝 모형의 학습 상태(모형의 추정 상태)를 세 가지로 나누어 보여준다. 파란 x 점들이 실제 관측치이고 빨간 점선이 추정치를 나타낸다. 왼쪽 그래프는 과소적합(underfitting)의 경우로 모형이 매우 단순한 직선 형태로 학습되어 실제 데이터의 패턴을 제대로 반영하지 못하고 있다. 가운데 그래프는 과대적합의 경우로 모형이 데이터를 지나치게 학습한 상태를 보여준다. 오른쪽 그래프는 이상적인 균형의 경우로 모형이 데이터를 적절히 학습한 상태를 나타낸다.

그림 3.1 모형 학습(추정)의 사례들

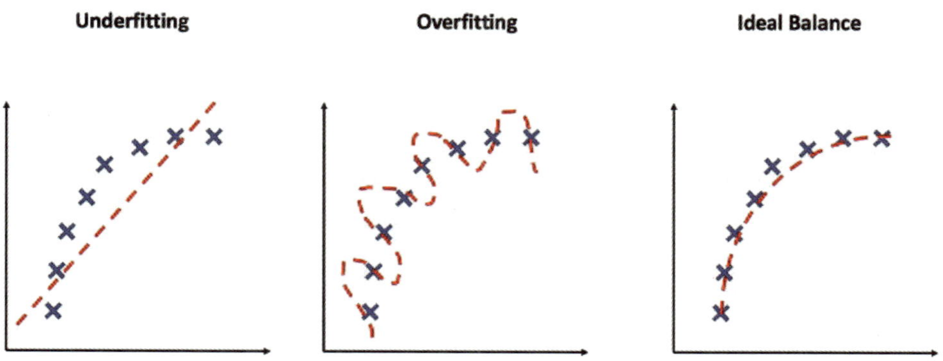

모형의 예측력 평가 및 선택

모형의 예측력을 평가할 때 평균제곱오차 등을 이용하는데, 훈련 데이터에서의 오차가 아닌 테스트 데이터에서의 오차를 기준으로 평가하여야 할 것이다. 이는 훈련 데이터에서의 오차가 미래 데이터에 대한 예측 성능을 잘 반영하지 못하기 때문이다. 새로운 데이터는 훈련 데이터와 정확히 일치하지 않기 때문에, 훈련 데이터에서의 성능이 미래 데이터에서도 동일하게 유지된다는 보장이 없다. 또한 훈련 데이터에 너무 정확하게 맞추는(과대적합) 경우, 모형이 데이터의 일반적인 패턴이 아니라 특정한 표본의 특징이나 노이즈까지 학습해 버리고, 이에 따라 새로운 데이터에서는 예측 성능이 떨어질 가능성이 높아진다.

새로운 설명 변수 X_0가 주어진 경우 Y_0의 실제값은

$$Y_0 = f(X_0) + \epsilon_0$$

이고, Y_0에 대한 예측치는 $\hat{f}(X_0)$일 것이다. 예측의 평균제곱오차는

$$E\left[\left(Y_0 - \hat{f}(X_0)\right)^2\right] = E\left[\left(\hat{f}(X_0) - f(X_0)\right)^2\right] + var(\epsilon)$$

이고, 줄일 수 있는 예측오차 부분은

$$\begin{aligned} E\left[\left(\hat{f}(X_0) - f(X_0)\right)^2\right] &= E\left[\left\{\hat{f}(X_0) - E\left(\hat{f}(X_0)\right)\right\}^2\right] + \left\{E\left(\hat{f}(X_0)\right) - f(X_0)\right\}^2 \\ &= var\left(\hat{f}(X_0)\right) + \left[bias\left(\hat{f}(X_0)\right)\right]^2 \end{aligned}$$

이 된다. 이는 예측오차에서의 편향-분산 트레이드오프(bias-variance trade-off) 관계를 보여준다. 모형이 복잡하면 편향은 작지만 분산이 큰 경향이 있는데, 모형이 너무 복잡해지면 과대적합에 이를 우려가 있다. 모형이 단순하면 편향은 크지만 분산이 작은 경향이 있는데, 모형이 너무 단순하면 과소적합에 이를 우려가 있다. 예를 들어, 다음 장에 설명할 선형모형은 매우 단순한 모형인데, 편향이 크고 분산이 작은 대표적인 사례이다.

교차 검증

새로운 데이터에서도 모형이 정확한 예측을 할 수 있는지 확인하는 것이 중요한데, 이를 위해 실험적으로 모형의 일반화 가능성(generalizability)을 평가해야 한다. 새로운 데이터에 대해 예측 성능을 검증하는 과정을 거치는데, 흔히 교차 검증을 이용한다. 교차 검증(cross-validation)은 데이터를 여러 개의 겹(fold)으로 나누어 훈련과 검증을 반복하는 방법이다.

특히, k−겹 교차 검증(k-fold cross-validation)은 서로 겹치지 않는 테스트 세트를 사용하여 검증을 수행하므로, 더 신뢰성 있는 일반화 성능 평가가 가능하다. [그림 3.2]는 5−겹 교차 검증을 설명한다. 총 5번 반복하는 동안, 전체 데이터 세트를 5개의 폴드(fold)로 나눈다. 각 반복에서 4개의 폴드는 훈련 데이터(training folds)로 사용되고, 1개의 폴드는 테스트 데이터(test fold)로 사용된다. 이 과정은 교차 검증에서 일반적으로 사용되는 방법으로, 모든 데이터가 한 번씩 테스트 데이터로 사용될 수 있도록 한다.

그림 3.2 5−겹(5−fold) 교차 검증

k-겹 교차 검증의 성능 추정치는

$$CV(k) = \frac{1}{k}\sum_{i=1}^{k} MSE_i$$

로 계산된다. 이때 MSE_i는 i번째 테스트 폴드에서 계산된 평균제곱오차이다. 즉, 각 폴드에서 계산된 평균제곱오차를 평균 내어 전체 모형의 일반화 오차를 추정하는 방식으로, 일반적으로 $k=5$ 또는 $k=10$을 많이 사용한다.

하나 빼기(leave-one-out) 교차 검증은 표본 수가 n일 때 n-겹(n-fold) 교차 검증과 동일하다. 이 경우 성능 추정치는

$$CV(k) = \frac{1}{n}\sum_{i=1}^{n} \left(y_i - \widehat{y_{(-i)}}(x_i)\right)^2$$

이며, 이때 $\widehat{y_{(-i)}}(\bullet)$는 i번째 표본을 제외한 나머지 모든 데이터를 이용하여 구한 추정치를 의미한다. 즉, 각 데이터 표본을 한 번씩 제외하고 모형을 학습하여, 해당 표본에 대한 예측오차를 계산한 후, 모든 표본의 평균을 구하는 방식이다.

4장

선형회귀모형과 축소추정 (shrinkage estimation)

4.1 선형회귀모형과 최소자승 추정량

선형회귀모형은

$$Y = \beta_0 + \beta_1 X_1 + \cdots + \beta_m X_m + \epsilon$$

로 표현한다. 이는 지도학습의 일반적인 표현인 $Y = f(X) + \epsilon$에서 설명변수의 벡터 $X = (X_1, X_2, \cdots, X_m)^T$와 $f(\bullet)$이

$$f(X) = \beta_0 + \sum_{j=1}^{m} \beta_j X_j$$

로 주어진 경우에 해당한다.

선형모형은 종속변수가 파라미터 $\beta = (\beta_0, \beta_1, \cdots, \beta_m)^T$와 선형 관계를 가지는(linear in parameter) 모형이다. 주어진 표본 $(x_1, y_1) \cdots (x_n, y_n)$을 이용하여 파라미터 $\beta = (\beta_0, \beta_1, \cdots, \beta_m)^T$를 추정한다고 할 때, $x_i = (x_{i1}, x_{i2}, \cdots, x_{im})^T$는 i번째 표본의 설명변수 벡터이다. 선형모형을 추정하는 가장 널리 사용되는 추정 방법은 최소자승(ordinary least squares, OLS) 추정법인데, 이는 잔차제곱합(residual sum of squares, RSS)을 최소화한다.

$$\begin{aligned} RSS(\beta) &= \sum_{i=1}^{n} (y_i - f(x_i))^2 \\ &= \sum_{i=1}^{n} \left(y_i - \beta_0 - \sum_{j=1}^{m} \beta_j x_{ij} \right)^2 \end{aligned}$$

선형모형을 행렬로 표현하면

$$\boldsymbol{Y} = \boldsymbol{X}\beta + \boldsymbol{\epsilon}$$

이며, 이때

$$\boldsymbol{Y} = (y_1, \cdots, y_n)^T, \quad \boldsymbol{\epsilon} = (\epsilon_1, \cdots, \epsilon_n)^T, \quad \boldsymbol{X} = \begin{pmatrix} 1 & x_{11} & \cdots & x_{1m} \\ \vdots & & \ddots & \vdots \\ 1 & x_{n1} & \cdots & x_{nm} \end{pmatrix}$$

이다. 이 행렬 표현을 이용하면 잔차제곱합은

$$RSS(\beta) = (\boldsymbol{Y} - \boldsymbol{X}\beta)^T(\boldsymbol{Y} - \boldsymbol{X}\beta)$$

이다.[1] 이를 파라미터인 β에 대해 미분하여 일계조건을 구하면

$$-2\boldsymbol{X}^T(\boldsymbol{Y} - \boldsymbol{X}\beta) = 0$$

이다. 따라서 최소자승 추정량은

$$\hat{\beta} = (\boldsymbol{X}^T\boldsymbol{X})^{-1}\boldsymbol{X}^T\boldsymbol{Y}$$

가 된다.

최소자승 추정량이 존재하기(계산되기) 위해서는 행렬 $\boldsymbol{X}^T\boldsymbol{X}$의 역행렬이 존재하여야 한다. 이를 위해서는 완전공선성(perfect collinearity 또는 perfect multicollinearity)이 존재하지 않아야 한다. 완전공선성이 존재하지 않는다는 것은 행렬 $\boldsymbol{X}$의 모든 열벡터(column vector)가 선형 독립(linearly independent)이라는 것을 뜻한다.[2] 완전공선성과 다중공선성(multicollinearity)은 서로 다른 개념인데, 이에 대한 자세한 설명은 아래에 제시하고 있다.

최소자승 추정량은 추정량과 종속변수의 관계가 선형이므로 선형 추정량(linear estimator)에 속한다. 적절한 고전적 선형회귀모형의 가정들이 충족되면,[3] 최소자승 추정량은 평균이

$$E(\hat{\beta}) = \beta$$

이므로 비편향(unbiased) 추정량이고 그 분산은

---

1) 이는 표준 유클리드 노름(standard Euclidean norm) $\| \quad \|$을 이용하여 $RSS(\beta) = \| \boldsymbol{Y} - \boldsymbol{X}\beta \|^2$으로 표현할 수도 있다.

2) '행렬 $\boldsymbol{X}$의 모든 열벡터가 선형 독립'이라는 것을 '행렬 $\boldsymbol{X}$가 완전 열 순위(full column rank)를 가진다'고 표현하기도 한다. 이 경우 $rank(\boldsymbol{X}) = m+1$이다.

3) 본문에서는 조건부 기댓값을 표기하지 않더라도 평균, 분산, 평균제곱오차를 포함한 모든 기댓값이 설명변수의 조건부 기댓값임을 의미한다. 조건부 기댓값을 이용하여 $\boldsymbol{E}(\boldsymbol{\epsilon}|\boldsymbol{X}) = 0$와 $var(\boldsymbol{\epsilon}|\boldsymbol{X}) = \sigma^2 I_n$이 가정되면(즉, 모든 설명변수는 교란항과 상관관계가 없고, 교란항은 동분산(homoskedasticity)을 가지고 계열 상관관계가 없다(no serial correlation)), 최소자승 추정량의 분산을 $var(\hat{\beta}) = \sigma^2(\boldsymbol{X}^T\boldsymbol{X})^{-1}$로 구할 수 있다.

$$var(\hat{\beta}) = \sigma^2(\boldsymbol{X}^T\boldsymbol{X})^{-1}$$

이다. 가우스–마르코프 정리(Gauss-Markov theorem)는 위 가정들이 만족될 때, 비편향 선형 추정량 중에서 최소자승 추정량이 가장 효율적(efficient)이라는 것이다. 즉, 비편향이면서 선형인 추정량 중에서 최소자승 추정량보다 분산이 더 작은 추정량은 존재하지 않는다는 것이다. 이는 한편 비선형 추정량이나 편향추정량 중에는 최소자승 추정량보다 훨씬 분산이 작은 추정량이 있을 수 있음을 의미한다.

추정량의 평균제곱오차는 아래와 같이 분산과 편향의 제곱으로 나누어진다.

$$MSE(\hat{\theta}) = E\left[(\hat{\theta} - \theta)^2\right] = var(\hat{\theta}) + (E(\hat{\theta}) - \theta)^2$$

이는 추정량에 있어서의 편향과 분산의 트레이드오프(trade-off) 관계를 보여준다. 따라서 편향을 조금 허용하더라도 분산을 크게 줄이는 추정량이 있다면, 그 추정량의 평균제곱오차는 비편향 추정량의 평균제곱오차보다 작을 수 있다. 아래 설명한 축소추정법은 이러한 사항과 관련되어 있다.

4.1.1 완전공선성과 다중공선성

완전공선성과 다중공선성의 차이에 대해 살펴보자. 완전공선성은 설명변수 간에 완벽한 선형 관계가 존재하는 경우를 말한다.[4] 즉, 한 독립변수를 다른 하나 또는 여러 개의 독립변수의 선형 결합으로 완벽하게 표현할 수 있는 경우이다. 이때 행렬 $\boldsymbol{X}'\boldsymbol{X}$이 특이행렬(singular matrix)이 되어 역행렬이 존재하지 않으므로 최소자승 추정량을 구할 수 없다.

다중공선성은 설명변수들 사이에 높은 상관관계가 존재하는 것을 의미한다. 완전공선성의 경우와 달리 설명변수 간에 완벽한 선형 관계가 존재하는 것은 아니다. 따라서 $(\boldsymbol{X}'\boldsymbol{X})^{-1}$이 존재하고, 최소자승 추정량을 구할 수 있다. 그러나 설명변수들 사이에 상관관계가 높으면 행렬 $\boldsymbol{X}'\boldsymbol{X}$이 거의 특이행렬(near singular matrix)이 되며, 역행렬이 존재하더라도 매우 불안정해지고 결과적으로 최소자승 추정량의 분산이 매우 커지게

---

4) 이 경우 선형 독립인 열벡터의 수가 설명변수의 수보다 작게 되므로 $rank(\boldsymbol{X}) < m+1$이다.

된다. 추정량의 분산이 크다는 것은 주어진 표본에 따라 추정값이 크게 변하기 때문에 바람직하지 않다. 또한 이는 통계적 추론을 할 때 해당 설명변수가 통계적으로 유의하지 않다는 결론에 이르게 한다. 아래의 간단한 예시를 살펴보자.

$$y_i = \beta_1 x_{1i} + \beta_2 x_{2i} + u_i$$

각 설명변수의 분산이 1이고 두 설명변수의 상관계수를 ρ라고 가정하고

$$\frac{1}{n}\boldsymbol{X}'\boldsymbol{X} = \begin{pmatrix} 1 & \rho \\ \rho & 1 \end{pmatrix}$$

라 하자. 이 경우 최소자승 추정량의 분산은

$$var(\hat{\beta}) = \frac{\sigma^2}{n}\begin{pmatrix} 1 & \rho \\ \rho & 1 \end{pmatrix}^{-1} = \frac{\sigma^2}{n(1-\rho^2)}\begin{pmatrix} 1 & -\rho \\ -\rho & 1 \end{pmatrix}$$

이 되고, 각 추정량의 표준 오차는

$$\sqrt{\frac{\widehat{\sigma^2}}{n(1-\rho^2)}}$$

이 된다. 만약 두 설명변수의 상관관계가 높아서 $|\rho|$이 1에 가까우면, 최소자승 추정량의 표준 오차가 매우 커지는 것을 알 수 있다.[5] 따라서 β_i가 0인지 아닌지를 $t-$검정통계량을 이용하여 검정하면, 표준 오차가 크기 때문에 $t-$검정통계량이 0에 가깝게 나오고 결과적으로 β_i가 0이라는 귀무가설을 기각할 수 없게 된다.

두 설명변수의 상관관계가 높다면, 이는 두 설명변수가 제공하는 정보가 비슷하다는 것을 뜻한다. 가장 쉬운 해결책은 한 설명변수를 모형에서 제외하는 것이고, 이는 설명변수의 수가 크지 않은 선형모형의 경우라면 쉽게 해결할 수 있는 문제이다. 그러나 설명변수가 매우 많은 상황에서는 설명변수 간의 상관관계를 하나씩 살펴보고 어떠한 설명변수를 모형에서 제외할지를 고르는 것은 쉽지 않은 일이다. 아래 살펴볼 축소추정법은 이러한 상황에서 유용하게 사용될 수 있다.

---

5) 물론 표본의 크기 n이 작아도 표준 오차가 커지는 동일한 문제가 발생한다. 이는 계량경제학에서 일반적으로 표본의 수를 충분히 크게 확보하는 것이 중요한 이유 중의 하나이다.

4.2 축소추정법(shrinkage methods)

선형회귀모형에서 완전공선성 또는 다중공선성이 존재하여 행렬 $\boldsymbol{X}'\boldsymbol{X}$이 특이행렬 또는 거의 특이행렬이 되는 문제를 잘못 설정된 역문제(ill-posed inverse problem)라 한다. 또한 설명변수의 수가 표본의 수와 비슷하거나 표본의 수보다 더 큰 경우에도 이 문제가 발생하는데, 설명변수의 수가 매우 큰 고차원 데이터(high dimensional data 또는 large dimensional data)의 경우 발생하기 쉽다.

축소추정량 $\tilde{\beta}$는 일반적으로

$$\tilde{\beta}= \frac{1}{1+\lambda}\hat{\beta}_{OLS}$$

로 정의된다. 이때 λ은 양의 값을 가지므로 $\left|\tilde{\beta}_j\right| \leq \left|\hat{\beta}_{OLSj}\right|$가 된다. 만약 λ의 값이 증가하면, 축소추정량 $\tilde{\beta}$의 분산은 작아지고 편향의 제곱은 커지게 된다. [그림 4.1]이 나타내듯 적절한 λ 값을 선택하면 축소추정량의 평균제곱오차를 최소자승 추정량보다 작게 만들 수 있다. 따라서 축소추정량은 예측 분산을 줄이는 데 사용할 수 있다.

그림 4.1 평균제곱오차, 분산, 편향 간의 관계

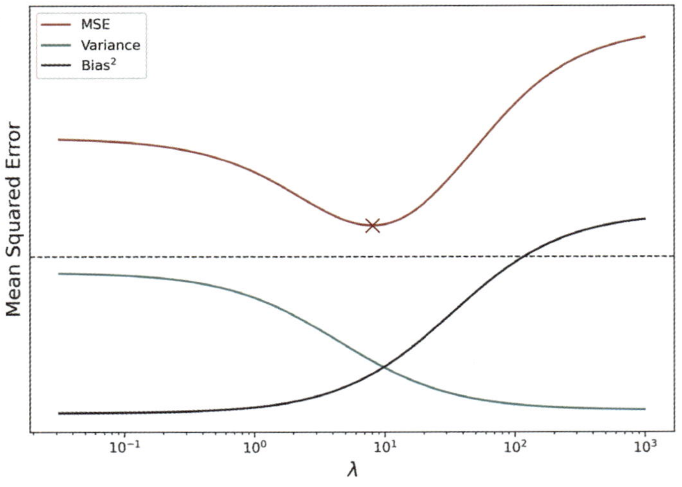

4.2.1 릿지 회귀

잘못 설정된 역문제를 해결하는 한 가지 일반적인 접근법은 티호노프 정규화(Tikhonov regularization)이며, 이는 릿지 회귀(ridge regression) 추정량을 정의하는 데 사용된다. 릿지 회귀 추정량은 양의 값을 가지는 κ에 대해

$$\sum_{j=1}^{m} \beta_j^2 \le \kappa$$

이라는 제약을 만족시키면서 잔차제곱합을 최소화하는 추정량으로 정의되며, 아래와 같이 표현할 수 있다.

$$\hat{\beta}^{ridge} = \arg\min_{\beta} \left\{ \sum_{i=1}^{n} \left(y_i - \sum_{j=1}^{m} \beta_j x_{ij} \right)^2 \right\} \text{ subject to } \sum_{j=1}^{m} \beta_j^2 \le \kappa$$

이 식은 벌점화 기법(penalized method)이라 불린다. 잔차제곱합 부분에서 절편 β_0를 포함해도 되지만 이를 제외하였다. 이는 설명변수의 단위가 변경되면 릿지 회귀 계수도 비례적으로 변하지 않기 때문이고, 따라서 보통 릿지 회귀를 추정하기 전에 설명변수를 모두 표준화하기 때문에 절편이 필요 없어진다. 이에 대한 자세한 설명은 아래에 제시되어 있다.

또한, 릿지 회귀는 라그랑주 식으로 아래와 같이 표현할 수 있다.

$$\hat{\beta}^{ridge} = \arg\min_{\beta} \left\{ \sum_{i=1}^{n} \left(y_i - \sum_{j=1}^{m} \beta_j x_{ij} \right)^2 + \lambda \sum_{j=1}^{m} \beta_j^2 \right\}$$

이는 정규화 기법(regularized method)라 불린다. 이때 λ는 조율 파라미터(tuning parameter) 또는 하이퍼 파라미터(hyperparameter)로 사전에 정해진다. λ의 선택에 대한 자세한 설명은 아래에 제시되어 있다.

릿지 회귀 추정량은 행렬을 이용한 식

$$\hat{\beta}^{ridge} = \arg\min_{\beta} (\boldsymbol{Y} - \boldsymbol{X}\beta)'(\boldsymbol{Y} - \boldsymbol{X}\beta) + \lambda \beta' \beta$$

을 통해 해로 구할 수 있는데, 이는

$$\hat{\beta}^{ridge} = (\boldsymbol{X}'\boldsymbol{X} + \lambda I)^{-1}\boldsymbol{X}'\boldsymbol{Y}$$

이다. 행렬 $\boldsymbol{X}'\boldsymbol{X} + \lambda I$는 비특이행렬(nonsingular matrix)로 항상 역행렬이 존재한다. 따라서 $\boldsymbol{X}'\boldsymbol{X}$이 특이행렬이라 최소자승 추정량이 계산되지 않을 때에도 릿지 회귀 추정량은 항상 구할 수 있다.

설명변수의 표준화

릿지 회귀 추정량은 척도 불변(scale-invariant)이 아니다. 즉, 설명변수의 단위가 변경되면 회귀 계수도 비례적으로 변하지 않으며, 이는 최소자승 추정량과는 다르다. 최소자승 추정량은 척도 불변이기 때문에 설명변수의 단위가 변경되면 추정치가 비례적으로 변한다. 예를 들어 j번째 설명변수 X_j에 대한 최소자승 추정치가 $\hat{\beta}_j$라고 하면, X_j의 100배인 $100X_j$을 설명변수로 대신 사용할 때 최소자승 추정치는 $\hat{\beta}_j/100$이 된다. 그러나 릿지 회귀 추정량은 그렇지 않다. 따라서 릿지 회귀 추정량을 구하기 전에 모든 설명변수를 표준화(standardization) 또는 정규화(normalization)하는 것이 일반적이다. 즉, 모든 설명변수 X_j를 평균이 0 그리고 분산이 1이 되도록

$$\frac{X_j - E(X_j)}{\sqrt{var(X_j)}}$$

로 변환한 후, 릿지 회귀 추정량을 구한다.

다만, 종속변수는 표준화하지 않고 원래의 크기를 그대로 사용해야 한다. 원래 크기의 종속변수에 대한 잔차제곱합을 최소화하는 것이지 표준화된 종속변수에 대한 잔차제곱합을 최소화하는 것이 아니기 때문이다. 릿지 추정뿐만 아니라 아래에 다룰 라쏘 추정 등 축소추정을 할 때는 이처럼 종속변수는 원래 크기 그대로 사용하고 설명변수만 표준화해야 한다.

조율 파라미터 λ의 선택

릿지 회귀 추정에서 조율 파라미터 λ를 정하는 방법은 주로 AIC나 BIC 등의 정보 기준을 이용하거나 교차 검증을 이용하는 것이다. AIC와 BIC는

$$AIC(\lambda) = nlogRSS(\lambda) + 2DF(\lambda)$$

$$BIC(\lambda) = nlogRSS(\lambda) + DF(\lambda)\log n$$

이며, 이때 $RSS(\lambda)$는 잔차제곱합이고 $DF(\lambda)$는 유효 자유도이다. 릿지 회귀에서 유효 자유도는

$$trace\left[\boldsymbol{X}(\boldsymbol{X}'\boldsymbol{X} + \lambda I)^{-1}\boldsymbol{X}'\right]$$

로 정의되며 모형의 복잡성(complexity) 정도를 나타낸다. λ가 커지면, $RSS(\lambda)$가 커지고 $DF(\lambda)$가 작아진다.

4.2.2 LASSO

Tibshirani(1996)가 소개한 LASSO(least absolute shrinkage and selection operator) 회귀 추정량은 양의 값을 가지는 κ에 대해

$$\sum_{j=1}^{m} |\beta_j| \leq \kappa$$

이라는 제약을 만족시키면서 잔차제곱합을 최소화하는 추정량으로 정의되며, 아래와 같이 표현할 수 있다.

$$\hat{\beta}^{lasso} = \arg\min_{\beta}\left\{\sum_{i=1}^{n}\left(y_i - \sum_{j=1}^{m}\beta_j x_{ij}\right)^2 + \lambda\sum_{j=1}^{m}|\beta_j|\right\}$$

벡터 X의 L_q-norm은

$$|X|_q = \left(\sum_{j=1}^{m}|X_j|^q\right)^{1/q}$$

로 표현한다. 따라서 라쏘 회귀는 L_1 패널티를 사용하고 있으며 릿지 회귀는 L_2 패널티를 사용하고 있다.

릿지 회귀와 마찬가지로 라쏘(LASSO) 회귀도 $\boldsymbol{X}'\boldsymbol{X}$이 특이행렬일 경우에도 잘 정의된다. 또한 라쏘 회귀도 척도 불변이 아니므로 설명변수를 표준화할 필요가 있으며, 릿

지 회귀에서 설명하였듯이 종속변수는 원래 크기 그대로 사용해야 한다. 그러나 릿지 회귀와 달리, 라쏘 회귀는 해석적인 해(closed-form solution)가 존재하지 않으며 수치적 최적화(numerical optimization)를 통해 계산해야 한다.

L_1 패널티로 인해 LASSO는 변수 선택(variable selection)을 수행하는데, 이는 일부 j에 대해 추정값이 정확히 0이 되는 방식으로 이루어진다. [그림 4.2]에서 L_1 패널티와 L_2 패널티를 비교할 수 있다. 왼쪽과 오른쪽 그림에서 $\hat{\beta}$는 최소자승 추정치로 아무런 제약이 없는 상황에서 잔차제곱합을 최소화하고 있다. 왼쪽 그림은 라쏘 추정치를 나타내는데, L_1 패널티로 인해 $|\beta_1| + |\beta_2| \leq \kappa$라는 제약 조건하에서 추정치를 구하게 되고 결과적으로 β_1의 라쏘 추정치는 0이 된다(β_2의 라쏘 추정치는 0이 아닌 값을 가진다). 오른쪽 그림은 릿지 추정치를 나타내는데, L_2 패널티로 인해 $\beta_1^2 + \beta_2^2 \leq \kappa$라는 제약 조건하에서 추정치를 구하게 되고 결과적으로 β_1의 릿지 추정치는 0이 아닌 값을 가지게 된다. 예를 들어 수백 개의 설명변수를 다루는 고차원 데이터 상황에서 종속변수에 대한 설명력이 있는 소수의 설명변수를 선택하고자 할 때, 라쏘 회귀 방식이 릿지 회귀에 비해 훨씬 적절할 것이라는 점을 유추할 수 있다.

그림 4.2 라쏘 회귀와 릿지 회귀

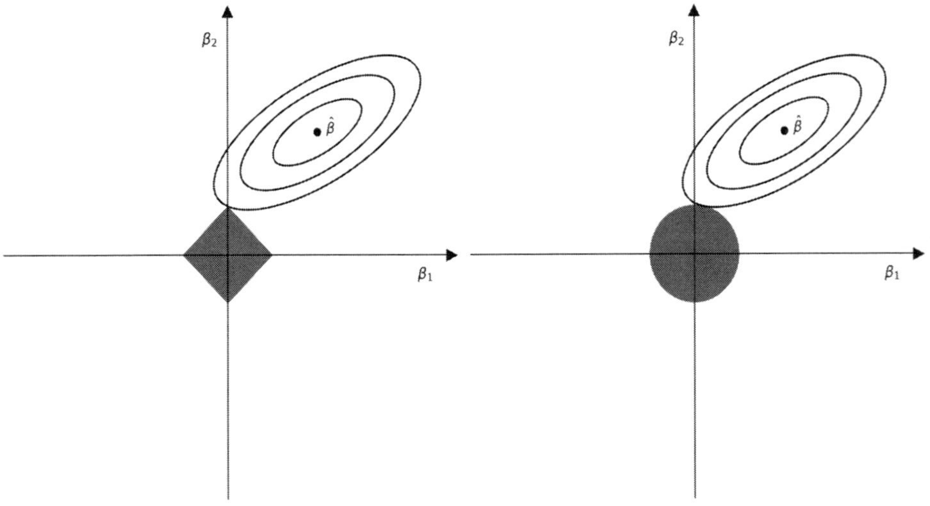

$|\cdot|_q$를 L_q-norm이라 하면, L_q 패널티를 적용한 일반화한 표현은

$$\tilde{\beta} = \arg\min_{\beta}(\boldsymbol{Y} - \boldsymbol{X}\beta)'(\boldsymbol{Y} - \boldsymbol{X}\beta) + \lambda|\beta|_q$$

이다. 고차원 데이터를 다루는 상황에서는 다음이 필요하다.

- **추정치의 희소성(sparsity):** 가장 관련성이 높은 설명변수를 찾아 회귀 결과를 의미있게 해석하거나 단순히 예측 정확도를 향상시키기 위해 필요하다.
- **목적 함수의 볼록성(convexity):** 수치 계산이 쉽고 안정적으로 수행될 수 있도록 하기 위해 필요하다.

희소성을 위해서는 위 일반화 식에서 $q \le 1$이 요구되고, 볼록성을 위해서는 $q \ge 1$이 필요하다. 따라서, 오직 $q = 1$(즉 L_1-norm)이 희소성과 볼록성을 동시에 만족시킨다. 릿지 회귀는 볼록성만을 만족시키는 반면, 라쏘 회귀는 희소성과 볼록성을 모두 만족시키는 것을 알 수 있다.

아래 두 식을 살펴보면 제약 또는 패널티를 조율하는 κ와 λ의 관계를 알 수 있다.

$$\hat{\beta}^{lasso} = \arg\min_{\beta}\left\{\sum_{i=1}^{n}\left(y_i - \sum_{j=1}^{m}\beta_j x_{ij}\right)^2\right\} \text{ subject to } \sum_{j=1}^{m}|\beta_j| \le \kappa$$

$$\hat{\beta}^{lasso} = \arg\min_{\beta}\left\{\sum_{i=1}^{n}\left(y_i - \sum_{j=1}^{m}\beta_j x_{ij}\right)^2 + \lambda\sum_{j=1}^{m}|\beta_j|\right\}$$

κ가 커지면 제약이 약해지는 것이고 λ가 작아지는 것에 대응한다. κ가 무한대로 간다면 제약이 없어지는 것이고, λ이 0으로 수렴한다면 또한 패널티가 없어지는 것이다. 이 두 경우 라쏘 추정량은 최소자승 추정량과 동일해 진다. 따라서 제약(패널티)이 더 강해지는 상황은 κ가 작아지거나 또는 λ가 커지는 경우이다.

적응형 라쏘

Zou(2006)는 라쏘 회귀를 개선한 적응형 라쏘(adaptive LASSO)를 소개하였다. 이는 기존 LASSO의 한계를 보완한 방법으로, 변수 선택의 성능을 향상시키기 위해 가중치를 적용하는 기법이다. 적응형 라쏘의 패널티 항은

$$\lambda \sum_{j=1}^{m} \frac{|\beta_j|}{|\hat{\beta}_j|^{\gamma}}$$

로 주어지고, 이때 $\hat{\beta}_j$는 초기 추정치(initial estimate)이고 γ는 1로 설정하는 경우가 많다. 초기 추정치는 릿지 회귀 추정치를 사용할 수도 있고 (정의된다면) 최소자승 추정치를 사용할 수도 있다. 관련 논문 중에는 라쏘 회귀 추정치 $\hat{\beta}_{L,j}$와 표본의 크기 n을 이용해서 초기 추정치 $\hat{\beta}_j = \widehat{\beta_{L,j}} + 1/\sqrt{n}$를 이용하기도 한다.

적응형 라쏘는 초기 추정치를 가중치로 이용하기 때문에 설명변수마다 패널티를 다르게 적용한다. 즉, 덜 중요한 변수는 더 강하게 패널티를 적용하고 중요한 변수는 약한 패널티를 적용하게 된다. j번째 설명변수에 대해 초기 추정치 $\hat{\beta}_j$의 값이 크면 해당 변수는 중요한 변수일 가능성이 높으므로 패널티를 작게 적용하여 제거될 확률을 낮춘다. 반대로 $\hat{\beta}_j$의 값이 작으면 중요도가 낮은 변수일 가능성이 높으므로 패널티를 크게 적용하여 제거될 확률을 높인다.

오라클 성질(oracle property)

$J = \{j | \beta_j \neq 0\}$ 그리고 $\hat{\beta}(\delta)$를 δ 추정 절차에 의해 구한 계수 추정량이라 하자. Fan and Li(2001)의 표현을 따르면, $\hat{\beta}(\delta)$가 아래 두 성질을 만족할 때 δ를 오라클 절차(oracle procedure)라 한다.

1) 올바른 부분 모형(right subset model)을 식별한다.

$$\{j | \hat{\beta}_j \neq 0\} = J.$$

즉, 변수 선택의 일치성을 만족한다.

2) 점근 분포는

$$\sqrt{n}\left(\hat{\beta}(\delta)_J - \beta_J\right) \rightarrow_d N(0, \Sigma)$$

을 따른다. 수렴 속도(convergence rate)는 $\sqrt{n}$로 표준적이며, 이때 Σ는 올바른 부분 모형을 알 때의 분산-공분산 행렬이다.

Zou(2006)는 라쏘가 오라클 성질을 만족하지 못하는 경우가 있는 반면 적응형 라쏘는 오라클 성질을 만족한다는 것을 보였다.

조율 파라미터 λ의 선택

라쏘 회귀에서도 조율 파라미터 λ를 정해야 하고, 릿지 회귀에서와 같이 AIC와 BIC와 같은 정보 기준을 이용하거나 교차 검증을 이용할 수 있다. Zou, Haties and Tibshirani(2007)는 0이 아닌 라쏘 추정치의 수가 유효 자유도에 대한 비편향 추정량임을 보였다. 이를 유효 자유도 $DF(\lambda)$로 이용하고, AIC와 BIC는

$$AIC(\lambda) = n\log RSS(\lambda) + 2DF(\lambda)$$
$$BIC(\lambda) = n\log RSS(\lambda) + DF(\lambda)\log n$$

로 계산한다.

엘라스틱넷

Zou and Hastie(2005)는 릿지와 라쏘의 가중 평균

$$\lambda \sum_{j=1}^{m} \left(\alpha\beta_j^2 + (1-\alpha)|\beta_j|\right)$$

을 패널티로 부여하는 엘라스틱넷(elastic net) 모형을 제안하였다. 이 모형에서 α가 0과 1 사이의 값을 가지며 릿지와 라쏘 패널티의 가중치를 결정한다. $\alpha = 1$이면 릿지 회귀모형이 되고 $\alpha = 0$이면 라쏘 회귀모형이 됨을 알 수 있다. 엘라스틱넷 모형의 적응형 버전은

$$\lambda \sum_{j=1}^{m} \left(\alpha \frac{\beta_j^2}{|\hat{\beta}_j|^{\gamma}} + (1-\alpha)\frac{|\beta_j|}{|\hat{\beta}_j|^{\gamma}}\right)$$

의 패널티를 가진다.

4.3 시계열 데이터를 이용한 실습

4.3.1 R 코드 실습

```
5  install.packages('readxl')
6  library("readxl")
7  install.packages('glmnet')
8  library(glmnet)
9
10 # load data
11 FREDMD = read_excel("FREDMDdata.xlsx",sheet=1)
12
13 y = FREDMD$INDPRO
14 xdata = model.matrix(INDPRO~.,data = FREDMD)[,-1]
15 ## OLS estimation
16 ols = lm(INDPRO~.,data = FREDMD)
17 summary(ols)
18
19 ##ridge regression
20 ridge=cv.glmnet(xdata,y,alpha=0)
21
22 ridge$lambda.min
23
24 coef(ridge, ridge$lambda.min)
25
26 coef(ridge)  # which lambda ?
27 coef(ridge, ridge$lambda.1se)
28
29 ridge$lambda.1se
```

미국 FRED−MD 데이터는 2016년 1월 자료(2016-01 vintage)를 이용하였으며, FRED−MD에서 설정한 변환코드(tcode)에 따라 정상시계열로 변환한 것이다. 이 데이터에 대한 자세한 설명은 7장을 참고하라. 1960년 2월부터 2000년 12월까지의 491개 표본을 포함하고 있으며, 결측치가 있는 변수를 제외한 총 122개의 거시경제 및 금융 변수를 포함하고 있다. 13번 줄에서 종속변수 y로 INDPRO를 설정하는데, 이는 로그를 취한 산업생산지수의 1차 차분으로 전월대비 산업생산지수 증가율에 해당한다. 14번 줄에서 이를 제외한 나머지 모든 변수를 설명변수 $xdata$로 설정하고 있다. 16번과 17번 줄은 최소자승 추정 및 그 결과를 보기 위한 것이다.

릿지, 라쏘 등의 축소추정을 하려면 glmnet 패키지[6]를 사용한다. alpha를 0으로 설정하면 릿지 추정을 하고, alpha를 1로 설정하면 라쏘 추정한다. alpha를 0과 1 사이(예를 들어 0.5)로 설정하면 엘라스틱넷을 추정한다.

20번 줄의 cv.glmnet은 k−겹 교차검증을 실시하는 것인데, 기본(default)은 10−겹 교차검증이다. alpha가 0으로 설정되어 있으므로 이는 릿지 추정을 하는 것이다. family='gaussian'을 포함해서

ridge = cv.glmnet(xdata, y, family='gaussian', alpha=0)

을 이용해도 되는데, 이는 family='gaussian'이 연속형 변수를 예측하는 회귀를 나타내고 기본값이기 때문에 생략해도 되기 때문이다.

22번 줄의 lambda.min는 평균제곱오차가 최솟값이 되는 조율 파라미터 λ의 값을 제시한다. 24번 줄은 이렇게 선택한 λ가 주어졌을 때의 릿지 계수 추정치를 제시하는 명령이다. glmnet 패키지는 릿지, 라쏘, 엘라스틱넷 등 축소추정을 실시할 때 기본적으로(default) 설명변수들을 표준화하고 진행한다. 반면 coef 명령을 통해 계수 추정치 결과를 제시할 때는 원래의 크기로 전환한 설명변수에 맞춘 계수 추정치를 나타낸다.

24번 줄의 coef(ridge, ridge$lambda.min)는 교차검증을 통해 평균제곱오차가 최저가 되는 조율 파라미터 λ를 사용할 때의 릿지 추정치를 제시한다. 결과를 살펴보면 릿지 추정치들이 모두 0이 아닌 것을 확인할 수 있는데, 이는 앞서 설명한 것과 같이 L_2 패널티를 사용하기 때문이다. 이는 아래 설명하는 라쏘 추정 결과와 뚜렷이 구별되는 특징이다.

여기서 한 가지 주의할 점이 있다. 26번 줄의 coef(ridge)는 어떠한 조율 파라미터 λ를 사용하는지 설정하지 않고 있는데, 이는 coef(ridge, ridge$lambda.min)이 아니라 coef(ridge, ridge$lambda.1se)와 동일한 계수 추정치를 제시한다. lambda.1se는 평균제곱오차가 최솟값에서 1 표준오차 범위 안에 있을 때의 λ값들 중 가장 큰 λ값을 의미한다.

이 사례에서는 아래와 같이 lambda.min값과 lambda.1se값이 다른 것으로 나타났다.

```
> ridge$lambda.min
[1] 0.000731462
> ridge$lambda.1se
[1] 0.0008810485
> |
```

6) 자세한 내용은 https://glmnet.stanford.edu/index.html을 참고하라.

다음으로 라쏘 추정을 살펴보자. 아래 그림 33번 줄은 alpha가 1로 설정되어 있기 때문에 라쏘 추정의 k−겹 교차검증을 실시하는 것이다. 36번 줄의 lasso$lambda.min은 평균제곱오차가 최솟값을 가질 때의 조율 파라미터 λ값을 제시한다. 38번 줄의 coef(lasso, lasso$lambda.min)이 나타내는 결과를 보면 많은 계수 추정치가 0이라는 것을 확인할 수 있다. 이는 위에서 살펴본 릿지 추정 결과와 크게 다른 점인데, 라쏘에서 L_1 패널티가 적용되어 많은 추정치가 0이 되는 이러한 특징이 변수 선택을 용이하게 하는 라쏘의 장점임을 강조할 수 있다. 41번 줄은 라쏘 추정치가 0이 아닌 설명변수들이 몇 번째 설명변수들인지를 나타낸다. 즉, 종속변수와 관련이 있는 선택된 설명변수들을 알려주는 것이다.

```
32  ##LASSO
33  lasso = cv.glmnet(xdata,y,alpha=1)
34
35  lasso$lambda.min
36
37  coef(lasso, lasso$lambda.min)
38
39  lasso$lambda.1se
40
41  selected=which(coef(lasso, lasso$lambda.min)[-1]!=0)
42  #non-zero coefficients excluding intercept
43
44  selected
45
46  coef(lasso, lasso$lambda.min)[-1][selected]
```

44번 줄을 실행하여 선택된 설명변수들의 결과를 보면 아래와 같이 24개의 설명변수가 뽑힌 것을 알 수 있다. 여전히 제법 많은 수의 변수들이 선택되어 있는데, 이제 적응형 라쏘를 추정해 보자.

```
> selected
 [1]   8  11  14  16  17  19  24  25  26  30  34  35  37  38  47  56  59
[18]  60  72  76  77  93  97 116
> |
```

적응형 라쏘를 추정하기 위해 가중치를 설정해야 하는데, 50번 줄과 52번 줄은 앞서 구한 라쏘 회귀 추정치(coef.lasso) $\widehat{\beta}_{L,j}$와 표본의 크기 n을 이용해서 가중치 $\widehat{\beta}_j = \widehat{\beta_{L,j}} + 1/\sqrt{n}$을 이용하는 명령을 나타낸다. 55번 줄은 penalty.factor에 이 가중치를 적용하여 적응형 라쏘의 교차검증을 실시하는 것이다.

```
49 ## Adaptive LASSO
50 coef.lasso = coef(lasso, lasso$lambda.min)
51 
52 penalty=(abs(coef.lasso[-1])+1/sqrt(length(y)))^(-1)
53 # coef.lasso[-1]: lasso estimates excluding intercept
54 
55 adlasso=cv.glmnet(xdata,y,penalty.factor = penalty,alpha=1)
56 
57 selected_ad=which(coef(adlasso, adlasso$lambda.min)[-1]!=0)
58 
59 coef(adlasso, adlasso$lambda.min)[-1][selected_ad]
```

57번 줄을 실행하면 적응형 라쏘를 통해 선택된 설명변수가 몇 번째 변수인지를 보여주는데, 두 개의 설명변수만이 뽑힌 것으로 나타났다. 라쏘 추정 결과 여전히 선택된 설명변수가 많다면, 이러한 예시처럼 적응형 라쏘를 실시하여 변수 선택을 더 효과적으로 할 수 있다.

```
> selected_ad
[1]  8 14
> 
```

아래 63번 줄에서 65번 줄은 위 적응형 라쏘를 통해 선택된 변수들만을 가지고 최소자승 추정을 실시하는 명령이다. 이처럼 라쏘 또는 적응형 라쏘를 통해 변수 선택을 실시하고, 최소자승 추정량을 통해 선택된 설명변수와 종속변수와의 관계를 해석하는 것은 관련 경제학 분야에서 흔히 사용하는 방법이다.

```
62 ## OLS with selected variables
63 newx = xdata[,selected_ad]
64 ols = lm(y~newx)
65 summary(ols)
```

조율 파라미터 λ를 정할 때 교차검증 대신 정보 기준을 이용할 수도 있다. 교차검증에 비해 정보 기준을 이용하면 계산 시간을 줄일 수 있는 장점이 있으므로, 데이터의 크기가 매우 크거나 또는 이동 윈도우 예측을 할 때 생성해야 할 예측치의 수가 매우 많을 때는 교차검증 대신 정보 기준을 사용하면 계산 시간을 상당히 줄일 수 있을 것이다. Medeiros et al.(2021)은 축소추정을 할 때 BIC 기준으로 λ를 정하였다. 아래 그림은 BIC 기준으로 조율 파라미터 λ를 정하고 라쏘 추정을 실시하는 것을 보여준다. HDeconometrics 패키지를 이용하고, 76번 줄처럼 ic.glmnet 명령어를 이용한다.

```
68 ## LASSO with information criteria
69 install.packages('devtools')
70 # Installing 'HDeconometrics' Package from Github
71
72 library(devtools)
73 install_github("gabrielrvsc/HDeconometrics")
74 library(HDeconometrics)
75
76 lasso_ic=ic.glmnet(xdata,y,crit = "bic",alpha = 1)
77
78 lasso_ic$lambda
79
80 selected_ic=which(coef(lasso_ic, lasso_ic$lambda)[-1]!=0)
81
82 coef(lasso_ic, lasso_ic$lambda)[-1][selected_ic]
```

실행 결과, BIC 기준으로 정한 λ의 값은 아래와 같이 나타났다. 이 λ를 사용할 때, 8개의 설명변수가 선택되었다.

```
> lasso_ic$lambda
[1] 7.662911e-05
> selected_ic
     IPFPNSS         IPMAT        IPNMAT     IPMANSICS        UNRATE
           8            14            16            17            25
      USGOOD CES1021000001 CES2000000008
          34            35           116
```

마지막으로 아래 그림은 alpha를 0.5로 설정한 엘라스틱넷 추정에 관한 코드를 보여준다. 적응형 라쏘와 동일한 방식으로 적응형 엘라스틱넷을 추정할 수 있다.

```
##Elastic Net
elasticnet = cv.glmnet(xdata,y,alpha=0.5)

elasticnet$lambda.min

coef(elasticnet, elasticnet$lambda.min)

selected_en=which(coef(elasticnet, elasticnet$lambda.min)[-1]!=0)

selected_en

coef(elasticnet, elasticnet$lambda.min)[-1][selected_en]
```

4.3.2 파이썬 코드 실습

이번에는 4.3.1항에서 설명한 내용을 파이썬 코드로 실행하는 것을 살펴본다. 내용이 중복되므로 최대한 간략한 설명만을 제시하였다.

```
import pandas as pd
import numpy as np
from sklearn.linear_model import LinearRegression,RidgeCV,LassoCV,Lasso,ElasticNetCV,Ridge
from sklearn.preprocessing import StandardScaler
from sklearn.metrics import mean_squared_error
from sklearn.model_selection import KFold
from sklearn.pipeline import make_pipeline
import matplotlib.pyplot as plt
```

이는 필요한 주요 라이브러리를 불러오는 부분이다.

```
# 데이터 불러오기
FREDMD = pd.read_excel("FREDMDdata.xlsx", sheet_name=0)
y = FREDMD['INDPRO'].values
X = FREDMD.drop(columns=['INDPRO'])
✓ 0.3s
```

```
### OLS
ols = LinearRegression(fit_intercept=True).fit(X, y)
print(ols.coef_)
```

다음으로 데이터를 불러오고 최소자승 추정을 실행하는 부분이다.

```
# 표준화하기
scaler = StandardScaler()
X_scaled = scaler.fit_transform(X)
```

이는 교차검증을 이용한 릿지 추정을 하기에 앞서 설명변수를 표준화하는 부분이다. 4.3.1항에서 설명하였듯이 R의 glmnet 패키지는 기본적으로 설명변수를 표준화하여 진행하고 계수 추정치 결과를 제시할 때는 원래의 크기로 전환한 설명변수에 맞춘 계수 추정치를 나타낸다. 그러나 파이썬의 패키지는 그렇지 않기 때문에 위와 같이 별도로 표준화시키는 것이 필요하다.

파이썬의 축소추정 패키지는 R의 glmnet 패키지와 몇 가지 차이점을 지니고 있는데, 우선 축소추정을 할 때 목적함수가 서로 다르다. 파이썬의 패키지는 릿지 추정을 할 때

$$\sum_{i=1}^{n}\left(y_i - \sum_{j=1}^{m}\beta_j x_{ij}\right)^2 + \alpha\sum_{j=1}^{m}\beta_j^2$$

을 목적함수로 두고 이를 최소화하는 추정치를 구한다. 이때 조율 파라미터를 α로 표기하고 있다. R의 glmnet 패키지는

$$\frac{1}{2n}\sum_{i=1}^{n}\left(y_i - \sum_{j=1}^{m}\beta_j x_{ij}\right)^2 + \lambda\sum_{j=1}^{m}\beta_j^2$$

을 목적함수로 두고 이를 최소화하는 추정치를 구한다. 따라서 동일한 교차검증을 하더라도 R의 glmnet 패키지에서 구한 조율 파라미터 λ의 값과 파이썬에서 구한 조율 파라미터 α의 값은 서로 다를 수 있음을 유의해야 한다.

```
# Ridge CV
from sklearn.model_selection import cross_validate
from scipy.stats import sem

ridge_cv = RidgeCV(alphas=np.logspace(-5, 5, 100),
                   store_cv_values=True).fit(X_scaled, y)

mse_path = ridge_cv.cv_values_

mean_mse = mse_path.mean(axis=0)
se_mse = sem(mse_path, axis=1)

# MSE가 가장 작은 alpha 값 찾기
alpha_min = ridge_cv.alpha_
min_mse = mean_mse[np.argmin(mean_mse)]

# 1SE rule로 alpha 찾기
alpha_1se = max(ridge_cv.alphas[mean_mse<=min_mse+se_mse[np.argmin(mean_mse)]])

# R과 스케일이 달라서 파라미터 값의 차이가 더 큰 것처럼 나타남.
print(f"[alpha.min] {alpha_min:.6f}")
print(f"[alpha.1se] {alpha_1se:.6f}")
```

이는 교차검증을 이용하여 릿지 추정을 하는 부분이다. 교차검증을 통해 평균제곱오차가 최저가 되는 조율 파라미터가 alpha_min으로 지정되고, alpha_1se는 평균제곱

오차가 최솟값에서 1 표준오차 범위 안에 있을 때의 조율 파라미터 값 중 가장 큰 값을 의미한다.

```
### MSE가 가장 작은 alpha와 1SE 범위 내에서 가장 큰 alpha를 이용한 Coef
ridge_mse = Ridge(alpha=alpha_min).fit(X_scaled, y)
print("\n[Min MSE Coef]", ridge_mse.coef_)

ridge_1se = Ridge(alpha=alpha_1se).fit(X_scaled, y)
print("\n[1 SE Coef]", ridge_1se.coef_)
```

이는 각각의 경우에 대응하는 계수 추정치를 나타내는 부분이다. R의 glmnet 패키지는 계수 추정치 결과를 제시할 때 원래의 크기로 전환한 설명변수에 맞춘 계수 추정치를 나타내지만, 파이썬 패키지는 그러지 않고 표준화한 설명변수에 맞춘 계수 추정치를 제시한다는 점에 유의해야 한다.

```
# Lasso CV
lasso_cv = LassoCV(alphas=np.logspace(-5, 5, 100),
                   cv=KFold(n_splits=10, shuffle=True, random_state=42),
                    max_iter=10000).fit(X_scaled, y)

mse_path = lasso_cv.mse_path_

mean_mse = mse_path.mean(axis=1)
se_mse = sem(mse_path, axis=1)

# MSE가 가장 작은 alpha 값 찾기
alpha_min = lasso_cv.alpha_
min_mse = mean_mse[np.argmin(mean_mse)]

# 1SE rule로 alpha 찾기
alpha_1se = max(lasso_cv.alphas_[mean_mse<=min_mse+se_mse[np.argmin(mean_mse)]])

# R과 스케일이 달라서 파라미터 값의 차이가 더 큰 것처럼 나타남.
print(f"[alpha.min] {alpha_min:.6f}")
print(f"[alpha.1se] {alpha_1se:.6f}")
```

교차 검증을 이용하여 라쏘 추정을 실행하는 부분이고, 아래의 부분을 실행하면 계수 추정치가 나타난다.

```
### Coef
lasso_mse = Lasso(alpha=alpha_min).fit(X_scaled, y)
print("\n[Min MSE Coef]", lasso_mse.coef_)

lasso_1se = Lasso(alpha=alpha_1se).fit(X_scaled, y)
print("\n[1 SE Coef]", lasso_1se.coef_)
```

선택된 변수명과 라쏘 추정치를 확인하기 위해서는 아래의 부분을 실행하면 된다.

```
# CV를 활용한 변수 선택 (MSE 기준)
selected_cv_mse = np.where(lasso_mse.coef_ != 0)[0]
selected_vars_msecv = X.columns[selected_cv_mse]
selected_coefs_msecv = lasso_mse.coef_[selected_cv_mse]

selected_vars_msecv.tolist(), selected_coefs_msecv
```

R의 glmnet 패키지는 적응형 라쏘 및 적응형 엘라스틱 넷을 손쉽게 추정하도록 하지만 파이썬의 sklearn.linear_model 서브패키지에는 적응형 라쏘 및 적응형 엘라스틱 넷을 구현하는 함수가 없다. 직접 알고리즘을 작성할 수도 있겠지만 이 부분은 생략하도록 하겠다.[7)]

다음은 BIC 기준으로 조율 파라미터를 선정하고 라쏘 추정을 실행하는 것을 보여준다.

```
### Information Criteria
from sklearn.linear_model import LassoLarsIC

model_bic = LassoLarsIC(criterion='bic', fit_intercept=True)
model_bic.fit(X_scaled, y)
```

---

7) https://github.com/alvaromc317/asgl의 asgl 패키지가 적응형 라쏘 및 적응형 엘라스틱 넷을 구현한다고는 하지만, 사용하는 Regressor 함수가 작동하지 않는 등 문제가 있는 것을 확인하였다.

아래는 선택된 조율 파라미터 알파와 추정 결과 선택된 변수들을 보여주는 부분이다.

```
print("Selected alpha:", model_bic.alpha_)
```

✓ 0.0s

```
Selected alpha: 3.005667584104409e-06
```

```
# IC를 활용한 변수 선택
selected_ic = np.where(model_bic.coef_ != 0)[0]
selected_vars = X.columns[selected_ic]
selected_coefs = model_bic.coef_[selected_ic]

selected_vars.tolist(), selected_coefs
```

다음은 엘라스틱넷 모형을 추정하는 부분이고, 교차 검증을 이용하고 있다. l1_ratio=0.5로 설정한 것에 유의하라.

```
# Elastic Net
import warnings
## 경고 문구가 과도하게 뜨는 것을 방지하기 위한 코드
warnings.filterwarnings("ignore", category=UserWarning)

elastic_cv = ElasticNetCV(alphas=np.logspace(-5, 5, 100), l1_ratio=0.5,
                          cv=10, fit_intercept=True, max_iter=10000).fit(X_scaled, y)
print("\n[Elastic Net Best Alpha]", elastic_cv.alpha_)
```

아래는 추정 결과를 제시한다.

```
nonzero_elastic_idx = np.where(elastic_cv.coef_ != 0)[0]
selected_en_features = X.columns[nonzero_elastic_idx]

print("[Selected Variables by Elastic Net]", selected_en_features.tolist())
print("[Elastic Net Coefficients]\n",
      pd.Series(elastic_cv.coef_[nonzero_elastic_idx],index=selected_en_features))
```

4.4 횡단면 데이터를 이용한 실습

4.4.1 R 코드 실습

이번에는 릿지와 라쏘 회귀를 간단한 횡단면 자료에 적용한 사례를 다룬다. 횡단면 자료를 다룰 때 전형적으로 적용하는 것처럼 훈련 데이터와 테스트 데이터로 나누어 평균제곱오차를 구하는 것을 살펴볼 것이다. 그리고 cv.glmnet을 이용하는 대신 최적 조율 파라미터 λ를 직접 찾는 과정도 살펴볼 것이다.

```
2  install.packages('ISLR')
3  library(ISLR)
4
5  Hitters = na.omit(Hitters)
6  n = nrow(Hitters)
7
8  # train data set과 test data set으로 구분
9  set.seed(100)
10 index = sample(1:n, 163, replace=F)
11
12 train = Hitters[index,]
13 test = Hitters[-index,]
14
15 # train data set의 X와 Y 지정
16
17 train.x = model.matrix(Salary~.,data=train)[,-1]
18 # Salary를 제외한 나머지 변수들을 X로 지정
19 # 첫 번째 행 절편에 해당하는 1을 제외하고 X를 생성
20
21 train.y = train$Salary
22 # Salary를 종속변수로 지정
23
24 # test data set의 X와 Y 지정
25 test.y = test$Salary
26 test.x = model.matrix(Salary~.,data=test)[,-1]
```

ISLR 패키지의 Hitters 데이터는 1986년과 1987년 시즌의 메이저리그 관련 데이터이다. 표본의 크기는 263이고 총 20개의 변수를 포함하고 있다. 위 그림에서 10번 줄의 sample은 무작위 샘플링을 하는 것인데, 1에서 263까지의 수열에서 무작위로 163개를 선택한다. 이때 replace=F는 같은 수를 중복해서 선택하지 않는 것을 나타낸다. 12번과 13번 줄은 훈련 데이터와 테스트 데이터를 나누어 설정하는 것이다. 10번 줄에서 무작위로 선택된 163개의 표본이 훈련 데이터이고 나머지 표본이 테스트 데이터가 된다.

17번 줄과 21번 줄은 훈련 데이터의 종속변수와 설명변수를 지정한다. 25번 줄과 26번 줄은 테스트 데이터의 종속변수와 설명변수를 지정한다.

17번 줄과 26번 줄에서 사용한 model.matrix는 행렬을 만드는 것인데 자동으로 더미(dummy) 변수를 만들어 준다. Hitters 데이터를 보면 League, Division, NewLeague 변수들은 안타나 홈런 수 등 숫자로 나타난 나머지 데이터와 달리 A 또는 N, E 또는 W, A 또는 N을 나타낸다. 예를 들어 League 변수는 해당 선수가 American 리그에 속하면 A를 나타내고 National 리그에 속하며 N을 나타낸다. 이러한 변수를 model.matrix는 0과 1로 표시하는 더미 변수로 변환한다.

```
38 ##ridge regression
39 ridge=glmnet(train.x,train.y,alpha=0,lambda=1000)
40
41 coef(ridge)
42 test.yhat = predict(ridge,newx=test.x)
43 testmse = mean((test.y - test.yhat)^2)
44 testmse
```

39번 줄은 glmnet을 훈련 데이터에 적용하여 릿지 회귀를 추정하는 것이다. alpha를 0으로 설정하였고, 조율 파라미터 λ를 1000으로 선택한 경우이다. 42번 줄은 이렇게 추정된(학습된) 릿지 회귀모형에 테스트 데이터의 설명변수를 입력하여 예측치를 만드는 것인데, predict를 이용하고 있다. 43번 줄은 예측치와 테스트 데이터의 실제값을 이용해서 평균제곱오차를 계산한다.

```
# Find a tuning parameter lambda.
grid = c(10^seq(10,0,length=100),0)

ridge = glmnet(train.x,train.y,alpha=0,lambda=grid)

test.yhat = predict(ridge,s=grid,newx=test.x)

test.mse = function (yhat,y) mean((y - yhat)^2)

mse = apply(test.yhat, 2, test.mse, y=test.y)

plot(1:101,mse,type='l',col='red',lwd=2,xlab='Index of lambda'
,ylab='Test MSE')

l = which(mse == min(mse))
ridge$lambda[l]
round(coef.ridge[,l],3)
```

위 그림의 코드들은 광범위한 λ값에 대해 테스트 데이터의 평균제곱오차를 계산하고 그 중 최솟값을 제공하는 λ를 찾는 과정을 나타낸다. 47번 줄의 그리드(grid)는 10의 10승부터 0까지의 범위를 포함하는 총 101개의 λ값의 수열이다. 이 모든 λ값에 대해 ,49번 줄은 훈련 데이터를 이용하여 릿지 회귀 추정을 실시하고 51번 줄은 테스트 데이터의 설명변수를 입력해서 예측치를 만든다. 53번 줄의 test.mse는 평균제곱오차를 계산하는 함수를 정의하고 있고, 55번 줄은 이 함수를 적용하여 평균제곱오차를 계산하는 것이다. 57번 줄은 각 λ값에 대한 테스트 데이터의 평균제곱오차를 그리는 것이고, 이는 아래 그림을 제시한다.

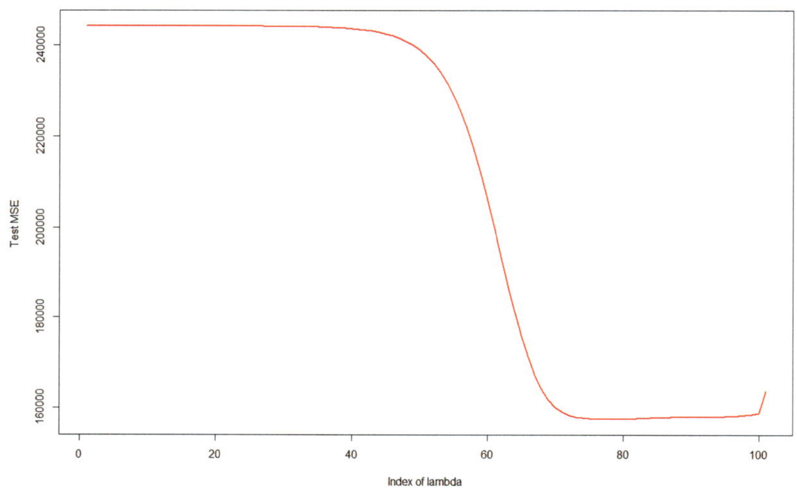

59번 줄에서 61번 줄은 평균제곱오차가 최솟값이 되는 λ값을 찾고, 이 최적 λ가 주어졌을 때 릿지 회귀 추정계수를 제시한다. 그 결과는 아래와 같다.

```
> l = which(mse == min(mse))
> ridge$lambda[l]
[1] 166.8101
> round(coef.ridge[,l],3)
(Intercept)       AtBat        Hits       HmRun        Runs         RBI
    -59.733       0.030       1.325      -1.919       1.269       0.373
      Walks       Years      CAtBat       CHits      CHmRun       CRuns
      1.743       2.007       0.015       0.074       0.652       0.144
       CRBI      CWalks     LeagueN   DivisionW     PutOuts     Assists
      0.199      -0.003      42.225     -54.568       0.167       0.117
     Errors  NewLeagueN
     -1.757     -17.026
> |
```

다음은 이와 비슷한 과정을 라쏘 회귀에 적용한 사례이다. 65번 줄의 그리드는 1000부터 0까지의 범위를 포함하는 총 51개의 λ값의 수열이다. 이 모든 λ값에 대해, 67번 줄은 훈련 데이터에 대해 alpha를 1로 설정하여 라쏘 회귀를 추정하고, 69번 줄과 71번 줄은 테스트 데이터에 대해 예측치 생성 및 평균제곱오차 계산을 하고 있다.

```
64  ##LASSO
65  grid = c(10^seq(3,0,length=50),0)
66
67  lasso = glmnet(train.x, train.y,alpha=1,lambda=grid)
68
69  test.yhat = predict(lasso,s=grid,newx=test.x)
70
71  mse = apply(test.yhat, 2, test.mse, y=test.y)
72
73  plot(1:51,mse,type='l',col='red',lwd=2,xlab='Index of lambda'
    ,ylab='Test MSE')
74
75  l = which(mse == min(mse))
76  lasso$lambda[l]
77  round(coef.lasso[,l],3)
```

73번 줄을 실행하면 각 λ값에 대한 테스트 데이터의 평균제곱오차를 아래와 같이 그림으로 나타낸다.

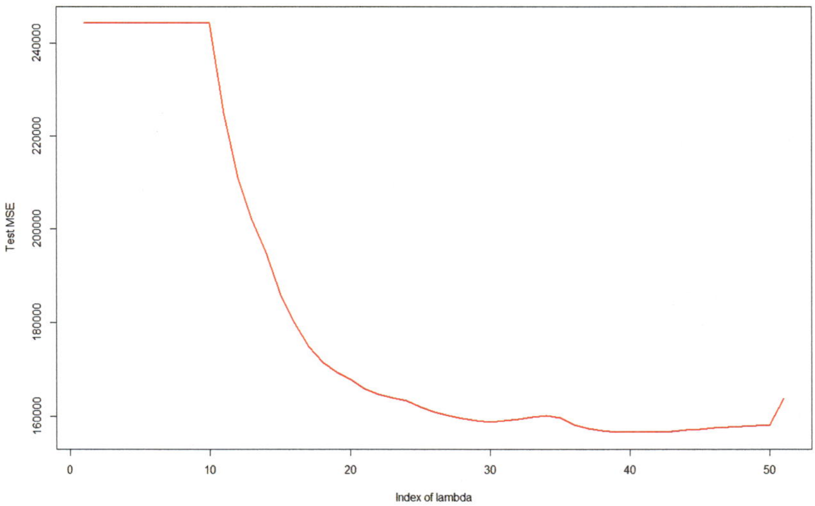

75번 줄에서 77번 줄은 평균제곱오차가 최솟값이 되는 λ값을 찾고, 이 최적 λ가 주어졌을 때 라쏘 회귀 추정계수를 제시한다. 그 결과는 아래와 같다.

```
> l = which(mse == min(mse))
> lasso$lambda[l]
[1] 4.094915
> round(coef.lasso[,l],3)
(Intercept)       AtBat        Hits       HmRun        Runs         RBI
    -15.686      -1.096       5.533       0.000       0.000      -1.988
      Walks       Years      CAtBat       CHits      CHmRun       CRuns
      4.382      -2.848       0.000       0.000       0.017       0.466
       CRBI      CWalks     LeagueN   DivisionW     PutOuts     Assists
      0.782      -0.514      57.282     -59.459       0.219       0.195
     Errors  NewLeagueN
     -2.218     -32.939
> |
```

4.4.2 파이썬 코드 실습

```
import pandas as pd
import numpy as np
from sklearn.linear_model import Ridge, Lasso
from sklearn.metrics import mean_squared_error
from sklearn.preprocessing import StandardScaler
import matplotlib.pyplot as plt
import statsmodels.api as sm
```

```
# 데이터 불러오기
Hitters_raw = sm.datasets.get_rdataset("Hitters", "ISLR").data
Hitters_raw = Hitters_raw.dropna()
```

```
# 범주형 변수 더미 처리
Hitters = pd.get_dummies(Hitters_raw.drop(columns=["Salary"]), drop_first=True)

# 표준화하기: Python에서 Shrinkage 함수는 자동으로 표준화를 해주지 않기 때문
scaler = StandardScaler()

def normalize_columns(df):
    return pd.DataFrame(scaler.fit_transform(df), columns=df.columns)

Hitters = normalize_columns(Hitters)

Hitters["Salary"] = Hitters_raw["Salary"].values
```

```python
# Train data set과 Test data set으로 구분
np.random.seed(12)
index = np.random.choice(Hitters.index, 163, replace=False)
train = Hitters.loc[index]
test = Hitters.drop(index)

train_X = train.drop(columns=["Salary"])
train_y = train["Salary"]
test_X = test.drop(columns=["Salary"])
test_y = test["Salary"]

train_X, test_X = train_X.align(test_X, join='left', axis=1, fill_value=0)
```

```python
N = train_X.shape[0]

alpha = 1000 # R의 lambda와 다른 값 (스케일이 다름)
```

```python
ridge = Ridge(alpha=alpha, fit_intercept=True)
ridge.fit(train_X, train_y)
```

```python
print(ridge.coef_ / scaler.scale_)
print(ridge.intercept_)
```

```python
# 예측 후 예측 오차 계산
y_pred = ridge.predict(test_X)
mse = mean_squared_error(test_y.to_numpy(), y_pred)
print(f"Mean Squared Error: {mse}")
```

```python
# Find a tuning parameter for Ridge
alpha_ridge = np.append(np.logspace(10, 0, 100), 0)
N = train_X.shape[0]
mse_ridge = []

for l in alpha_ridge:
    ridge_cv = Ridge(alpha=l)
    ridge_cv.fit(train_X, train_y)
    y_pred_cv = ridge_cv.predict(test_X)
    mse_ridge.append(mean_squared_error(test_y.to_numpy(), y_pred_cv))

min_index_ridge = np.argmin(mse_ridge)
best_alpha_ridge = alpha_ridge[min_index_ridge]
best_coef_ridge = Ridge(alpha=best_alpha_ridge).fit(train_X, train_y).coef_
```
✓ 0.0s

```python
# MSE가 가장 작은 alpha 값 선택
best_alpha_ridge
```
✓ 0.0s

```python
import matplotlib.pyplot as plt

plt.figure(figsize=(8,5))
plt.subplot(1,1,1)
plt.plot(range(len(mse_ridge)), mse_ridge, color='red', linewidth=2)
plt.xlabel("Index of alpha")
plt.ylabel("Test MSE")
plt.title("Ridge Regression")
```

이를 실행하면 각 알파에 대한 테스트 데이터의 평균제곱오차 그림을 제시한다.

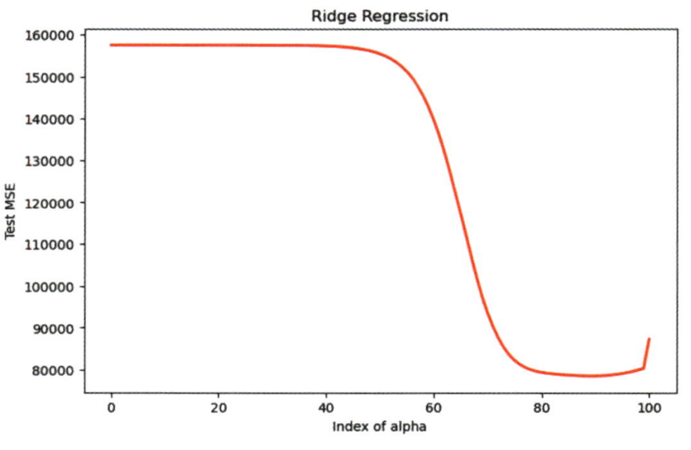


```python
# Find a tuning parameter for Lasso
import warnings
warnings.filterwarnings("ignore", category=UserWarning)

alphas_lasso = np.append(np.logspace(3, 0, 50), 0)
mse_lasso = []

for l in alphas_lasso:
    lasso = Lasso(alpha=l, max_iter=10000)
    lasso.fit(train_X, train_y)
    y_pred_cv = lasso.predict(test_X)
    mse_lasso.append(mean_squared_error(test_y.to_numpy(), y_pred_cv))

min_index_lasso = np.argmin(mse_lasso)
best_alpha_lasso = alphas_lasso[min_index_lasso]
best_coef_lasso = Lasso(alpha=best_alpha_lasso,max_iter=10000).fit(train_X,train_y).coef_
```
✓ 0.0s

```
# MSE가 가장 작은 alpha
best_alpha_lasso
```
✓ 0.0s

```
import matplotlib.pyplot as plt

plt.figure(figsize=(8,5))
plt.subplot(1,1,1)
plt.plot(range(len(mse_lasso)), mse_lasso, color='red', linewidth=2)
plt.xlabel("Index of alpha")
plt.ylabel("Test MSE")
plt.title("Lasso Regression")
plt.tight_layout()
plt.show()
```

이를 실행하면 각 알파에 대한 테스트 데이터의 평균제곱오차 그림을 제시한다.

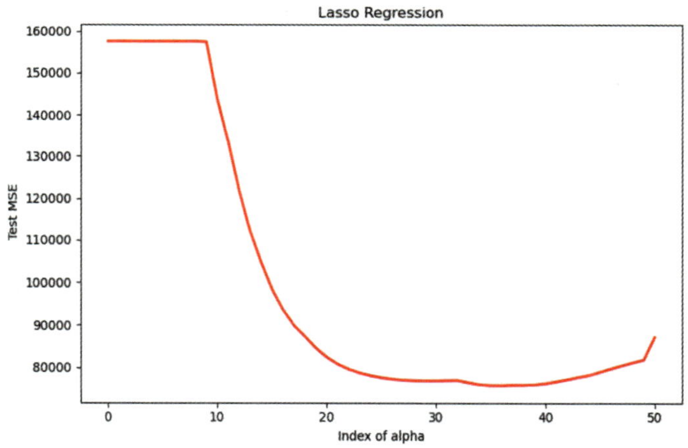

5장

의사결정나무 기반 모형

5.1 의사결정나무 모형

나무 모형(tree model)을 기반으로 한 방법은 설명변수의 공간을 여러 개의 사각형으로 나눈 후, 각 영역에 대해 하나의 상수를 적합(fit)하는 방식이다. 입력 공간을 나누는 분할 규칙을 나무 구조로 요약할 수 있기 때문에 이러한 접근 방식을 의사결정나무(decision tree) 방법이라고 한다.

[그림 5.1]은 의사결정나무 기반 회귀 및 분류 과정을 시각적으로 나타낸 것이다. 좌측 상단의 그림은 X_1과 X_2 기준으로 데이터 공간을 여러 개의 영역으로 나누고 있지만, 데이터가 나누어진 구역 중 직사각형 형태가 아닌 구역이 존재한다. 이 경우는 좌측 하단의 그림과 같은 나무 구조로 표현할 수 없다.

반면, 우측 상단의 그림은 의사결정나무 방식으로 데이터를 분할한 예시이다. X_1과 X_2 축을 따라 연속적인 직사각형(region) 형태로 데이터를 나누고 있는데, 분할 경계 (t_1, t_2, t_3, t_4)를 사용하여 데이터를 다섯 개 구역 $(R_1, R_2, R_3, R_4, R_5)$으로 나누는 구조이다. 이는 CART(classification and regression tree)와 같은 의사결정나무 기반 알고리즘에서 흔히 볼 수 있는 패턴이다. 각 구역 R_p에 상숫값 c_p를 할당한다고 하면, 이 그림에 대응하는 회귀모형은

$$\hat{f}(X)= \sum_{p=1}^{5} c_p I\{(X_1, X_2) \in R_p\}$$

으로 종속변수를 예측하게 된다.

좌측 하단의 그림은 우측 상단의 그림을 나무 구조 형태로 표현한 것이다. 각 노드(node)에서 특정 변수 조건을 기준으로 데이터를 나누고 있다. 예를 들어, $X_1 \leq t_1$이면 왼쪽 가지(branch)로 가고, 그렇지 않으면 오른쪽 가지로 이동한다. 이러한 분할이 반복되면서, 여러 개의 최종 영역$(R_1, R_2, R_3, R_4, R_5)$이 생성된다. 더 이상 분할되지 않는 이러한 최종 노드를 터미널 노드(terminal node) 또는 잎 노드(leaf node)라고 한다. 우측 하단의 그림은 데이터가 분할되는 모습을 3차원 공간에서 시각적으로 표현한 것이다.

그림 5.1

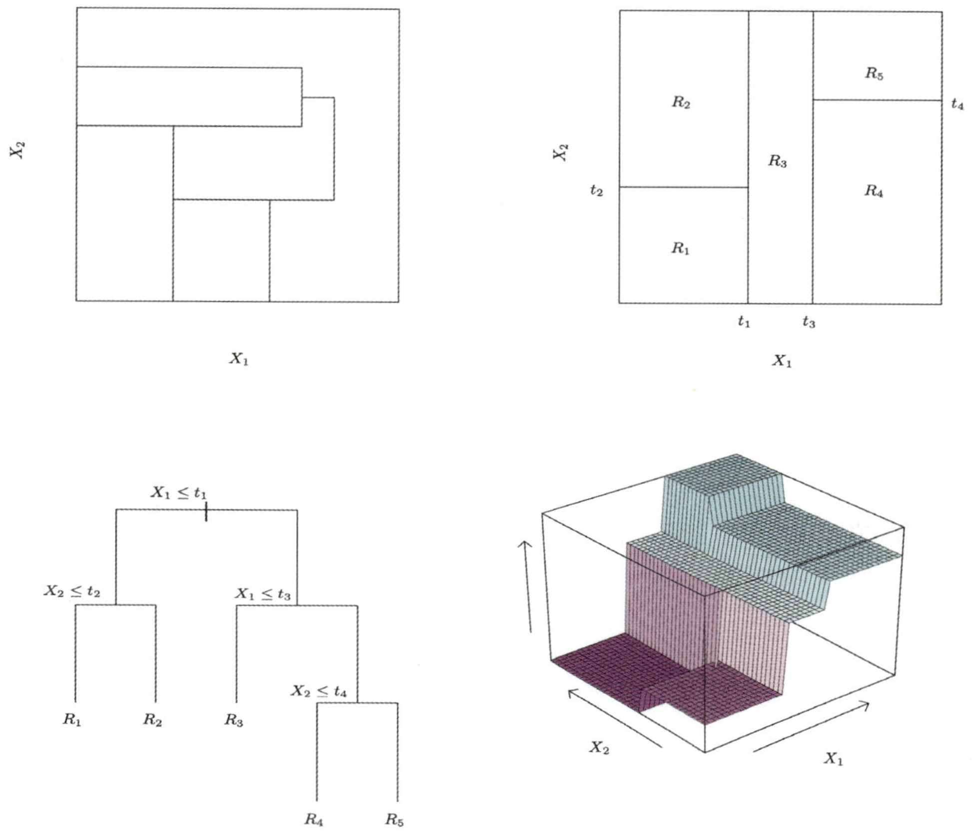

출처: Hastie et al.(2017)

의사결정나무를 기반으로 한 방법은 단순하고 해석이 용이한 장점이 있다. 즉, 모형이 어떻게 예측을 수행하는지 직관적으로 이해할 수 있다. 하지만 예측 정확도 측면에서는 최상의 지도 학습 방법들과 비교했을 때 경쟁력이 떨어지는 경우가 많다. 따라서 의사결정나무를 기반으로 한 방법의 단점을 보완하고 예측 성능을 향상시키기 위해 배깅(bagging), 랜덤 포레스트(random forests), 부스팅(boosting) 같은 기법이 사용된다. 이러한 앙상블 학습(ensemble learning) 기법들은 여러 개의 의사결정나무를 생성하고 이를 결합하여 최종 예측값을 도출하는 방식을 사용한다. 단일 의사결정나무는 과대적합이 발생할 가능성이 높지만, 여러 개의 나무를 결합하면 예측 정확도가 크게 향상될 수 있다. 다만, 모형이 복잡해지면서 해석 가능성이 감소하는 단점이 존재한다.

5.1.1 회귀 의사결정나무

이제 어떻게 회귀 의사결정나무(regression tree)를 키우는지 살펴보자. 주어진 표본 $(x_1, y_1) \cdots (x_n, y_n)$을 이용한다고 할 때, $x_i = (x_{i1}, x_{i2}, \cdots, x_{im})^T$는 i번째 표본의 설명 변수 벡터이다. 알고리즘은 분할 변수(split variable), 분할 지점(split point), 의사결정 나무의 형태 등을 자동적으로 결정해야 한다. P개 구역 $R_1, R_2, \cdots, R_P$인 분할이 있고 각 구역 R_p에 상수 c_p를 할당한다고 하면,

$$f(x) = \sum_{p=1}^{P} c_p I\{x \in R_p\}$$

로 표현할 수 있다. 잔차제곱합을 최소화하려면, c_p의 추정치는 해당 구역 R_p에 속하는 종속변수의 평균

$$\hat{c_p} = ave(y_i | x_i \in R_p)$$

이 된다.

잔차제곱합을 최소화하는 분할 변수 X_j와 분할 기준값 s을 찾기 위해 탐욕 알고리즘(greedy algorithm)을 이용하는데, 이는 문제를 단계적으로 해결하면서 한 단계마다 그 순간의 최선의 해를 선택하는 방식이다. 분할 변수 X_j와 분할 기준값 s에 의해 나뉘는 두 구역을

$$R_1(j,s) = \{X | X_j \le s\} \text{와 } R_2(j,s) = \{X | X_j > s\}$$

으로 정의한 후, 아래 식을 만족하는 j와 s를 찾는다.

$$\min_{j,s}\left[\min_{c_1} \sum_{x_i \in R_1(j,s)} (y_i - c_1)^2 + \min_{c_2} \sum_{x_i \in R_2(j,s)} (y_i - c_2)^2\right]$$

어떠한 j와 s가 주어지더라도, 최소화하는 c_1과 c_2의 추정치는

$$\hat{c_1} = ave(y_i | x_i \in R_1(j,s)) \text{와 } \hat{c_2} = ave(y_i | x_i \in R_2(j,s))$$

이다. 각 분할 변수에 대해 분할 기준값 s는 위 방식으로 쉽게 찾을 수 있는데, 이 과정을 모든 분할 변수에 대해 실시하여 최적의 X_j와 s를 찾을 수 있다. 최적의 X_j와 s를 찾은 후, 다시 데이터를 두 영력으로 분할하고 동일한 과정을 반복하여 가장 적절한 분할 변수와 분할 기준값을 찾고, 데이터가 속한 각 영역 내에서 잔차제곱합을 최소화하도록 추가적인 분할을 진행한다. 이렇게 하면 총 세 개의 구역이 생성된다. 이 세 개의 영역 중 하나를 추가로 분할하여 동일한 방식으로 진행한다.

이 방식은 위에서 아래로(top-down) 진행되는 방식이다. 즉, 의사결정나무의 최상단에서 시작하여 순차적으로 변수 공간을 분할하며, 각 분할 지점에서 두 개의 새로운 가지가 생성된다. 탐욕 알고리즘을 따른다고 하는 것은 트리를 구축하는 과정에서 미래의 최적 분할을 고려하지 않고, 현재 단계에서 가장 좋은 분할을 선택하는 방식이기 때문이다. 즉, 나중에 더 나은 트리를 만들 수 있는지 고려하지 않고, 현재 단계에서 잔차제곱합을 가장 많이 감소시키는 분할을 선택한다.

이러한 과정의 반복을 통해 모든 분할 변수와 분할 기준값을 찾을 수 있는데, 어느 정도까지 분할 변수와 분할 기준값을 찾을지(즉, 의사결정나무를 얼마나 크게 키울 것인지)를 결정해야 한다. 의사결정나무가 너무 크면 과대적합 문제가 있을 것이고, 너무 작으면 반영해야 할 중요한 구조를 빠뜨리는 문제가 있을 것이다. 편향과 분산 측면에서 살펴보면, 의사결정나무의 크기가 크면 편향은 작으나 분산이 클 것인 반면 의사결정나무의 크기가 작으면 편향은 좀 더 커지나 분산이 작은 경향이 있을 것이다. 이 의사결정나무의 크기는 모형의 복잡성을 결정하는 파라미터이고 연구자가 결정해야 할 조율 파라미터이다.

흔히 사용하는 방식은 우선 특정한 중지 기준(stopping criterion)에 도달할 때까지 의사결정나무를 키운(예를 들어, 각 영역에 포함된 데이터 개수가 5개 이하가 될 때까지 분할을 계속한) 후 의사결정나무를 줄이는(나눈 영역을 줄이는) 것이다. 의사결정나무의 크기를 줄이는 것을 의사결정나무 가지치기(pruning)라고 하는데, 이때 비용-복잡도 가지치기(cost-complexity pruning)을 이용한다.

비용–복잡도 가지치기를 설명하기 위해 몇 가지 표기를 정의하자. 우선 특정한 중지 기준에 도달할 때까지 키운 큰 의사결정나무를 T_0라 하자. 서브트리(subtree) T는 T_0를 가지치기한 의사결정나무라 정의하는데, 이는 즉 T_0에서 터미널 노드가 아닌 일부 내부 노드(internal node)를 제거한 의사결정나무이다. 터미널 노드 p는 구역 R_p를 나타내고, $|T|$는 주어진 서브트리 T의 터미널 노드의 수라고 하자. N_p는 구역 R_p에 속하는 표본의 수라 하고, $\hat{c_p}$는 R_p에 속하는 표본의 종속변수의 평균이라 하자. R_p에 속하는 표본의 평균제곱오차의 척도인

$$Q_p(T) = \frac{1}{N_p} \sum_{x_i \in R_p} \left(y_i - \hat{c_p}\right)^2$$

를 이용하여, 비용–복잡도 기준을 아래와 같이 정의한다.

$$C_\alpha(T) = \sum_{p=1}^{|T|} N_p Q_p(T) + \alpha |T|$$

각 α 값에 대해 $C_\alpha(T)$를 최소화하는 서브트리 T_α를 찾는 것이 기본 아이디어이고, $\alpha \geq 0$는 조율 파라이터이다. $C_\alpha(T)$를 다시 표현하면

$$C_\alpha(T) = \sum_{p=1}^{|T|} \sum_{x_i \in R_p} \left(y_i - \hat{c_p}\right)^2 + \alpha |T|$$

이고, 이는 정보 기준의 일반적인 형태인 잔차제곱합과 패널티 항이 결합된 형태임을 알 수 있다. α 값이 크면 더 작은 서브트리 T_α가 도출된다. α를 결정하기 위해서는 5–겹 또는 10–겹 교차 검증을 이용할 수 있다. 각 α에 대해, $C_\alpha(T)$를 최소화하는 가장 작은 서브트리 T_α가 유일하게 존재한다는 것은 알려져 있으며, 이에 대한 자세한 설명은 생략한다. 교차 검증을 이용하여 선택한 $\hat{\alpha}$에 대해 $C_\alpha(T)$를 최소화하는 $T_{\hat{\alpha}}$이 최종 의사결정나무가 된다.

회귀 의사결정나무 알고리즘을 단계별로 요약하면 다음과 같다.

- **1단계:** 주어진 데이터를 이용하여 큰 의사결정나무를 성장시킨다. 이때, 각 터미널 노드에 포함된 표본 수가 특정 최솟값보다 작아질 때까지 분할을 계속한다.

- **2단계:** 성장된 큰 의사결정나무에 비용-복잡도 가지치기를 적용하고 α 값에 따라 최적 서브트리들을 생성한다.
- **3단계:** 5-겹 또는 10-겹 교차 검증을 이용하여 잔차제곱합을 최소화하는 α 값을 선택한다.
- **4단계:** 3단계에서 선택된 α 값을 적용하여 위 2단계에서 최적 서브트리를 생성한다.

5.1.2 분류 의사결정나무

종속변수가 $1, 2, \cdots, K$의 값을 가지는 분류의 경우에도 의사결정나무 모형을 이용할 수 있다. 노드의 분할과 의사결정나무의 가지치기를 위한 기준만을 다르게 사용하면 된다. 앞서 설명한 회귀 의사결정나무 알고리즘에서는 표본의 평균제곱오차의 척도인 $Q_p(T)$를 사용하였는데, 이는 분류 문제에 적합하지 않기 때문에 이를 대신하여 분류에 적합한 척도로 교체하면 된다.

노드 p 에서 범주 k에 속하는 관측치의 비율은

$$\widehat{P_{pk}} = \frac{1}{N_p} \sum_{x_i \in R_p} I(y_i = k)$$

로 표현할 수 있다. 구역 R_p의 관측치들은 $k = 1, 2, \cdots, K$ 중에서 이 비율이 가장 높은 k 범주로 분류한다. 분류 의사결정나무(classification tree)에서 $Q_p(T)$로 사용할 다른 척도로는 다음 세 가지를 사용할 수 있다.

오분류율(misclassification error)

$$\frac{1}{N_p} \sum_{x_i \in R_p} I(y_i \neq k(p)) = 1 - \widehat{P_{pk(p)}}$$

지니 지수(Gini index)

$$\sum_{k \neq k'} \widehat{P_{pk}} \widehat{P_{pk'}} = \sum_{k=1}^{K} \widehat{P_{pk}} \left(1 - \widehat{P_{pk}}\right)$$

교차-엔트로피(cross-entropy) 혹은 이탈도(deviance)

$$-\sum_{k=1}^{K}\widehat{P_{pk}}\log\widehat{P_{pk}}$$

의사결정나무 모형은 설명하기 쉽고, 비전문가도 쉽게 이해할 수 있다는 장점이 있다. 그러나 다른 회귀 및 분류 방법에 비해 예측 정확도가 떨어질 수 있다. 충분히 키운 의사결정나무 모형은 보통 편향(bias)은 작으나 분산이 크다. 분산이 크다는 것은 데이터가 조금만 변해도 의사결정나무 구조가 크게 변할 수 있다는 것을 의미한다.

그러나 높은 분산을 줄이기 위해 배깅(bagging), 랜덤 포레스트(random forests) 등의 방법을 사용할 수 있다. 이러한 방식으로 다수의 의사결정나무를 결합하면 예측 성능을 크게 향상시킬 수 있다. 다음 절에서는 이러한 개념을 설명한다.

5.2 배깅

배깅(bagging)은 부트스트랩 결합(bootstrap aggregation)의 줄임말이며 분산을 줄이기 위해 흔히 사용되는 앙상블 학습 방법이다. 배깅은 의사결정나무 모형처럼 편향이 작고 분산이 큰 모형에 적용할 때 유용하다. 반면 선형회귀모형은 편향이 크고 분산이 작으므로 배깅이 효과적이지 않다.

배깅이 어떠한 원리로 분산을 줄이는지에 대해 간단한 예시를 들어 설명할 수 있다. 만약 z_i가 독립동일분포(iid)를 가진다고 가정하면,

$$var\left(\frac{1}{B}\sum_{i=1}^{B}z_i\right)=\frac{1}{B^2}\left[\sum_{i=1}^{B}var(z_i)+\sum_{i\neq j}cov(z_i,z_j)\right]=\frac{1}{B}var(z_i)$$

이 된다. 즉, z_i들의 평균의 분산이 개별 z_i의 분산보다 $1/B$배 작아지는 것이다. 이처럼 여러 모형을 평균 내어 분산을 줄이는 것이 배깅의 기본 원리이다. 물론 실제 배깅에서는 독립 가정이 성립하지 않기 때문에 $cov(z_i,z_j)$의 항이 사라지지는 않는다(이를 처리하는 부분이 다음절에서 설명하는 랜덤 포레스트 모형의 가장 중요한 특징이다).

배깅은 여러 개의 의사결정나무를 학습시키고, 그 결과를 평균 내어 최종 예측값을 만든다. 과정을 단계별로 살펴보면 다음과 같다.

• **1단계: 부트스트랩 샘플링(bootstrap sampling)**

원래의 훈련 데이터 $Z=\{(x_1,y_1)\cdots(x_n,y_n)\}$에서 복원 추출(replacement sampling) 방식으로 표본의 수가 같은 새로운 데이터 세트를 여러 개 생성한다. 원래 데이터 중에서 일부 데이터는 여러 번 선택될 수도 있고, 일부 데이터는 선택되지 않을 수도 있다. 이렇게 만들어진 샘플을 부트스트랩 샘플(bootstrap sample)이라 부르고, 각 부트스트랩 샘플은 원래의 훈련 데이터와 동일한 표본의 수를 가진다. $b=1,\cdots,B$라 하고 총 B개의 부트스트랩 샘플을 만든다면, b번째 부트스트랩 샘플을

$$Z^{*b}=\{(x_1^*,y_1^*)\cdots(x_n^*,y_n^*)\}$$

로 표현한다. [그림 5.2]은 부트스트랩 샘플링의 예시를 나타낸다.

그림 5.2 부트스트랩 샘플 예시

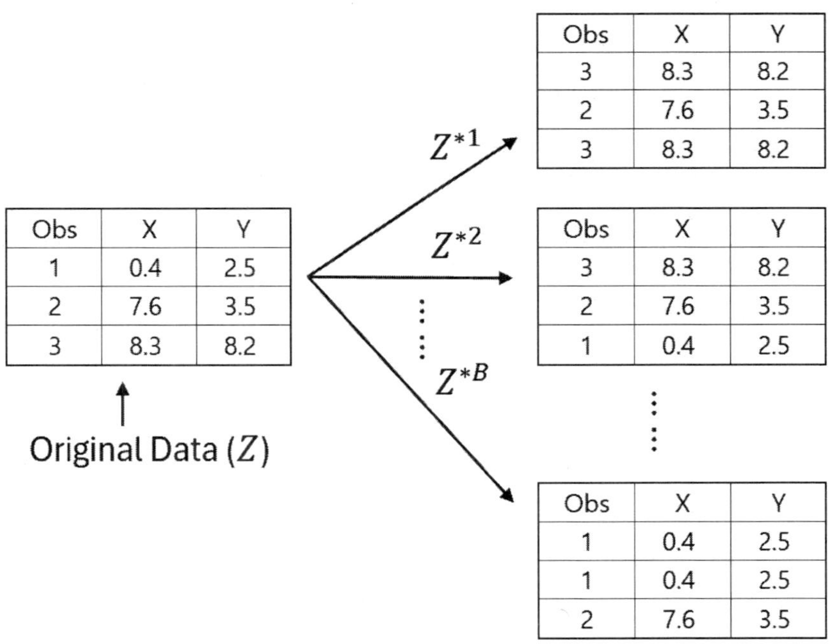

- **2단계: 의사결정나무 학습**

생성된 각 부트스트랩 샘플을 이용해 개별적인 의사결정나무 모형을 학습시킨다. b번째 부트스트랩 샘플 Z^{*b}을 통해 구한 의사결정나무 모형의 추정치를 $\hat{f}^{*b}$라 하자.

- **3단계: 결과 결합 및 예측**

x가 주어지고 y를 예측하는 회귀 문제의 경우 개별 의사결정나무 모형의 예측값을 평균 내어 아래와 같은 최종 예측값을 만든다.

$$\hat{f}_{bag}(x) = \frac{1}{B}\sum_{b=1}^{B}\hat{f}^{*b}(x)$$

분류 문제의 경우 개별 의사결정나무 모형의 예측값 중 다수결 투표를 통해 최종 클래스를 결정한다.

$$\text{arg}max_k \sum_{b=1}^{B} I\left(\hat{f}^{*b}(x) = k\right)$$

참고 블록 부트스트랩(block bootstrap)

블록 부트스트랩은 데이터를 연속된 블록 단위로 나눠서 그 블록들을 무작위로 뽑아 부트스트랩 샘플을 만드는 것이다. 시계열 데이터는 가까운 시기의 데이터 간 상관관계가 있는 등 시계열 의존성이 있기 때문에 일반적인 부트스트랩인 독립 부트스트랩을 적용하는 것이 적절하지 못하다. 시계열 데이터의 의존성을 반영하는 부트스트랩 샘플을 만들기 위해 블록 단위로 부트스트랩 샘플을 만드는 것이다.

Carlstein(1988)은 블록이 겹치지 않는(non-overlapping) 블록 부트스트랩에 대해 소개하고, Kreiss(1992)는 블록이 겹치는 이동 블록 부트스트랩(moving block bootstrap)의 이론적 연구를 제시하였다. 그런데, 블록 크기가 고정된 블록 부트스트랩을 할 때 블록 내부는 원래 데이터의 의존성을 잘 보존하지만, 블록 사이를 무작위로 이어붙이기 때문에 단절이 발생하여 원래 데이터가 정상시계열이라 하더라도 블록 부트스트랩 샘플은 정상시계열이 아니다. [그림 5.3]은 블록 크기가 고정된 이동 블록 부트스트랩의 예시를 나타낸다.

Politis and Romano(1994)는 정상 부트스트랩(stationary bootstrap)을 소개하였는데, 이는 블록의 길이를 확률적으로 결정하여 원래 데이터가 정상시계열일 때 정상 부트스트랩 샘플도 정상시계열이 되게 한다.

그림 5.3 블록 부트스트랩 샘플 예시

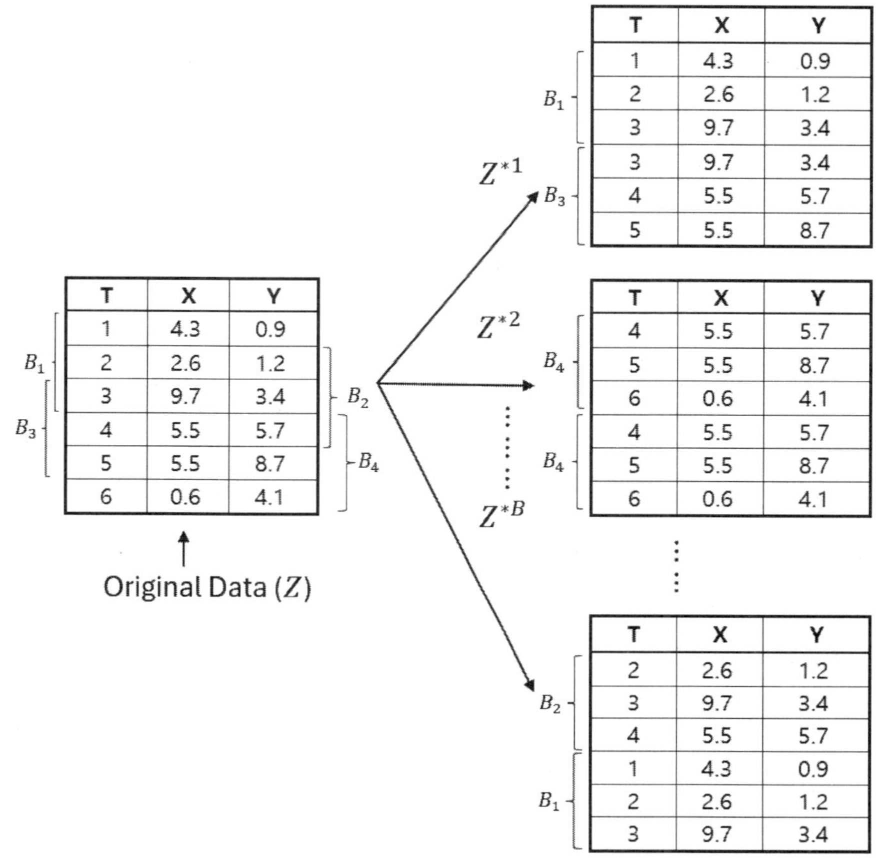

5.3 랜덤 포레스트

랜덤 포레스트는 배깅을 변형한 것이다. 배깅은 원래의 훈련 데이터에서 총 B개의 부트스트랩 샘플을 만들고 각 부트스트랩 샘플에 의사결정나무 모형을 학습하는데, 부트스트랩 샘플들이 유사한 데이터를 포함할 수밖에 없으므로 각 부트스트랩 샘플에서 학습된 의사결정나무 모형은 서로 양의 상관관계(positively correlated)를 가지게 된다. 즉, 배깅만으로는 분산 감소 효과가 충분하지 않을 수 있다. 이는 아래 간단한 예시로 확인할 수 있다.

만약, z_i가 모든 i에 대해 동일한 분포($var(z_i)=\sigma^2$)를 가지지만, $i \neq j$에 대해 z_i와 z_j가 서로 독립이 아니라고 가정하자. 그리고 (단순한 전개를 위해) z_i와 z_j의 상관계수가 양의 값을 가진 ρ라 하면,

$$var\left(\frac{1}{B}\sum_{i=1}^{B} z_i\right)=\frac{1}{B}var(z_i)+\frac{1}{B^2}\sum_{i \neq j} cov(z_i, z_j)=\frac{1}{B}\sigma^2+\frac{(B-1)}{B}\rho\sigma^2$$

$$=\rho\sigma^2+\frac{1-\rho}{B}\sigma^2$$

이 도출된다. B가 증가하면 평균의 분산 중 두 번째 항은 점점 줄어들어 사라지더라도 첫 번째 항은 여전히 남아있게 된다. 랜덤 포레스트는 부트스트랩 샘플에서 생성된 의사결정나무 간의 상관관계를 낮추려는 것이 가장 중요한 특징이다.

Breiman(2001)이 제안한 랜덤 포레스트는 상관성이 낮은(de-correlated) 의사결정나무들을 생성하여 전체적인 분산을 더욱 줄이는 방법을 사용한다. 어떻게 상관성이 낮은 결정 나무를 만들까? 랜덤 포레스트는 각 부트스트랩 샘플에서 분할을 수행할 때마다 사용할 설명변수를 무작위로 선택한다. 각 노드에서 분할을 수행할 때, 전체 m개의 예측 변수 중에서 m^*개만 무작위로 선택하여 후보로 사용한다. 선택된 m^*개의 변수 중 하나만을 이용하여 해당 노드에서 최적의 분할을 수행한다. 새로운 노드를 만들 때마다 다시 m^*개의 새로운 설명변수를 무작위로 선택한다(고정된 설명변수가 아님). m^* 값은 일반적으로 회귀 문제에서는 $m^* = [m/3]$로 선택하고 분류 문제에서는 $m^* = [\sqrt{m}]$로 선택한다.

간단한 예를 들어 배깅과 랜덤 포레스트를 비교하면 랜덤 포레스트의 강점을 쉽게 이해할 수 있다. 데이터 세트의 설명변수에 매우 강한 예측 변수 하나와 중간 정도로 강한 예측 변수 몇 개가 포함되어 있다고 가정하자. 배깅을 적용하면 대부분의 의사결정나무들이 최상위 분할(top split)에서 이 강한 예측 변수를 선택하게 된다. 따라서, 각 부트스트랩 샘플에서 생성된 의사결정나무들이 서로 매우 유사해지고 이로 인해 개별 나무들의 예측값이 강한 상관관계를 가지게 된다. 상관관계가 높은 값들을 평균 내는 것은, 서로 상관관계가 없는 값들을 평균 내는 것보다 분산을 줄이는 효과가 크지 않다. 따라서 이 경우 배깅을 사용해도 단일 의사결정나무 모형에 비해 분산이 크게 감소

하지 않는다.

랜덤 포레스트는 각 분할에서 고려하는 예측 변수의 개수를 제한함으로써 이 문제를 해결한다. 즉, 전체 예측 변수 개수 m개 중에서 m^*개만을 무작위로 선택하여 분할 후보로 사용하기 때문에, 평균적으로 $(m - m^*)/m$ 비율의 분할에서 매우 강한 예측 변수가 아예 고려되지 않게 되고 다른 예측 변수들이 분할 과정에서 더 많이 사용될 수 있는 기회를 얻게 된다. 이 과정을 통해 각 부트스트랩 샘플에서 생성된 의사결정나무 간의 상관관계를 크게 낮출 수 있고, 배깅에 비해 효과적으로 분산을 감소시킬 수 있는 것이다.

변수 중요도

배깅과 랜덤 포레스트는 단일 의사결정나무 모형에 비교할 때 분산을 감소시키고 결과적으로 예측 성능이 뛰어나다. 그러나, 단일 의사결정모형의 경우에는 학습 결과 어떠한 설명변수가 중요한 역할을 하는지 쉽게 나타내는 반면 배깅과 랜덤 포레스트를 이용할 경우 이러한 해석이 쉽지 않다는 단점이 있다.

그렇지만, 배깅과 랜덤 포레스트를 사용할 때도 설명변수의 중요도를 측정하는 방법이 있다. 배깅과 랜덤 포레스트 과정에서, 특정 설명변수를 기준으로 분할할 때 잔차제곱합(또는 분류에서는 지니 지수)의 총감소량을 모든 B개의 의사결정나무에 대해 평균낸 값을 사용한다. 각 설명변수에 의해 잔차제곱합이 감소한 정도는 해당 변수가 갖는 중요도를 나타낸다. randomForest R 패키지[1)]에서 importance(type=2) 명령은 이러한 변수 중요도(variable importance 또는 feature importance)를 나타낸다. 해당 패키지에서는 importance(type=2) 명령이 X_j 변수를 기준으로 분할할 때 노드 불순도(node impurity)의 총감소량을 모든 의사결정나무에 대해 평균낸 값이라고 설명하고 있는데, 노드 불순도의 총감소량이 회귀 문제에서는 잔차제곱합의 총감소량을 뜻한다.

한편, 랜덤 포레스트에서는 이와 유사하지만 다른 방식으로 측정한 변수 중요도를 더욱 많이 사용한다. 원래의 훈련 데이터에서 부트스트랩 샘플을 만들 때 사용되지 않고 남은 데이터 샘플을 아웃 오브 백(out-of-bag, 이하 OOB) 샘플이라 한다. b번째 부

1) 자세한 내용은 https://github.com/cran/randomForest을 참고하라.

트스트랩 샘플 Z^{*b}을 통해 의사결정나무 모형을 추정하면, 이 경우의 OOB 샘플을 이용하여 아래와 같이 잔차제곱합을 계산할 수 있다.

$$OOBMSE_b = \frac{1}{n_{OOB,b}} \sum_{i=1:i \in OOB_b}^{n_{OOB,b}} (y_i - \hat{y_i})^2$$

이때 $n_{OOB,b}$는 b번째 OOB 샘플의 수를 나타낸다. 그리고 j번째 설명변수 X_j를 무작위로 섞은 뒤(random permutation) OOB 샘플의 잔차제곱합을 계산한다.

$$OOBMSE_b(X_j permuted) = \frac{1}{n_{OOB,b}} \sum_{i=1:i \in OOB_b}^{n_{OOB,b}} (y_i - \hat{y_i}(X_j permuted))^2$$

만약, X_j가 주어진 의사결정나무에서 예측력을 갖고 있지 않다면, X_j를 무작위로 순열(permutation)해도 OOB 샘플의 잔차제곱합에 거의 영향을 미치지 않을 것이다. 반면, X_j가 해당 의사결정나무에서 중요한 변수로 사용되었다면, X_j를 무작위로 섞으면 OOB 샘플의 잔차제곱합이 크게 증가할 것이다. 따라서, 이러한 무작위 순열로 인해 증가한 MSE 값을 모든 의사결정나무에 대해 평균낸 값이 X_j의 중요도를 측정하는 지표로 사용된다.

$$\frac{1}{B} \sum_{b=1}^{B} (OOBMSE_b(X_j permuted) - OOBMSE_b)$$

이를 순열 중요도(permutation importance)라고도 하는데, 랜덤 포레스트에서 변수 중요도를 측정하는 도구로 사용한다.

randomForest R 패키지에서 importance(type=1) 명령은 위 순열 중요도를 두 MSE 차이($OOBMSE_b(X_j permuted) - OOBMSE_b$)의 표준 편차로 나눈 값을 제시한다.

참고 보루타 알고리즘(Boruta algorithm)

랜덤 포레스트의 모형으로 변수 중요도를 측정하는 방법은 다양한데, Speiser et al.(2019)는 13개의 다양한 방법들을 여러 데이터 세트에 적용하여 비교하였고 그 중 보루타 알고리즘의 성능이 좋다는 것을 밝혔다. Kursa and Rudnicki(2010)가 소개한 보루타 알고리즘은 랜덤 포레스트를 기반으로 중요 변수들을 안정적으로 선택하는 기법으로, 각 변수에 대해 순열 중요도를 그 표준편차로 나누어 계산하는 Z-score를 변수 선택의 척도로 사용한다.

보루타 알고리즘은 다음과 같은 단계로 실행된다.

1) 모든 변수의 복사본을 추가하여 데이터 세트를 확장한다.
2) 추가된 변수들을 섞어서 종속변수와의 상관관계를 제거한다(이를 Shadow Attributes 라 칭함).
3) 확장된 데이터 세트를 이용하여 랜덤 포레스트를 실행하고 각 변수의 Z-score를 수집한다.
4) Shadow Attributes의 Z-score 중 최댓값(Maximum Z-score among Shadow Attributes, 이하 'MZSA')을 구한 후, MZSA보다 Z-score가 큰 모든 변수에 히트를 할당(assign a hit)한다.
5) 4에 해당하지 않는 변수의 경우, MSZA에 대한 양측 동등성 검정(two-sided equality test)을 수행한다.
6) MZSA보다 Z-score가 유의하게 작은 변수를 중요하지 않은 변수로 간주하고 데이터 세트에서 모두 제거한다.
7) MZSA보다 Z-score가 유의하게 큰 변수를 중요한 변수로 간주한다.
8) 모든 Shadow Attributes를 제거한다.
9) 모든 변수에 중요도가 할당되거나 또는 랜덤 포레스트의 최대 실행 횟수에 도달할 때까지 위 절차를 반복한다.

데이터 세트에 포함된 변수의 수가 많으면 보루타 알고리즘을 실행할 때 모든 변수가 중요하거나 중요하지 않은 두 종류로 분명히 분류되기보다는 중요한 변수(Confirmed Important), 중요하지 않은 변수(Confirmed Unimportant), 결정하기 힘든 변수(Tentative) 등 세 가지로 분류된다. 보루타 알고리즘의 R 패키지는 랜덤 포레스트 최대 실행 횟수의 기본값(Default)을 100으로 정하고 있는데, 이 경우 랜덤 포레스트를 100번 실행하여 각 변수의 Z-score의 평균, 중위값 등을 구할 수 있다.

5.4 부스팅

부스팅(boosting)은 원래 분류 문제를 위해 개발되었으나 회귀 문제에도 널리 사용되고 있다. 부스팅은 여러 개의 약한 학습기(weak learners)를 결합하여 예측 성능을 향상시키는 앙상블 학습(ensemble learning) 방법이다. 배깅과 마찬가지로 부스팅도 다양한 예측 모형(예측력이 낮은 모형)에 적용할 수 있다.

앞서 살펴본 바와 같이 배깅은 다음과 같은 과정으로 이루어진다. 1) 부트스트랩 방법을 사용하여 원본 훈련 데이터 세트의 여러 복사본(부트스트랩 샘플)을 생성한다. 2) 각 부트스트랩 샘플에 대해 별도의 의사결정나무를 학습한다. 3) 여러 의사결정나무를 결합하여 하나의 예측 모형을 만든다. 이 과정에서 각 의사결정나무는 각각의 부트스트랩 샘플에서 학습되므로 서로 영향을 주지 않는다.

반면, 부스팅은 순차적으로(sequentially) 학습을 진행한다. 각 의사결정나무는 이전에 학습된 의사결정나무의 정보를 활용하여 성장한다. 부스팅은 부트스트랩 샘플을 사용하지 않고, 원본 데이터가 반복적으로 수정되면서 새로운 의사결정나무를 학습한다. 부스팅은 여러 개의 약한 학습기를 결합하면서 점진적으로 예측 성능을 향상시키는 방식으로 동작한다.

부스팅의 알고리즘은 다음과 같다.

1) 우선 훈련 데이터의 모든 $i=1,2,\cdots,n$에 대해 $\hat{f}(x)=0$ 그리고 $r_i=y_i$로 설정한다.

2) 각 $b=1,2,\cdots,B$에 대해 아래 절차를 반복한다.

   2.1 $\boldsymbol{r}=(r_1,\cdots,r_n)^T$인 $(\boldsymbol{X},\boldsymbol{r})$ 데이터에 대해 d개의 분할을 가진(즉, $d+1$개의 터미널 노드를 가진) 의사결정나무 $\hat{f}^b$를 학습한다.

   2.2 $\hat{f}$를 아래와 같이 새로운 의사결정나무의 수축된 버전을 더하여 업데이트한다.

$$\hat{f}(x)=\hat{f}(x)+\lambda\hat{f}^b(x)$$

   2.3 잔차를 아래와 같이 업데이트한다.

$$r_i=r_i-\lambda\hat{f}^b(x_i)$$

3) 부스팅 모형의 예측치는 아래와 같이 계산한다.

$$\hat{f}(x) = \sum_{b=1}^{B} \lambda \hat{f}^{b}(x)$$

큰 의사결정나무를 한 번에 학습하는 것은 과대적합으로 이어질 수 있다. 반면, 부스팅은 천천히 학습하는 방식을 사용한다. 배깅과 달리, 부스팅에서는 이전에 학습된 의사결정나무들이 이후 의사결정나무의 학습 과정에 강하게 영향을 미친다. 현재 학습된 모형이 주어지면, 잔차에 대해 새로운 의사결정나무를 학습한다. 그 후, 이 새로운 의사결정나무를 기존 모형에 추가하여 잔차를 업데이트한다. 부스팅에서 각 의사결정나무는 매우 작을 수 있으며, 터니널 노드의 수는 하이퍼파라미터 d에 의해 결정된다. 잔차에 대해 작은 의사결정나무를 반복적으로 학습함으로써, 예측이 잘되지 않는 부분을 점진적으로 개선할 수 있다. 수축(shrinkage) 파라미터 λ는 학습 속도를 더욱 느리게 조절하여, 다양한 형태의 의사결정나무가 잔차를 효과적으로 보정할 수 있도록 한다.

의사결정나무의 수 B는 부스팅 모형의 복잡도를 결정한다. B가 너무 크면 과대적합이 발생할 수 있지만, 과대적합은 천천히 진행된다. B를 결정하기 위해 교차 검증을 사용할 수 있다. 수축 파라미터 λ는 양의 값을 가지는 작은 수인데, 보통 0.01 또는 0.001로 설정하는 경우가 많다. λ가 매우 작으면, 좋은 예측 성능을 얻기 위해 B를 매우 크게 설정해야 할 수도 있다. 회귀 트리에서 분할의 수 d는 부스팅 앙상블의 복잡도를 조절한다. 보통 $d = 1$로 놓고 터미널 노드가 두 개만 있는 약한 학습기를 사용하는 경우가 많다.

부스팅 알고리즘은 여러 종류가 있는데, 각각을 간단히 설명하면 아래와 같다.

AdaBoost(adaptive boosting)

기본적인 부스팅 알고리즘은 가중치를 활용하는 방식이 아니었는데, Freund and Schapire(1997)이 소개한 AdaBoost(adaptive boosting)는 이전 모형이 만든 오차가 큰 샘플에 더 높은 가중치를 부여하여 이후 모형이 해당 데이터를 더 집중적으로 학습하도록 유도한다. 최종 예측은 개별 모형의 가중치를 반영한 가중 평균으로 결정된다.

Gradient Boosting Machine(GBM)

Freidman(2001)이 소개한 그래디언트 부스팅은 오류를 보정하는 방식이 AdaBoost와 다르다. 이전 모형이 만든 잔차를 새로운 모형이 학습하도록 설계되는데, 잔차에 대해 경사 하강법(gradient descent)을 적용하여 학습하는 방식이다.

XGBoost(extreme gradient boosting)

Chen and Guestrin(2016)이 소개한 XGBoost는 그래디언트 부스팅을 개선한 알고리즘으로, 정규화(regularization) 기능을 추가하여 기존 그래디언트 부스팅의 약점인 과대적합을 방지한다. 특히 XGBoost는 병렬 CPU 환경에서 병렬 학습이 가능하기 때문에 기존 순차적으로 학습하는 그래디언트 부스팅보다 빠르게 학습할 수 있습니다. XGBoost는 머신러닝 경진대회인 캐글 경연대회(Kaggle contest)에서 상위를 차지한 많은 데이터 과학자가 이를 이용하면서 널리 알려졌습니다.

LightGBM(light gradient boosting machine)

Ke et al.(2017)이 소개한 LightGBM은 그래디언트 부스팅 기반 알고리즘으로 XGBoost보다 학습 속도가 빠르고 메모리 효율성이 뛰어나다. 대용량 데이터를 빠르게 처리하는 것이 가능하다. 의사결정나무 성장 방식은 리프 중심(tree leaf-wise) 성장 방식을 사용하여 학습 속도를 높인다.

5.5 의사결정나무 기반 모형들의 추정 실습

5.5.1 R 코드 실습

간단한 횡단면 자료를 이용하여 단일 의사결정나무, 배깅, 랜덤 포레스트, 부스팅 등 의사결정나무 기반 모형들을 학습하는 사례를 살펴보자. MASS 패키지의 Boston 데이터는 미국 보스턴 교외의 주택가격 관련 데이터이다. 표본의 크기는 506이고 총 14개의 변수를 포함하고 있다. 11번 줄은 전체 표본 중 절반을 훈련 데이터로 지정한다.

tree 패키지는 의사결정나무를 구현하는 패키지로 CART 알고리즘을 기반으로 한다. 간단한 구조로 의사결정나무의 원리를 이해하고 시각화해서 보기에 적합하다.

13번 줄의 tree 함수는 회귀 의사결정나무 또는 분류 의사결정나무를 학습시킨다. medv(자가 소유 주택의 중위 가격)를 종속변수로 삼고 나머지 변수들을 설명변수로 지정하여, 훈련 데이터에 적용하여 회귀 의사결정나무를 학습시키는 것이다.

```
2  ## Regression Tree
3  install.packages('MASS')
4  library(MASS)
5  install.packages('tree')
6  library(tree)
7  
8  data(Boston, package="MASS")
9  
10 set.seed(20)
11 train = sample(1:nrow(Boston), nrow(Boston)/2)
12 
13 tree.boston = tree(medv~.,Boston, subset=train)
14 
15 summary(tree.boston)
16 par(cex = 1.5)
17 plot(tree.boston)
18 text(tree.boston,pretty=0)
```

15번 줄을 실행하면 아래와 같이 학습 결과를 제시한다. 터미널 노드의 수가 8개이고 사용된 설명변수가 rm, lstat, ptratio 등 3개인 것으로 나타났다. rm은 방의 개수, lstat은 저소득층 비율, ptraito는 학생-교수 비율을 나타낸다.

```
> summary(tree.boston)

Regression tree:
tree(formula = medv ~ ., data = Boston, subset = train)
Variables actually used in tree construction:
[1] "rm"      "lstat"   "ptratio"
Number of terminal nodes:  8
Residual mean deviance:  14.31 = 3506 / 245
Distribution of residuals:
   Min. 1st Qu.  Median    Mean 3rd Qu.    Max.
-11.720  -2.104  -0.103   0.000   1.896  28.200
> |
```

17번 줄과 18번 줄을 실행하면 아래와 같은 그림 파일을 제시한다. 각 터미널 노드의 값은 해당 조건이 만족하는 표본의 평균 medv이다.

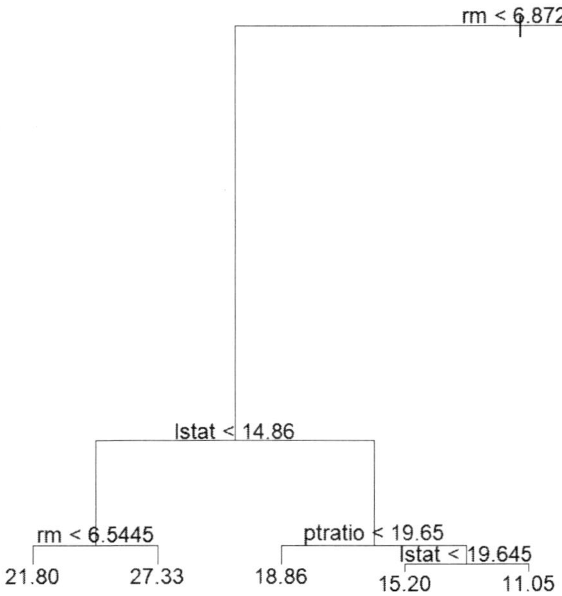

다음으로 비용–복잡도 가지치기의 예시를 살펴보자. 23번 줄에서 26번 줄은 5.1.1절에서 설명한 비용–복잡도 조율 파라미터 α를 교차 검증을 통해 구하는 것이다.

```
21 ## Cost-complexity pruning
22
23 cv.boston = cv.tree(tree.boston)
24 cv.boston
25
26 bk = cv.boston$k[which(cv.boston$dev == min(cv.boston$dev))]
27 # 최적 alpha
28
29 prune.boston = prune.tree(tree.boston, k=bk)
30 plot(prune.boston)
31 text(prune.boston,pretty=0)
32
33 yhat = predict(tree.boston,newdata=Boston[-train,])
34 boston.test = Boston[-train,"medv"]
35 mean((yhat-boston.test)^2)
```

29번 줄은 교차 검증을 통해 선택한 α를 대입해서 가지치기를 하는 것이다. 30번 줄과 31번 줄을 통해 그 결과를 살펴보면, 터미널 노드가 7개로 가지치기가 된 것을 확인할 수 있다.

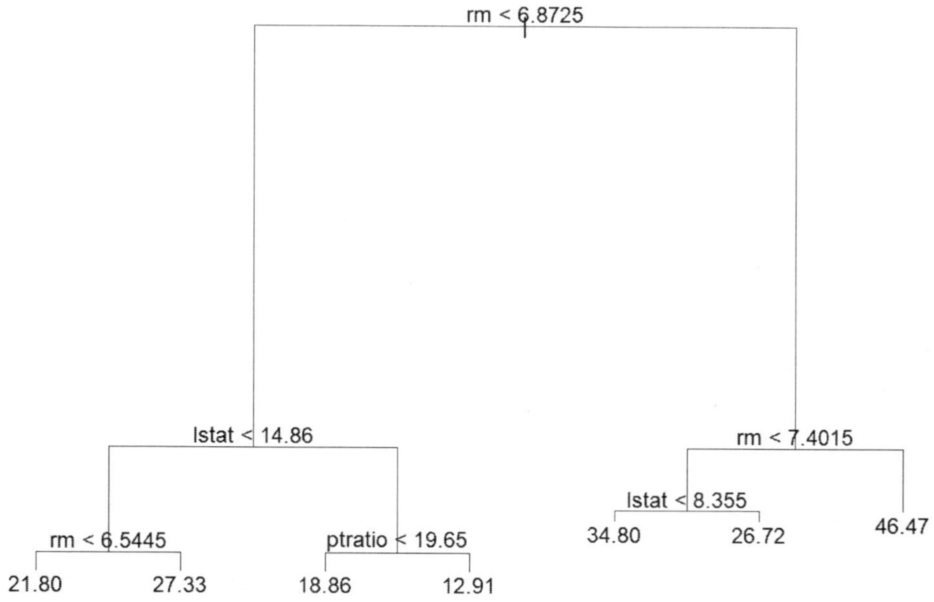

33번 줄에서 35번 줄은 이 학습된 의사결정나무 모형을 테스트 데이터에 적용하여 평균제곱오차를 계산하는 것이다. 아래와 같이 평균제곱오차가 27.41로 나타나는데, 단일 의사결정나무 모형은 분산이 크므로 예측력이 낮은 것이 잘 알려져 있다.

```
> mean((yhat-boston.test)^2)
[1] 27.41441
>
```

배깅

randomForest 패키지는 배깅과 랜덤 포레스트를 실행하기 위한 것이다. 배깅과 랜덤 포레스트 모두 randomForest 함수를 이용하여 학습하는데, mtry를 설정하는 방식에 따라 배깅과 랜덤 포레스트를 구별하여 학습시킬 수 있다. 43번 줄은 배깅을 학습하는 명령인데, mtry=13으로 설정한 것을 주목해야 한다. mtry는 가지를 분할할 때마다 분할 기준 후보로 무작위 선택하는 변수의 수를 나타낸다. Boston 데이터에서 전체 설명변수의 수가 13인데, 43번 줄에서 mtry를 전체 설명변수의 수와 동일하게 설정한다는 것은 랜덤 포레스트가 아니라 배깅을 실행한다는 것을 의미한다.

```
38 ## Bagging and random forest
39 install.packages('randomForest')
40 library(randomForest)
41
42 # Bagging(p = m), mtry: split할 때 모든 설명 변수 사용
43 bag.boston = randomForest(medv~.,data=Boston,subset=train, mtry=13,
   importance=TRUE)
44 bag.boston
45
46 yhat.bag = predict(bag.boston, newdata=Boston[-train,])
47 mean((yhat.bag-boston.test)^2)
48
49 # Variable importance
50 importance(bag.boston)
51 varImpPlot(bag.boston)
```

44번 줄을 실행해서 배깅의 결과를 살펴보면 아래와 같다. 500개 의사결정나무를 학습한 것을 보여준다. 46번 줄과 47번 줄은 테스트 데이터에 적용하여 평균제곱오차를 계산하는 것이다. 아래 결과에서와 같이 평균제곱오차가 15.87인 것으로 나타나, 앞서 단일 의사결정나무를 이용하였을 때보다 평균제곱오차가 크게 줄어든 것을 확인할 수 있다.

```
> bag.boston

Call:
 randomForest(formula = medv ~ ., data = Boston, mtry = 13, importance = TRUE,
subset = train)
               Type of random forest: regression
                     Number of trees: 500
No. of variables tried at each split: 13

          Mean of squared residuals: 17.23396
                    % Var explained: 81.72
> yhat.bag = predict(bag.boston, newdata=Boston[-train,])
> mean((yhat.bag-boston.test)^2)
[1] 15.86601
> 
```

50번과 51번 줄을 실행하면 배깅에서도 변수 중요도를 측정할 수 있는데, 이에 대해서는 아래 랜덤 포레스트 부분에서 자세히 설명하도록 하겠다.

랜덤 포레스트

```
54 # Random forest(p < m), mtry: split할 때 설명 변수 4개만 사용
55 rf.boston=randomForest(medv~., data=Boston, subset=train, mtry=4,
   importance=TRUE)
56 rf.boston
57
58 yhat.rf = predict(rf.boston,newdata=Boston[-train,])
59 mean((yhat.rf-boston.test)^2)
60
61 # Variable importance
62 importance(rf.boston)
63 varImpPlot(rf.boston)
```

55번 줄은 랜덤 포레스트 학습을 위해 randomForest 함수를 실행하는데, mtry=4로 설정한 것을 주목해야 한다. 다시 반복하자면, mtry를 전체 설명변수의 수로 설정하면 배깅을 학습하는 것이 되고 mtry=4처럼 전체 설명변수의 수보다 적게 설정하면 랜덤 포레스트를 학습하게 된다. 회귀의 경우 흔히 mtry을 전체 설명변수의 수의 3분의 1 정도를 설정하기 때문에, 이 예시에서 mtry를 4로 설정하였다. 그리고 importance=TRUE라 한 것은 변수 중요도를 측정하라는 것을 의미한다.

56번 줄을 실행하면 아래와 같이 랜덤 포레스트 모형을 학습한 결과를 제시한다. 58번 줄과 59번 줄은 테스트 데이터에 적용하여 평균제곱오차를 계산하는 것이다. 평균제곱오차가 15.03으로 나타났는데, 이는 배깅의 평균제곱오차보다 다소 줄어든 것이다. 배깅에 비해 랜덤 포레스트가 평균제곱오차를 줄이는 데 더 효과가 있음을 보여준다.

```
> rf.boston

Call:
 randomForest(formula = medv ~ ., data = Boston, mtry = 4, importance = TRUE,
subset = train)
               Type of random forest: regression
                     Number of trees: 500
No. of variables tried at each split: 4

          Mean of squared residuals: 13.74201
                    % Var explained: 85.43
> yhat.rf = predict(rf.boston,newdata=Boston[-train,])
> mean((yhat.rf-boston.test)^2)
[1] 15.02524
> |
```

62번 줄과 63번 줄을 실행하면 변수 중요도 측정 결과를 제시한다. 아래 결과에서 첫 번째 행인 %IncMSE는 importance(type=1)에 해당하고, 이는 5.3장의 변수 중요도 측정과 관련한 부분에서 설명하였듯이 OOB 샘플을 이용한 순열 중요도를 두 MSE 차이 ($OOBMSE_b(X_j permuted) - OOBMSE_b$)의 표준 편차로 나눈 값이다. 두 번째 행인 IncNodePurity는 importance(type=2)에 해당하고 각 설명변수에 의해 잔차제곱합이 감소한 정도를 나타낸다.

```
> # Variable importance
> importance(rf.boston)
          %IncMSE IncNodePurity
crim    12.263866     1254.4538
zn       3.597005      191.3421
indus   10.299537     1294.3201
chas     3.222514      160.9968
nox     12.523774      977.3165
rm      31.849293     7645.4300
age      6.636552      757.2710
dis     12.187455     1239.5202
rad      6.078005      184.7560
tax     10.583975      957.0154
ptratio 14.693229     1759.3116
black    6.057939      385.2408
lstat   24.876025     6299.2070
> |
```

이를 그림으로 살펴보면 아래와 같다. rm이 가장 중요하고, 그다음으로 lstat와 ptratio 순서인 것을 확인할 수 있다. 이는 변수 중요도를 측정하고 변수 중요도에 따른 순서를 나타내기는 하지만 몇 번째 변수까지가 중요한지를 판단할 수는 없다. 이후 랜덤 포레스트에서 변수 중요도를 측정하고 중요한 변수인지 아닌지를 검증하는 다양한 방법들이 연구되었다. 아래 5.5.3항에서는 그중 한 가지 방법인 보루타 알고리즘을 살펴볼 것이다.

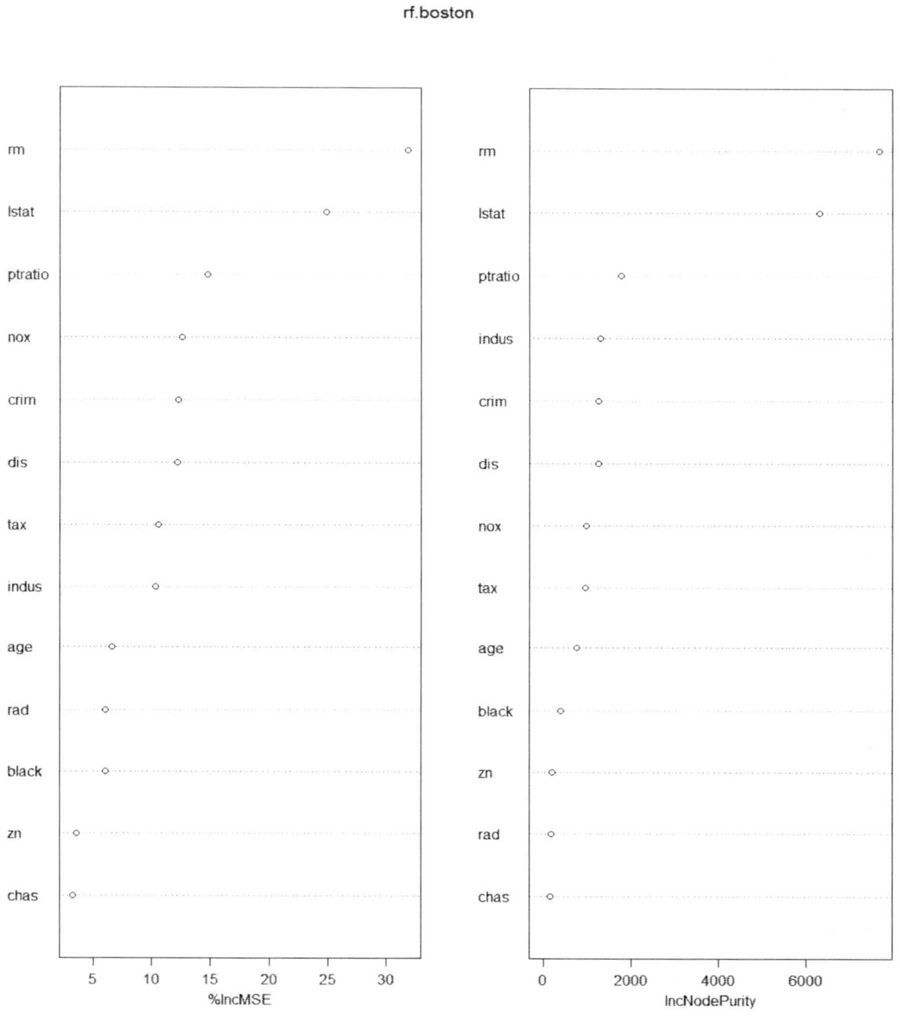

randomForest 패키지는 변수 중요도를 측정하고 제시하지만, 각 설명변수가 종속변수와 양(+)의 상관관계를 가지는지 음(−)의 상관관계를 가지는 그리고 그 정도가 얼마나 큰지 등에 대해서는 나타내지 못한다. 이를 위해서는 pdf 패키지를 이용하여 부분의존 그림(partial dependence plot, PDP)으로 살펴볼 수 있다. 부분 의존 그림은 머신러닝 모형에서 특정 설명변수가 예측값에 어떤 영향을 주는지를 보여주는 것이다. 즉, 각 설명변수의 한계 효과(marginal effect)를 제시한다.

```
65 # Partial dependence plot: Marginal effect
66 install.packages('pdp')
67 library(pdp)
68 partialPlot_rm <- partial(rf.boston, pred.var = "rm")
69 plot(partialPlot_rm, type ='l')
70 partialPlot_lstat <- partial(rf.boston, pred.var = "lstat")
71 plot(partialPlot_lstat, type ='l')
```

68번 줄에서 71번 줄은 rm과 lstat 변수의 부분 의존 그림을 나타낸다. 이를 실행하면 아래와 같이 각 변수가 종속변수에 미치는 한계 효과를 제시한다.

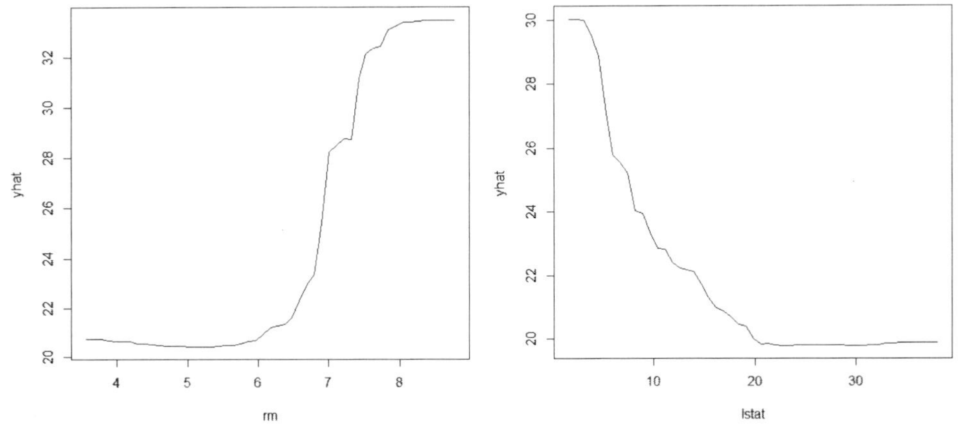

그래디언트 부스팅

gbm 패키지는 기본적으로 Freidman(2001)의 그래디언트 부스팅(gradient boosting machine, GBM)을 실행하기 위한 것이며, Freund and Schapire(1997)의 AdaBoost 알고리즘도 실행할 수 있다.

```
## Boosting: gradient boosting machine
install.packages('gbm')
library(gbm)
set.seed(123)
gbm.boston = gbm(medv~., data=Boston[train,], distribution='gaussian',
                 n.trees=10000, interaction.depth=2, shrinkage=0.01)
```

78번 줄이 그래디언트 부스팅 모형을 학습하는 것이다. distribution='gaussian'은 연속형 변수를 예측하는 회귀의 경우임을 나타내고, 범주형 변수를 예측하는 분류를 위해서는 distribution='bernoulli'라 지정하면 된다. n.trees는 부스팅 과정에서 생성할 의사결정나무의 수를 의미한다. interaction.depth는 변수 간 상호작용의 최대 깊이를 지정하는데, 각 의사결정나무에서 몇 단계까지 분할할 수 있는지를 뜻한다. interaction.depth=1로 정하면 터미널 노드의 수는 2개(2의 1승)까지 가능하고, interaction.depth=2로 정하면 터미널 노드의 수는 4개(2의 2승)까지 가능하다. 부스팅은 이처럼 약한 학습기를 여러 번 반복하면서 점진적으로 예측력을 향상시켜 나간다. shrinkage는 수축 파라미터 λ로 학습 속도를 나타낸다.

```
87 yhat.gbm = predict(gbm.boston, Boston[-train,], n.trees=10000)
88 mean((yhat.gbm - Boston[-train,]$medv)^2)
```

87번 줄과 88번 줄은 테스트 데이터에 적용하여 평균제곱오차를 계산하는 것이다. 평균제곱오차가 13.55로 나타났는데, 그래디언트 부스팅이 평균제곱오차를 줄이는 데 큰 효과가 있음을 보여준다.

```
> yhat.gbm = predict(gbm.boston, Boston[-train,], n.trees=10000)
> mean((yhat.gbm - Boston[-train,]$medv)^2)
[1] 13.54663
> |
```

```
90 summary(gbm.boston, plotit = TRUE)
91 
92 # Partial dependence plot
93 plot(gbm.boston, i='rm')
94 plot(gbm.boston, i='lstat')
```

그래디언트 부스팅도 변수 중요도를 제시한다. 90번 줄을 실행하면 아래와 같은 결과를 나타낸다.

```
> summary(gbm.boston, plotit = TRUE)
              var    rel.inf
rm             rm 40.3348951
lstat       lstat 26.7756050
dis           dis  7.9362520
crim         crim  6.5217156
ptratio ptratio  4.3393386
black       black  3.0928408
nox           nox  2.8713239
age           age  2.5349408
chas         chas  1.8489866
tax           tax  1.6843309
indus       indus  1.0556472
rad           rad  0.8615817
zn             zn  0.1425420
> |
```

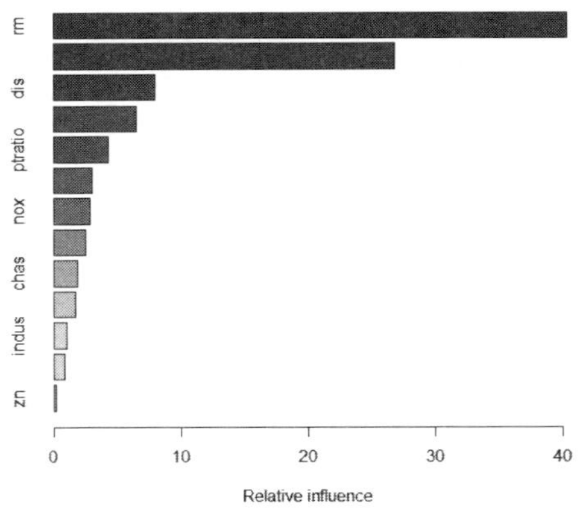

93번 줄과 94번 줄은 rm과 lstat 변수의 부분 의존 그림을 제시한다.

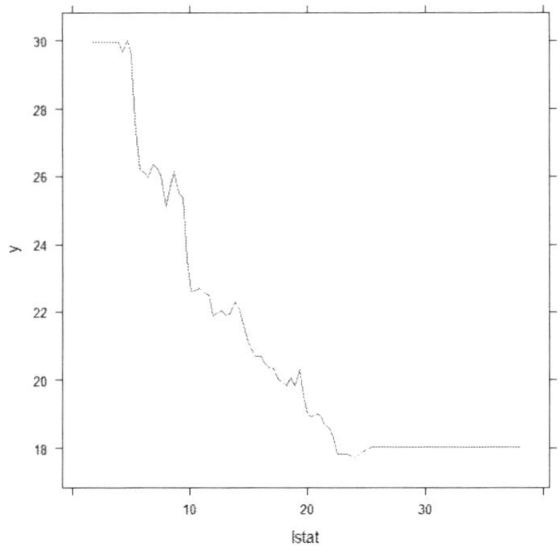

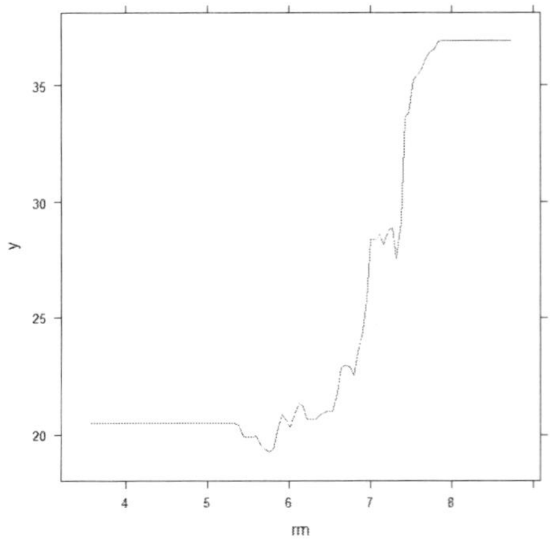

XGBoost

xgboost 패키지[2]는 XGBoost를 실행하기 위한 것이다. 그런데, xgboost 함수를 사용할 때는 입력 데이터를 matrix 형식으로 변환해야 하며 data.frame 형식을 직접 사용

2) 자세한 내용은 https://github.com/dmlc/xgboost을 참고하라.

할 수 없다. 101번 줄에서 109번 줄까지는 훈련 데이터와 테스트 데이터를 matrix 형식으로 변환하는 것이다.

```
97  ## XGBoost
98  install.packages('xgboost')
99  library(xgboost)
100
101 train_data <- Boston[train, ]
102 test_data <- Boston[-train, ]
103
104 # matrix 형식으로 변환
105 x_train <- model.matrix(medv ~ . - 1, data = train_data)
106 y_train <- train_data$medv
107
108 x_test <- model.matrix(medv ~ . - 1, data = test_data)
109 y_test <- test_data$medv
```

```
111 xgb.boston = xgboost(data = x_train, label = y_train,
112   objective = "reg:squarederror", nrounds = 10000, max_depth = 2,
      eta = 0.01, verbose = 0, nthread=10)
```

111번 줄은 XGBoost 모형을 학습하는 것이다. objective = "reg:squarederror"은 연속형 변수를 예측하는 회귀의 경우임을 나타내고, 이 설정이 xgboost 함수의 기본이기 때문에 생략해도 된다. 범주형 변수를 예측하는 분류를 위해서는 이진 분류인 경우 objective = "binary:logistic" 그리고 다중 클래스 분류인 경우 objective = "multi:softprob"로 지정하면 된다.

nrounds는 부스팅 과정에서 생성할 의사결정나무의 수를 의미한다. max_depth는 각 의사결정나무의 최대 깊이를 나타내고, max_depth=2이면 각 의사결정나무의 터미널 노드가 4개까지 가능하다는 것을 나타낸다. eta는 수축 파라미터로 학습 속도를 의미한다. verbose = 0 학습 진행 메시지를 보이지 않게 한다.

nthread는 병렬 연산을 위해 사용할 CPU 스레드 개수를 지정한다. nthread=1은 단일 스레드를 사용하는 것으로 가장 느리고, nthread를 병렬 가능한 최대 숫자로 지정하면 가장 빠르게 학습된다. 병렬 계산이 가능하여 계산 속도가 빠른 것이 XGBoost의 장점 중 하나이므로, 이를 잘 활용하는 것이 바람직하다.

```
121 yhat.xgb <- predict(xgb.boston, newdata = x_test)
122 mean((yhat.xgb - y_test)^2)
```

121번 줄과 122번 줄은 테스트 데이터에 적용하여 평균제곱오차를 계산하는 것이다. 평균제곱오차가 15.33인데, 이 사례에서는 그래디언트 부스팅보다 평균제곱오차가 큰 것으로 나타났다.

```
> yhat.xgb <- predict(xgb.boston, newdata = x_test)
> mean((yhat.xgb - y_test)^2)
[1] 15.32534
> 
```

```
124 importance_matrix <- xgb.importance(model = xgb.boston)
125 print(importance_matrix)
126 xgb.plot.importance(importance_matrix)
```

XGBoost도 변수 중요도를 제시하는데, 124번에서 126번 줄을 실행하면 아래와 같은 결과를 나타낸다. Gain은 해당 변수가 예측 성능 향상에 기여한 정도로 가장 많이 사용되는 것이다. 참고로 Cover는 해당 변수가 분할에 사용된 샘플의 비율을 나타내고, Frequency는 해당 변수가 분할에서 사용된 횟수 비율을 나타낸다. Frequency가 높으면 해당 변수가 자주 사용된 변수라는 것을 나타내지만 반드시 예측에 크게 기여한 것은 아닐 수 있다.

```
> importance_matrix <- xgb.importance(model = xgb.boston)
> print(importance_matrix)
    Feature         Gain       Cover   Frequency
 1:      rm 0.5026976145 0.138768115 0.133893463
 2:   lstat 0.3263077919 0.123605883 0.116719879
 3:     dis 0.0486206564 0.102451449 0.108418753
 4:    crim 0.0337396716 0.115602314 0.131776172
 5: ptratio 0.0321119003 0.019355924 0.022382793
 6:     nox 0.0206728740 0.076451907 0.080188204
 7:   black 0.0092407152 0.125919044 0.136111578
 8:     age 0.0082823123 0.155228833 0.153789279
 9:     tax 0.0071000469 0.034381588 0.026819022
10:     rad 0.0052991839 0.021646554 0.018450681
11:    chas 0.0029902020 0.002900938 0.005612502
12:   indus 0.0027324596 0.063708176 0.051823223
13:      zn 0.0002045715 0.019979276 0.014014451
> 
```

126번 줄은 아래 그림을 제시한다.

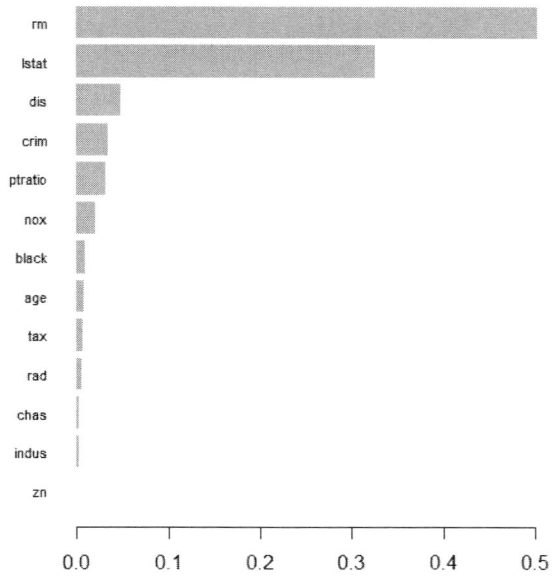


```
128 # Partial dependence plot
129 x_train_df <- as.data.frame(x_train)
130 pdp_rm <- partial(xgb.boston, pred.var = "rm", train = x_train_df)
131 autoplot(pdp_rm)
132 pdp_lstat <- partial(xgb.boston, pred.var = "lstat", train = x_train_df)
133 autoplot(pdp_lstat)
```

130번에서 133번 줄은 rm과 lstat 변수의 부분 의존 그림을 제시한다.

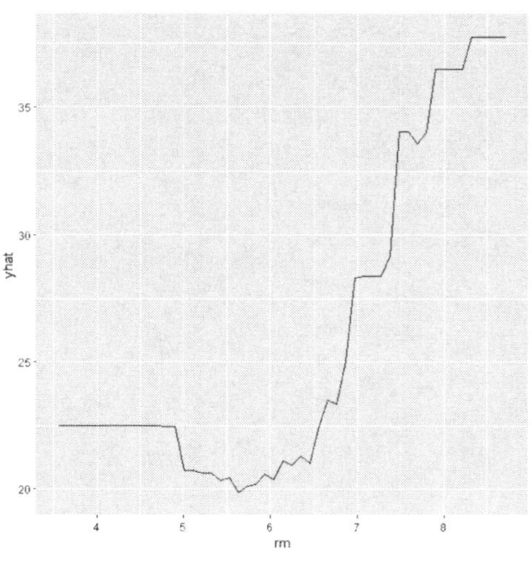

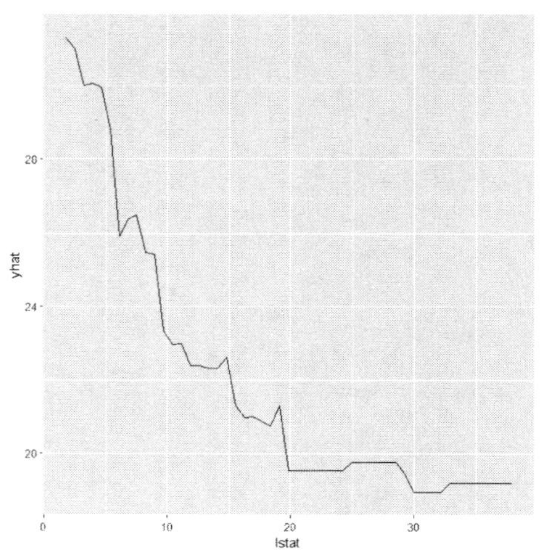

5.5.2 파이썬 코드 실습

5.5.1항에서 설명한 내용을 파이썬 코드로 실행해 보자. 우선 아래에서는 필요한 주요 라이브러리를 불러온다.

```
import pandas as pd
import numpy as np
from sklearn.tree import DecisionTreeRegressor
from sklearn.ensemble import RandomForestRegressor
from sklearn.metrics import mean_squared_error
from sklearn.tree import DecisionTreeRegressor, plot_tree
from sklearn.model_selection import cross_val_score
import xgboost as xgb
```

```
# Boston housing 데이터셋 원본
url = "http://lib.stat.cmu.edu/datasets/boston"
raw_df = pd.read_csv(url, sep="\s+", skiprows=22, header=None)

data = np.hstack([raw_df.values[::2, :], raw_df.values[1::2, :2]])
target = raw_df.values[1::2, 2]

columns = [
    "CRIM", "ZN", "INDUS", "CHAS", "NOX", "RM", "AGE",
    "DIS", "RAD", "TAX", "PTRATIO", "B", "LSTAT"
]
X = pd.DataFrame(data, columns=columns)
y = pd.Series(target, name="MEDV")
```

데이터 세트를 불러오고, 아래에서 훈련 데이터와 테스트 데이터로 나눈다.

```
# Train/test split
np.random.seed(20)
train_idx = np.random.choice(X.index, size=int(len(X)/2), replace=False)
test_idx = list(set(X.index) - set(train_idx))
X_train, X_test = X.loc[train_idx], X.loc[test_idx]
y_train, y_test = y[train_idx], y[test_idx]
```

```
# 전체 트리 생성
tree_full = DecisionTreeRegressor(
    criterion="squared_error",
    splitter="best",
    min_samples_split=2,
    min_samples_leaf=2,
    random_state=20
)
tree_full.fit(X_train, y_train)

# Cost-complexity pruning path
path = tree_full.cost_complexity_pruning_path(X_train, y_train)
ccp_alphas = path.ccp_alphas
impurities = path.impurities

# 교차 검증을 통한 alpha 선택
mse_scores = []
for alpha in ccp_alphas:
    model = DecisionTreeRegressor(
        criterion="squared_error",
        splitter="best",
        min_samples_split=2,
        min_samples_leaf=1,
        random_state=20,
        ccp_alpha=alpha
    )
    scores = cross_val_score(model,X_train,y_train,
                             scoring='neg_mean_squared_error',cv=5)
    mse_scores.append(-np.mean(scores))

# 최적 alpha 선택
best_alpha = ccp_alphas[np.argmin(mse_scores)]
```

이는 의사결정나무를 학습시키고, 교차 검증을 통해 비용-복잡도 조율 파라미터 α를 구하는 것이다.

```
# Pruned Tree 학습
pruned_tree = DecisionTreeRegressor(
    criterion="squared_error",
    splitter="best",
    min_samples_split=2,
    min_samples_leaf=1,
    random_state=20,
    ccp_alpha=best_alpha
)
pruned_tree.fit(X_train, y_train)

# 테스트셋 예측 및 MSE 계산
yhat = pruned_tree.predict(X_test)
test_mse = mean_squared_error(y_test, yhat)
print("Test MSE:", test_mse)
✓ 0.0s
```

```
Test MSE: 14.787540365036778
```

이는 비용-복잡도 가지치기를 실행하고 테스트 데이터의 평균제곱오차를 계산하는 부분이다.

```
# 트리 시각화
plt.figure(figsize=(12, 6))
plot_tree(pruned_tree, feature_names=X.columns, filled=True, rounded=True)
plt.title("Pruned Regression Tree")
plt.show()

(test_mse, best_alpha, pruned_tree.get_depth(), pruned_tree.get_n_leaves())
```

이 부분을 실행하면 가지치기된 의사결정나무를 제시하는데, R에서의 결과보다 터미널 노드가 훨씬 많은 커다란 의사결정나무가 나타난다. 세부 설정에 차이가 있기 때문인데, 이에 대한 자세한 설명은 생략한다.

배깅

배깅을 실행하려면 RandomForestRegressor 함수에서 max_features를 전체 설명변수의 수로 설정한다. 이는 R의 randomForest 함수와 동일한 방식이다.

```
## Bagging Model
bagging_model = RandomForestRegressor(n_estimators=100, max_features=X_train.shape[1],
                                      min_samples_split=2, min_samples_leaf=1,
                                      random_state=20, oob_score=True)
bagging_model.fit(X_train, y_train)
✓ 0.1s
```

```
RandomForestRegressor(max_features=13, oob_score=True, random_state=20)
```

예측오차 계산은 아래와 같다. 변수 중요도 계산도 가능한데, 이는 아래 랜덤 포레스트에서 살펴보도록 한다.

```
# 예측 오차 계산
yhat_bag = bagging_model.predict(X_test)
bagging_mse = mean_squared_error(y_test, yhat_bag)
print("Bagging Test MSE:", bagging_mse)
```

```
Bagging Test MSE: 8.995037434782605
```

랜덤 포레스트

아래는 RandomForestRegressor 함수에서 max_features를 전체 설명변수의 3분의 1에 해당하는 4로 설정하여 랜덤 포레스트 모형을 학습시킨다.

```
# Random Forest
rf = RandomForestRegressor(n_estimators=100, max_features=4, random_state=42)
rf.fit(X_train, y_train)
y_pred_rf = rf.predict(X_test)
rf_mse = mean_squared_error(y_test, y_pred_rf)
```

변수 중요도 계산은 다음과 같이 실행할 수 있다.

```
# 변수 중요도 계산
rf_importances = rf.feature_importances_
importance_df = pd.DataFrame({
    'Feature': X_train.columns,
    'Importance': rf_importances
}).sort_values(by='Importance', ascending=False)
```

```
import seaborn as sns
import matplotlib.pyplot as plt

plt.figure(figsize=(10, 5))
sns.barplot(x="Importance", y="Feature", data=importance_df)
plt.title("Variable Importance (Random Forest)")
plt.tight_layout()
plt.show()
```

이를 실행하면 아래 결과를 제시한다.

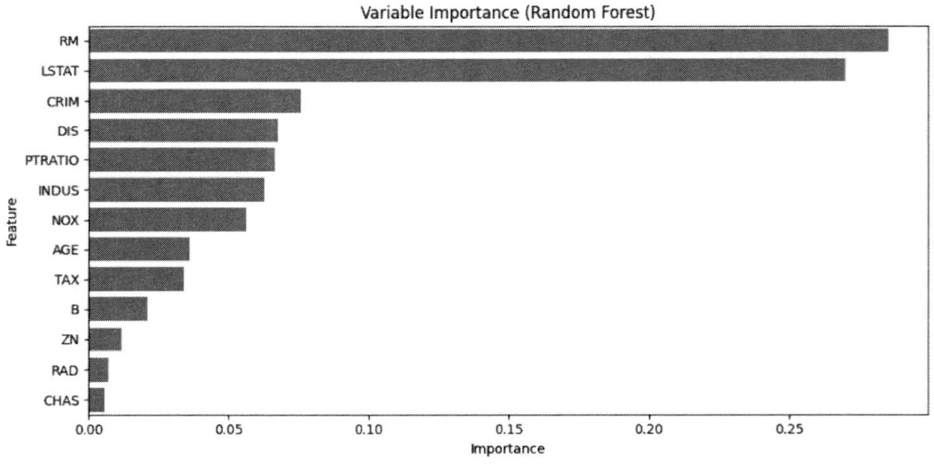

그래디언트 부스팅

다음은 그래디언트 부스팅 모형을 학습하고 예측오차를 계산하는 것이다.

```
# Boosting: gradient boosting machine
from sklearn.ensemble import GradientBoostingRegressor
from sklearn.inspection import PartialDependenceDisplay

gbm = GradientBoostingRegressor(
    n_estimators=10000,
    learning_rate=0.01,
    max_depth=2,
    random_state=123
)
gbm.fit(X_train, y_train)

# 예측오차 계산
y_pred_gbm = gbm.predict(X_test)
test_mse_gbm = mean_squared_error(y_test, y_pred_gbm)

print("Boosting Test MSE:", test_mse_gbm)
```

```
Boosting Test MSE: 10.856857844995265
```

```
# 변수 중요도 계산
feature_importance = pd.Series(gbm.feature_importances_,
                               index=X_train.columns).sort_values(ascending=False)

feature_importance
```

변수 중요도를 계산하고, 아래와 같이 그림으로 나타낼 수 있다.

```
fig, ax = plt.subplots(1, 2, figsize=(12, 5))
PartialDependenceDisplay.from_estimator(gbm, X_train, ['RM'], ax=ax[0])
PartialDependenceDisplay.from_estimator(gbm, X_train, ['LSTAT'], ax=ax[1])
plt.tight_layout()
plt.show()
```

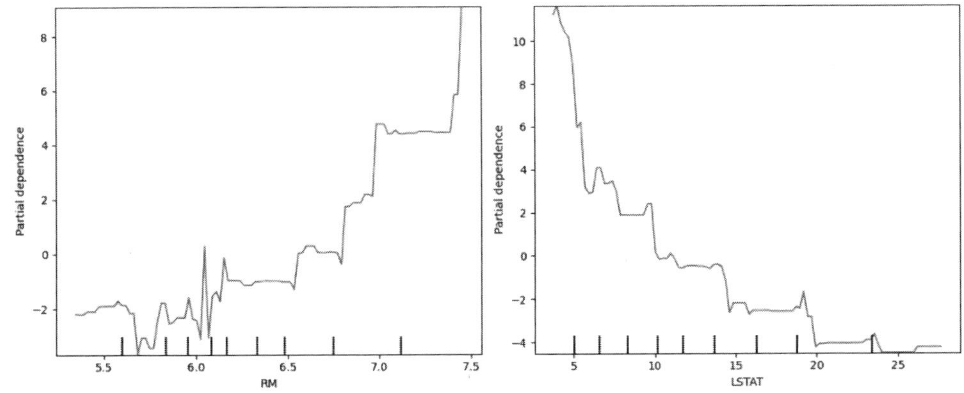

XGBoost

다음은 XGBoost 모형을 학습하고 예측오차를 계산한다. 참고로 xgb.XGBRegressor 함수로 학습시 GPU 사용도 가능한데, 대규모 데이터에서는 tree_method='gpu_hist' 옵션을 적용할 수 있다.

```
# XGBoost with importance
xgb_model = xgb.XGBRegressor(objective="reg:squarederror", n_estimators=10000,
                             max_depth=2,learning_rate=0.01,verbosity=0,n_jobs=1)
xgb_model.fit(X_train, y_train)
y_pred_xgb = xgb_model.predict(X_test)
```

```
# 예측 오차 계산
xgb_mse = mean_squared_error(y_test, y_pred_xgb)
print("XGBoost Test MSE:", xgb_mse)
```

```
XGBoost Test MSE: 10.201755550232688
```

변수 중요도를 계산하고 결과를 나타내는 것은 아래와 같다.

```
# 변수 중요도
xgb_importance = xgb_model.feature_importances_

xgb_importance_df = pd.DataFrame({
    'Feature': X_train.columns,
    'Importance': xgb_importance
}).sort_values(by="Importance", ascending=False)

print(xgb_importance_df)

plt.figure(figsize=(10, 5))
sns.barplot(x="Importance", y="Feature", data=xgb_importance_df)
plt.title("Variable Importance (XGBoost)")
plt.tight_layout()
plt.show()
```

```
    Feature  Importance
12    LSTAT    0.287777
3      CHAS    0.205715
5        RM    0.126898
10  PTRATIO    0.115363
4       NOX    0.073769
9       TAX    0.059558
7       DIS    0.046688
0      CRIM    0.027599
8       RAD    0.018337
11        B    0.013381
2     INDUS    0.011404
6       AGE    0.008144
1        ZN    0.005366
```

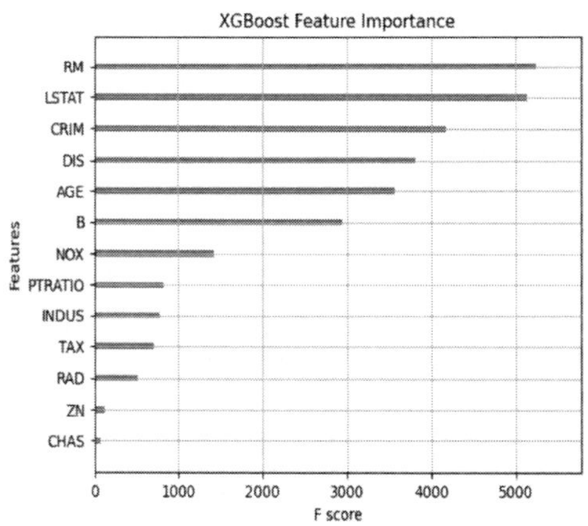


```
from sklearn.inspection import PartialDependenceDisplay
import matplotlib.pyplot as plt

fig, ax = plt.subplots(figsize=(8, 4))
PartialDependenceDisplay.from_estimator(xgb_model, X_train, ['RM'], ax=ax)
plt.title("Partial Dependence: rm")
plt.tight_layout()
plt.show()

fig, ax = plt.subplots(figsize=(8, 4))
PartialDependenceDisplay.from_estimator(xgb_model, X_train, ['LSTAT'], ax=ax)
plt.title("Partial Dependence: lstat")
plt.tight_layout()
plt.show()
```

이는 아래와 같은 부분 의존 그림을 나타내는 부분이다.

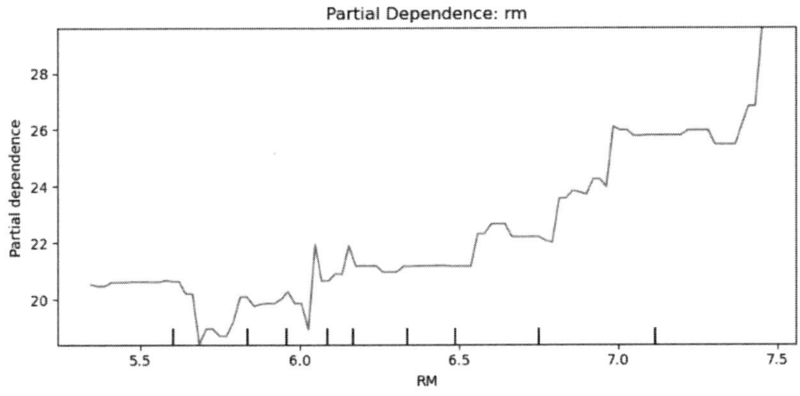

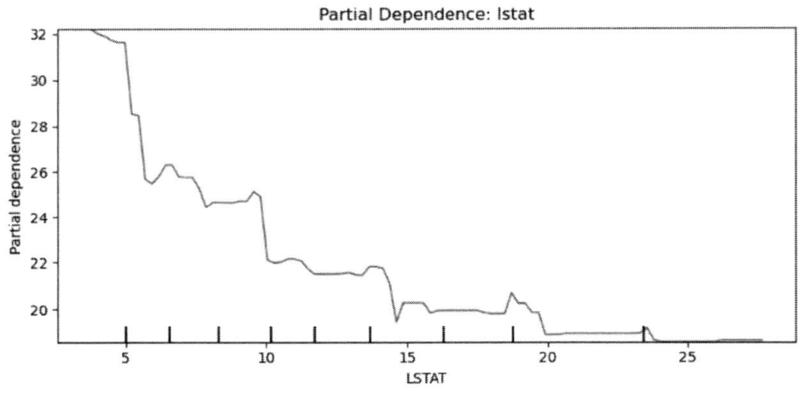

5.5.3 보루타 알고리즘 실습

5.3절의 참고에서 설명한 보루타 알고리즘을 실행하여 중요 변수를 선택하는 실습을 살펴보자. 이를 위해 Boruta 패키지를 사용하는데, 15번 줄까지는 FRED-MD 데이터 세트를 불러들이고 보루타 알고리즘을 실행하는 부분이다.

```
2  # 필요한 패키지 로드
3  library("readxl")
4  library(Boruta)
5
6  # 데이터 불러오기
7  FREDMD = read_excel("FREDMDdata.xlsx",sheet=1)
8
9  # 종속 변수와 설명 변수 설정
10 y = FREDMD$INDPRO
11 xdata = model.matrix(INDPRO~.,data = FREDMD)[,-1]
12
13 # Boruta 알고리즘 실행
14 set.seed(42)
15 boruta_result <- Boruta(xdata, y, maxRuns = 100)
16 par(cex = 1.5)
17 plot(boruta_result)
18 attstats <- attStats(boruta_result)
19 head(attstats)
```

16번 줄을 실행하면 아래 그림을 제시하는데, 변수 중요도에 대한 판단 결과를 색으로 나타낸다.

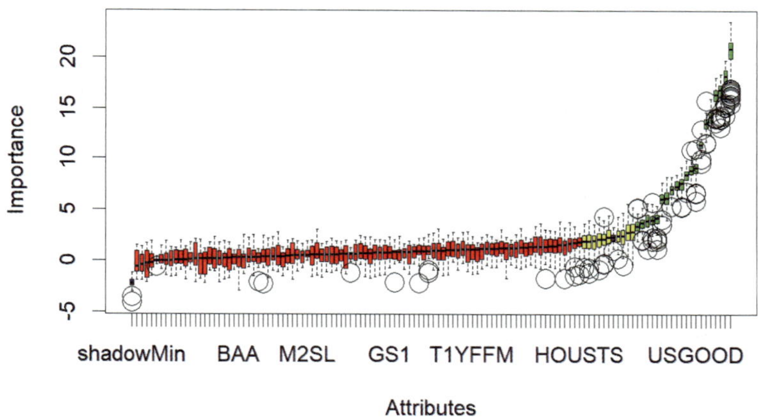

18번 줄과 19번 줄을 실행하면 아래 결과를 보여준다. 중요하지 않은 변수는 Rejected로 표시되고 위 그림에서 빨간색으로 나타난다. 중요한 변수는 Confirmed로 표시되고 위 그림에서 초록색으로 나타난다. 결정이 유보된 변수는 Tentative로 표시되고 위 그림에서 노란색으로 나타난다.

```
> # 중요 변수 선택
> attstats <- attStats(boruta_result)
> head(attstats)
                 meanImp medianImp     minImp  maxImp   normHits  decision
CPI            0.7206282 1.1442396 -1.2681404 1.800619 0.00000000  Rejected
PCE            0.1802334 0.2164008 -2.1522077 1.831566 0.00000000  Rejected
RPI            3.4372997 3.3923796  1.9382140 5.246458 0.93939394 Confirmed
W875RX1        4.0589936 4.2022283  1.1053770 5.409407 0.95959596 Confirmed
DPCERA3M086SBEA 1.5118383 1.4529441 -0.5885250 2.999411 0.04040404  Rejected
CMRMTSPLx      2.4382256 2.4401385  0.1678863 4.376311 0.57575758 Tentative
> |
```

22번 줄은 중요한 변수로 판단된 변수만을 지정하고, 23번 줄은 중요한 변수의 수를 저장한다. 25번 줄은 각 변수를 Z-score의 평균(meanImp) 크기순으로 정렬하고, 26번 줄에서는 그 변수들의 인덱스를 저장한다.

```
21  # 중요 변수 선택
22  confirmed_vars <- rownames(attstats)[attstats$decision == "Confirmed"]
23  nImp <- length(confirmed_vars)
24
25  order = order(attstats$meanImp, decreasing = T)
26  Variables_selected = order[1:nImp]
27
28  # 최종 선택된 변수 이름 (중요도 순, Confirm된 것만)
29  Variable_names_selected <- rownames(attstats)[order][1:nImp]
```

26번 줄과 27번 줄을 통해 아래와 같이 선택된 중요한 변수의 인덱스와 변수명을 확인할 수 있다.

```
> Variables_selected = order[1:nImp]
> Variables_selected
 [1] 14 17  8 20  9 15 10 34 11 13 16 37 38 12 33  4 46 48 39  3
> # 최종 선택된 변수 이름 (중요도 순, Confirm된 것만)
> Variable_names_selected <- rownames(attstats)[order][1:nImp]
> Variable_names_selected
 [1] "IPMAT"         "IPMANSICS"     "IPFPNSS"       "CUMFNS"        "IPFINAL"
 [6] "IPDMAT"        "IPCONGD"       "USGOOD"        "IPDCONGD"      "IPBUSEQ"
[11] "IPNMAT"        "MANEMP"        "DMANEMP"       "IPNCONGD"      "PAYEMS"
[16] "W875RX1"       "CES0600000007" "AWHMAN"        "NDMANEMP"      "RPI"
> |
```

이상의 R 코드 내용을 파이썬으로도 실행할 수 있다. 우선 필요한 라이브러리와 데이터를 불러온다.

```
# 필요한 패키지 로드
from sklearn.ensemble import RandomForestRegressor
from boruta import BorutaPy
import numpy as np
import pandas as pd
import matplotlib.pyplot as plt
from sklearn.metrics import mean_squared_error
✓ 1.7s
```

```
# 데이터 불러오기
FREDMD = pd.read_excel("FREDMDdata.xlsx")
✓ 0.4s
```

```
# 종속 변수와 설명 변수 설정
y = FREDMD['INDPRO'].to_numpy()
xdata = FREDMD.drop(columns=['INDPRO']).to_numpy()
```

다음은 보루타 알고리즘을 실행하는 부분이다.

```
# Boruta 알고리즘 실행 (파이썬에서는 Ranking과 Select 여부만 결과로 반환하므로 Plot 생성이 안됨.)
rf = RandomForestRegressor(n_jobs=-1, max_depth=5, random_state=42)
boruta_selector = BorutaPy(rf, n_estimators='auto', verbose=0, max_iter=100, random_state=42)
boruta_selector.fit(xdata, y)
```

그리고 중요한 변수로 선택된 변수의 인덱스와 변수명을 아래와 같이 확인할 수 있다.

```
# 최종 선택된 변수 이름 (중요도 순, Confirm된 것만)
print("Confirmed variable indices (by importance):", Variables_selected)
print("Confirmed variable names (by importance):", list(Variable_names_selected))
```

6장

인공신경망 기반 모형

6.1 인공신경망

인공신경망(neural networks)은 인간 두뇌의 작동 방식을 모방한 모형으로 개발되었다. 각 유닛(unit)은 뉴런(neuron)을 나타내며, 이들 사이의 연결(connection)은 시냅스(synapse)를 의미한다. 뉴런(또는 신경세포)은 전기적 신호를 전달하는 세포로, 시냅스라는 특수한 연결을 통해 다른 뉴런과 신호를 주고받는다. 신경계에서 시냅스는 뉴런이 전기적 또는 화학적 신호를 다른 뉴런이나 목표 세포에 전달할 수 있도록 하는 구조이다. 각 뉴런은 다른 뉴런들로부터 입력(input)을 전달받으며, 각 입력이 뉴런에 미치는 영향은 시냅스 가중치(synaptic weight)에 의해 조절된다. 이 시냅스 가중치는 학습 과정에서 조정되며, 신경망 전체가 유용한 연산을 수행하도록 학습하게 된다.

초기 인공신경망 모형에서 뉴런은 입력 신호의 총합이 일정 분계점(threshold)을 초과할 때 활성화되었다. 이는 계단 함수(step function)를 사용하는 방식에 해당한다. 그러나 비선형 통계 모형(nonlinear statistical modeling)에 사용될 때, 계단 함수는 연속성이 부족하므로 흔히 시그모이드 함수(sigmoid function)와 같은 더 부드러운 분계 함수(threshold function)로 대체되었다.

순방향신경망

순방향신경망(feed-forward neural networks, FNN)은 실제 응용에서 가장 일반적으로 사용되는 신경망 유형이다. [그림 6.1]처럼 같은 층 내에서는 연결되지 않고 앞의 층으로만 연결되어 있으므로 순방향신경망이라 부른다. 첫 번째 층(layer)은 입력층(input layer)이며, 마지막 층은 출력층(output layer)이다. 만약 하나 이상의 은닉층(hidden layer)이 존재하면, 이를 다층신경망이라 한다. 딥러닝(deep learning)은 층이 깊은 다층신경망이 좋은 성과를 내면서 다층신경망을 재명명한 것이고 심층신경망(deep neural networks, DNN)이라고도 한다.

[그림 6.1]은 출력값이 하나인 회귀에 적용되는 인공신경망 구조이고 [그림 6.2]는 출력값이 두 개인 분류에 적용되는 구조이다. 두 경우 모두 은닉층은 4개의 노드(node)를 지니고 있다.

그림 6.1 하나의 은닉층을 지닌 순방향신경망 구조(single hidden-layer, feed-forward NN): 회귀

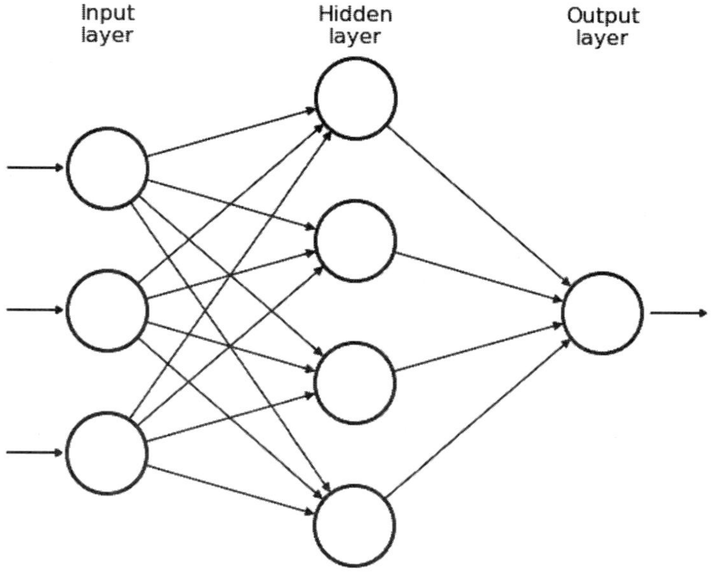

그림 6.2 하나의 은닉층을 지닌 신경망 구조: 분류

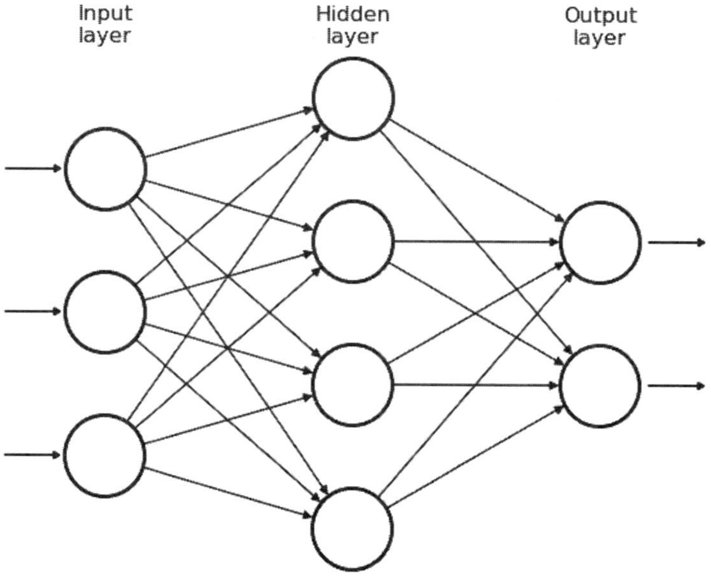

입력층은 $X = (1, X_1, \cdots, X_m)$, 은닉층은 $Z = (1, Z_1, \cdots, Z_P)$, 출력값은 스칼라 Y 또는 범주형인 경우 $Y = (Y_1, \cdots, Y_K)$라 하고, 인공신경망 구조를 다음과 같이 수식으로 표현할 수 있다. 입력층과 은닉층 사이의 연결은 활성화 함수(activation function)에 의해 모델링된다.

$$Z_p = \sigma(\alpha_{p0} + \alpha_{p1}X_1 + \cdots + \alpha_{pm}X_m),\ p = 1, \cdots, P$$

은닉층과 출력층(output layer) 사이의 연결은

$$T_k = \beta_{k0} + \beta_{k1}Z_1 + \cdots + \beta_{kP}Z_P,\ k = 1, \cdots, K$$

에 의해 모델링된다. 출력 함수는 T의 구성 요소에 대한 최종 변환인데,

$$f_k(X) = g_k(T)$$

로 계산된다. 회귀의 경우 $K = 1$이므로 $g_k(T) = T$, 즉 $f(X) = T$가 된다. 분류의 경우

$$g_k(T) = \frac{e^{T_k}}{\sum_{l=1}^{K} e^{T_l}}$$

이다. 이때

$$0 < g_k(T) < 1 \text{와 } \sum_{k=1}^{K} g_k(T) = 1$$

이 성립한다.

[그림 6.3]은 은닉층이 두 개인 인공신경망 구조를 보여준다.

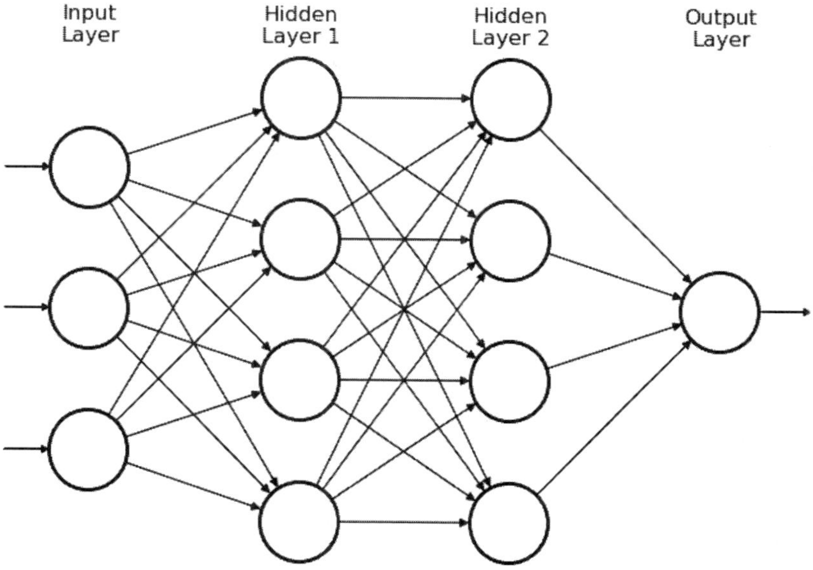

그림 6.3 두 개의 은닉층을 지닌 신경망 구조

활성화 함수

활성화 함수는 여러 가지를 사용할 수 있는데, 가장 많이 사용되는 것은 시그모이드 함수

$$\sigma(x)=\frac{1}{1+e^{-x}}$$

이다. [그림 6.4]에서 tanh은 하이퍼볼릭탄젠트(hyperbolic tangent) 함수

$$\sigma(x)=\frac{e^{x}-e^{-x}}{e^{x}+e^{-x}},$$

ReLU는 정류 선형 유닛(rectified linear unit) 함수

$$\sigma(x)=\max(0,x)$$

를 나타낸다. 시그모이드 함수와 tanh 함수는 가중치 은닉층이 많은 딥러닝의 학습과정에서 발생하는 경사소실(gradient vanishing) 문제가 있기 때문에 딥러닝에서는 ReLU 함수를 이용하는 경우도 많다. 다만 ReLU 함수는 0에서 미분이 불가능하다는 제약이 있다.

그림 6.4 활성화 함수

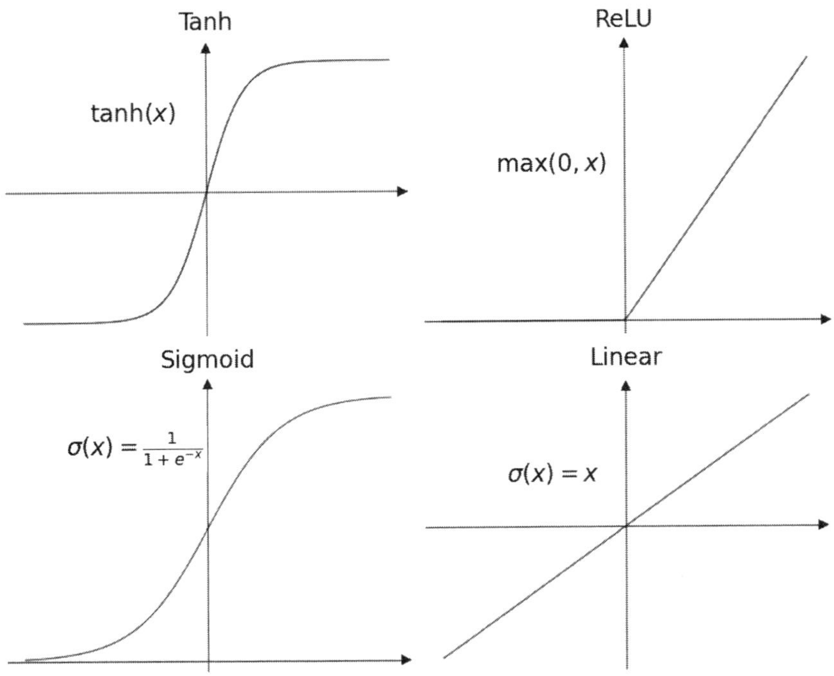

6.2 인공신경망 학습

최소-최대 정규화

인공신경망을 기반으로 한 모형을 학습할 때 우선 주의하여야 할 점은 데이터를 정규화하는 과정이 필요하다는 점이다. 흔히 각 변수를 아래와 같이 최소-최대 정규화(min-max normalization)하여

$$x_{normalized} = \frac{x - \min(x)}{\max(x) - \min(x)}$$

각 변수가 0과 1 사이의 값을 가지도록 변환한 후 인공신경망 모형을 학습한다. 인공신경망 모형을 학습할 때 모든 입력 변수는 가중치와 곱해져 선형 조합을 만들고 그 결과를 비선형 활성화 함수를 통해 계산하므로, 입력 변수의 크기가 이러한 계산에 영향

을 미친다. 입력 변수의 크기에 따라 기울기 폭이 달라져서 입력 변수가 큰 값이면 기울기 폭발 또는 사라짐 등이 발생할 수도 있고, 시그모이드 함수는 [−5,5] 범위 외에서는 거의 변화가 없는 등 비선형 활성화 함수는 좁은 입력 범위에서만 민감하게 작동한다. 따라서 학습의 안정성을 높이고 빠른 수렴을 위해 입력 변수의 정규화가 필요하다.

이때 인공신경망 관련 모형에서는 설명변수뿐만 아니라 종속변수도 최소−최대 정규화를 한 후 학습한다는 점에 유의해야 한다. 인공신경망은 비선형 연산과 아래 설명하는 경사하강법 기반의 최적화를 수행하기 때문에, 출력값인 종속변수의 범위가 너무 넓거나 불균형하면 학습이 불안정해지고 예측 정확도도 떨어지기 때문이다. 따라서 인공신경망 모형을 학습한 후 예측 결과는 정규화된 범위를 가지는데, 반드시 이를 원래 크기로 복원해 주어야 한다. 이는 릿지와 라쏘 등의 축소추정을 할 때는 종속변수는 원래 크기 그대로 사용하고 설명변수만 표준화하는 것과 구별된다.

또한, 인공신경망 모형을 학습할 때 최소−최대 정규화가 필요한 점은 의사결정나무 기반 모형에 비교할 때 뚜렷이 구별되는 점이다. 의사결정나무를 분할할 때는 입력 변수의 크기 자체보다는 분할 기분보다 크거나 작은 상대적 크기가 중요하다. 따라서 입력 변수의 크기가 서로 달라도 의사결정나무를 학습할 때 문제가 없으며, 의사결정나무를 학습할 때는 입력 변수를 정규화하지 않는 것이 일반적이고 정규화 여부가 성능에도 거의 영향이 없는 것으로 알려져 있다.

인공신경망 학습 과정

단일 은닉층 신경망 모형의 경우 아래와 같이 총 $P(m+1)+K(P+1)$개의 모수 또는 가중치(weight)를 추정하여야 한다.

$$\{\alpha_{p0},\alpha_{p1},\cdots,\alpha_{pm};p=1,\cdots,P\}\ \ P(m+1)\,weights$$

$$\{\beta_{k0},\beta_{k1},\cdots,\beta_{kP};k=1,\cdots,K\}\ \ K(P+1)\,weights$$

α_{p0}와 β_{k0}는 절편에 해당하는데, 인공신경망 분야에서는 편의(bias)라고 하기도 한다.

$L(\bullet)$을 평균제곱오차와 같은 손실함수(loss function)라 할 때, 출력값이 실제값과 차이가 크면 클수록 손실함수가 커지게 된다. 손실함수를 최소화하는 가중치들은 경

사하강법을 통해 아래 식과 같이 구한다.

$$w_{updated} = w_{old} - \eta \frac{\partial L(w)}{\partial w}$$

여기서 η는 학습률(learning rate)로 학습 속도를 결정한다. 경사하강법은 가중치의 초깃값으로부터 주어지는 손실함수를 최소화하는 방향으로 가중치를 계속 갱신시켜 나간다. 경사(gradient)는 손실함수를 편미분하여 구하고 이 경사에 따라 일정한 학습률로 가중치를 갱신시켜 나가는 과정을 학습(learning)이라 한다.

인공신경망은 입력 데이터를 받아 예측하고, 그 예측이 얼마나 틀렸는지를 계산한 뒤, 예측이 더 정확해지도록 가중치를 조정해 간다. 이 과정을 간단히 설명하면 아래와 같다.

1) 입력값이 신경망에 들어오면 각 은닉층을 거치며 계산이 진행되고 출력값이 생성된다. 이 과정을 순전파(forward pass)라고 한다.
2) 실제값과 출력값을 비교해 오차(손실)를 계산한다. 이 값을 줄이는 것이 학습의 목표다.
3) 출력층에서부터 입력층 쪽으로 오차가 전파되며, 어떤 가중치가 오차에 얼마나 영향을 줬는지를 계산한다. 이 과정을 역전파(backpropagation)라고 한다.
4) 계산된 오차를 바탕으로 손실이 줄어드는 방향으로 가중치를 조정한다. 이때 사용하는 방법이 경사하강법이다.
5) 위 과정을 전체 데이터를 대상으로 여러 번 반복하면서 점점 더 정확하게 예측하도록 만든다.

에포크와 배치 사이즈

전체 훈련 데이터를 한 번 모두 사용해 학습을 완료한 횟수를 에포크(epoch)라고 한다. 전체 훈련 데이터를 한 번에 모두 처리하려면 시간이 오래 걸리기 때문에 주로 데이터를 여러 개의 작은 묶음으로 나눠서 학습하는데, 그 작은 묶음을 미니배치(mini batch)라고 한다. 배치 사이즈(batch size)는 배치에 포함된 표본 데이터의 개수이다.

예를 들어, 훈련 데이터의 샘플 수가 1,000개라 해보자. 이 1,000개의 샘플을 모두 사용하면 1에포크가 된다. 배치 사이즈를 50으로 설정하고 미니 배치 학습을 한다면, 1에포크당 20회 학습하게 된다. 에포크의 수를 100으로 설정하면 이러한 과정을 100번 반복하는데, 에포크 수가 증가할수록 훈련 데이터의 정확도가 증가하고 손실함수는 감소한다. 에포크의 수와 배치 사이즈는 연구자가 선택해야 하는 하이퍼파라미터에 속하고, 데이터의 크기, 특성 그리고 모형 구조에 따라 에포크의 수와 배치 사이즈를 다르게 선택한다. 데이터의 양이 적은 경우에는 작은 배치(16~32)를 사용하여 좀 더 세밀하게 학습하도록 할 수 있다.

경사소실과 과적합의 문제

많은 은닉층을 포함한 딥러닝 모형은 다양한 비선형 관계를 학습할 수 있는 장점이 있지만, 은닉층이 많아지면 경사하강법에서 역방향으로 미분해 가는 과정에서 손실함수 값의 변화가 전파되지 않아 출력층에서 먼 곳의 가중치들이 거의 수정되지 않는 경사소실(또는 기울기 소실) 문제가 발생할 수 있다. 이러한 경사소실 문제가 시그모이드 함수와 같은 활성화 함수의 문제라는 것이 알려졌다. 대신 ReLU 함수를 활성화 함수로 사용할 때 경사소실을 잘 방지하는 것으로 나타났고 따라서 딥러닝 모형에서 ReLU 함수가 주로 이용되고 있다.

한편, 은닉층이 많은 딥러닝 모형에는 학습해야 할 가중치의 수가 매우 많아서 과하게 학습하여 실제 데이터에 대해 오차가 증가하는 과적합 문제가 발생할 수 있다. 과적합을 해결하는 방법으로 조기학습종료(early stopping), 정칙화(regularization), 드롭아웃(dropout) 등이 있다. 드롭아웃은 [그림 6.5]처럼 신경망의 노드 중 무작위로 일부를 비활성화시켜 연산에서 제외한다. 예를 들어 층마다 25% 또는 50%에 해당하는 수만큼 노드를 삭제하고 미니배치 단위로 학습시킨다. [그림 6.5]에서 회색으로 표시된 노드는 비활성화된 것으로 연산에서 제외한 것이다. 비활성화되는 노드는 학습 때마다 달라져 신경망이 과적합에 빠지는 것을 효과적으로 예방할 수 있다.

그림 6.5 드롭아웃을 갖는 신경망

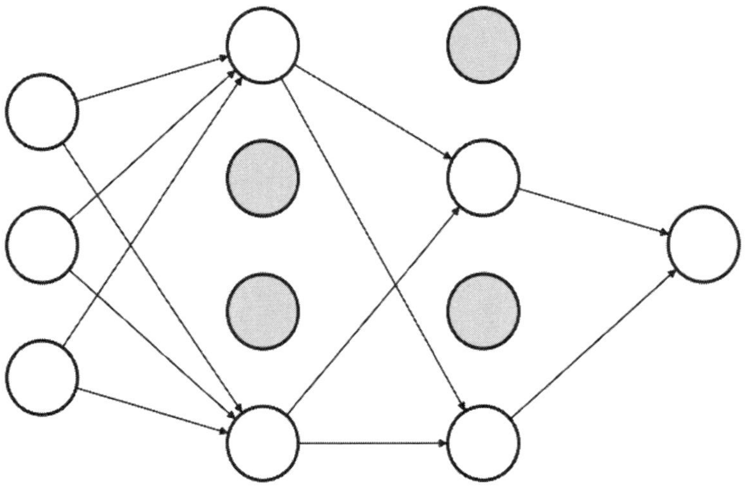

6.3 순환신경망

순환신경망(recurrent neural networks, RNN)은 시간에 따라 변하는 순차적 데이터(sequential data)를 다룰 수 있도록 만들어진 인공신경망이다. 일반적인 인공신경망은 입력과 출력을 한 번만 처리하는 반면, 순환신경망은 이전 단계의 출력을 다음 입력과 함께 다시 사용하는 방식으로 순차적인 정보를 처리할 수 있다.

순환신경망은 시간 순서대로 데이터를 처리하면서, 이전의 정보를 기억하고 다음 단계로 전달하는 순환 구조로 되어 있으며, 이 구조 덕분에 시간의 흐름에 따른 패턴을 학습할 수 있다. [그림 6.6]에서 왼쪽의 그림은 순환신경망의 구조를 접혀 있는 형태로 그린 것이고, 오른쪽 그림은 이를 펼쳐서 그린 것이다. 입력층은 x이고 출력층은 o이다. x_t와 o_t는 시점을 포함한 것이다. U, V, W는 가중치 행렬이다.

그림 6.6 순환신경망 구조

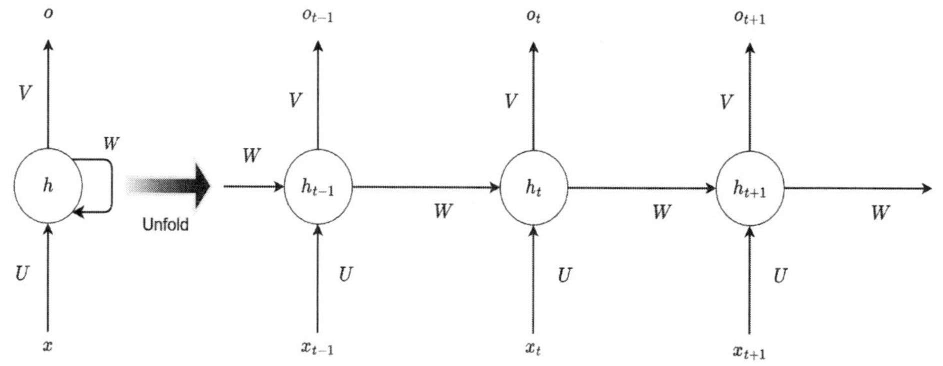

h_t는 은닉 상태(hidden state)인데, 이는 t 시점까지의 정보를 요약한 것이다. 은닉 상태는 시간의 흐름에 따라 변하는 일종의 내부 메모리처럼 작동해서 현재까지의 정보를 다음 시점으로 전달하는 역할을 한다. 이는 [그림 X]의 오른쪽에 펼쳐진 그림을 보면 명확히 볼 수 있다. 즉, t기의 은닉 상태 h_t는 $t-1$기의 은닉 상태 h_{t-1}과 t기의 입력층 x_t에 의해서 결정된다. 이러한 은닉 상태의 역할에 의해 o_t는 x_t와 x_t의 과거값들의 영향을 받는다. 이를 수식으로 정리하면 아래와 같다.

$$h_t = \tanh\left(b_h + Wh_{t-1} + Ux_t\right)$$

$$o_t = \sigma\left(b_o + Vh_t\right)$$

이전 시점의 은닉 상태와 현재 시점의 입력값이 tanh 활성화 함수에 적용되어 현재 시점의 은닉 상태가 계산되고, 현재 시점의 출력값은 현재 시점의 은닉 상태에 의해 계산된다.

그러나 순환신경망은 장기 의존성 문제(long-term dependency problem)를 가지고 있다. 두 데이터 시점의 차이가 멀어질수록, 역전파 과정에서 기울기 소실(vanishing gradient) 또는 기울기 폭발(exploding gradient) 문제가 발생할 수 있고 결과적으로 과거의 정보가 마지막까지 전달되지 못하는 현상이 발생할 수 있다. [그림 6.7]에서 볼 수 있듯이 x_1이 미치는 영향력은 시간이 지남에 따라 점점 감소한다.

그림 6.7 장기 의존성 문제의 시각적 이해

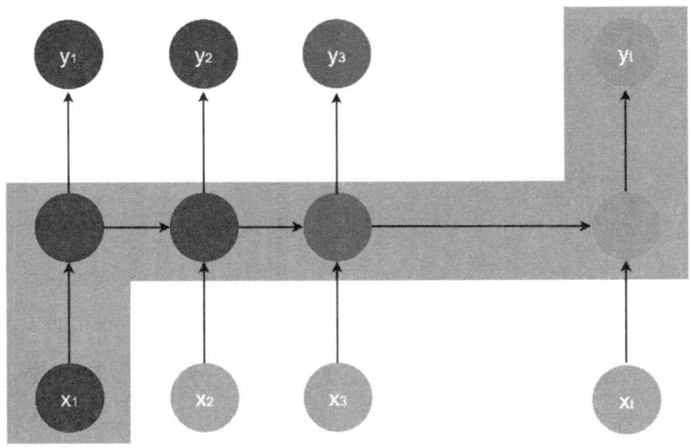

6.4 LSTM

LSTM(long short-term memory) 모형은 순환신경망의 단점인 장기 의존성 문제를 보완하기 위해 만들어졌다. LSTM 모형은 정보를 선택적으로 기억하거나 잊는 구조를 가지는데, 다음과 같은 구성 요소를 지니고 있다.

구성 요소	설명
i_t 입력 게이트(input gate)	무엇을 기억할지 결정
f_t 망각 게이트(forget gate)	무엇을 잊을지 결정
o_t 출력 게이트(output gate)	무엇을 출력할지 결정
C_t 셀 상태(cell state)	장기 메모리 정보를 전달
h_t 은닉 상태(hidden state)	단기 메모리 정보를 전달

LSTM 모형의 구조를 수식으로 표현하면 아래와 같다. U와 W는 해당 게이트의 가중치 행렬이다.

$$i_t = \sigma(b_i + W_i h_{t-1} + U_i x_t)$$

$$f_t = \sigma(b_f + W_f h_{t-1} + U_f x_t)$$

$$o_t = \sigma(b_o + W_o h_{t-1} + U_o x_t)$$

$$\widetilde{C_t} = \tanh(b_c + W_c h_{t-1} + U_c x_t)$$

$$C_t = f_t \odot C_{t-1} + i_t \odot \widetilde{C_t}$$

$$h_t = o_t \odot \tanh(C_t)$$

입력 게이트 i_t, 망각 게이트 f_t, 출력 게이트 o_t는 각각 이전 시점의 은닉 상태의 값과 현재 시점의 입력값을 가지고 정보를 얼마나 기억할지, 정보를 얼마나 잊을지, 정보를 얼마나 출력할지를 결정한다. 셀 상태 $\widetilde{C_t}$는 이전 시점의 은닉 상태와 현재 시점의 입력값으로부터 정보를 기억한다. 셀 상태 C_t는 이전 시점의 셀 상태 C_{t-1}에 망각 게이트를 원소별로 곱한 것에 현재 시점의 셀 상태 $\widetilde{C_t}$에 입력 게이트를 원소별로 곱한 것을 더하여 계산된다.[1] 이는 기억해야 할 정보와 잊어버리는 정보를 결합하여 정보를 축적한 것이다. 은닉 상태 h_t는 출력 게이트와 셀 상태 C_t를 원소별로 곱하여 계산한다. [그림 6.8]은 LSTM 모형의 셀 구조를 보여준다.

순환신경망과 LSTM은 모두 은닉 상태를 지니고 이를 활용하는 공통점이 있다. 그러나 순환신경망은 은닉 상태만을 활용하지만, LSTM은 셀 상태를 활용하면서 동시에 입력 게이트, 망각 게이트, 출력 게이트를 활용한다는 특징을 가지고 있다. 특히 셀 상태는 장기 기억을 전달하는 역할을 하는데, 이를 통해 경사소실 문제를 완화해 장기 의존성 문제를 해결하는 것이 특징이다.

---

1) $\odot$는 Hadamard product라 하고, 원소별 곱하기를 의미한다.

그림 6.8 LSTM의 셀 구조

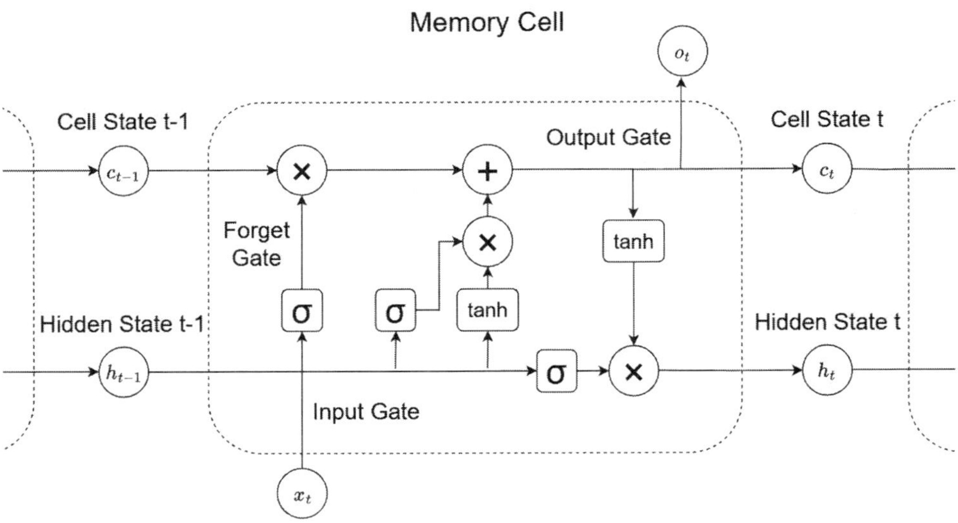

6.5 인공신경망 모형들의 추정 실습

6.5.1 R을 이용한 횡단면 자료 실습

5.5절에서 이용한 MASS 패키지의 Boston 데이터에 기본적인 인공신경망 모형들을 학습하는 사례를 살펴보자. 7번 줄은 전체 표본 중 절반을 훈련 데이터로 지정한다. 10번 줄은 최소-최대 정규화에 사용하는 함수를 정의한다. 14번 줄은 최소-최대 정규화 함수의 역함수를 정의하는 것인데, 정규화된 데이터로 예측치를 생성한 후 이를 원래 데이터의 크기로 재변환할 때 사용한다.

```
2  #install.packages('MASS')
3  library(MASS)
4  
5  data(Boston, package="MASS")
6  set.seed(20)
7  train = sample(1:nrow(Boston), nrow(Boston)/2)
8  
9  # Min-max normalization
10 normalize <- function(x, minval, maxval) {
11   (x - minval) / (maxval - minval)
12 }
13 # Inverse Normalization
14 denormalize <- function(x, minval, maxval) {
15   x*(maxval-minval) + minval
16 }
17 
18 # train data 기준으로 각 변수의 min/max 저장
19 x_min <- apply(Boston[train,], 2, min)
20 x_max <- apply(Boston[train,], 2, max)
21 
22 # 정규화(모든 변수에 대해 train data 기준으로)
23 train.norm <- as.data.frame(mapply(normalize,Boston[train,],x_min,x_max))
24 test.norm <- as.data.frame(mapply(normalize,Boston[-train,],x_min,x_max))
```

19번 줄과 20번 줄은 훈련 데이터를 기준으로 각 변수의 최솟값과 최댓값을 지정한다. 이를 이용하여 23번 줄과 23번 줄은 정규화된 훈련 데이터와 테스트 데이터를 설정한다. 이때 테스트 데이터를 최소-최대 정규화할 때도 훈련 데이터의 각 변수 최솟값과 최댓값을 사용하고 있음을 주의해야 한다. 모형을 학습할 때 적용한 정규화 기준이 되는 각 변수의 최솟값과 최댓값을 그대로 적용하여 테스트 데이터를 정규화하는 것이다.

은닉층이 하나인 인공신경망 학습

먼저 살펴볼 nnet 패키지는 인공신경망을 학습하는 가장 기본적인 패키지로, 하나의 은닉층을 지닌 인공신경망 모형만을 다룰 수 있다. 시그모이드 함수를 활성화 함수로 사용하며, 사용자가 다른 활성화 함수를 지정할 수는 없다.

```
26 ## Single-hidden layer neural network
27 install.packages('nnet')
28 library(nnet)
29 set.seed(30)
30 single.nn = nnet(medv~.,data=train.norm,size=10,linout=TRUE,decay=0.1,
31                  maxit=1000,trace=FALSE)
```

30번 줄은 nnet 함수를 이용하여 은닉층이 하나인 인공신경망 모형을 학습하는 것이다. size는 은닉층의 노드 개수를 지정하는 것이다. linout=TRUE는 연속형 변수를 예측하는 회귀의 경우임을 나타낸다. linout=FALSE는 범주형 변수를 예측하는 분류의 경우를 나타낸다. decay는 가중치가 너무 커지지 않도록 제어하는 정규화(regularization)할 때 사용하며, 과대적합을 방지하기 위한 것이다. 교차검증을 통해 은닉층의 노드 개수와 decay의 선택할 수 있다. 29번 줄처럼 시드를 고정하지 않으면 학습된 가중치 결과가 매번 달라지는데, 이는 nnet 내부에서 매번 가중치 초깃값을 무작위로 설정하기 때문이다.

```
38 summary(single.nn)
39
40 yhat.norm = predict(single.nn,newdata=test.norm)
41 yhat.single = denormalize(yhat.norm, x_min["medv"], x_max["medv"])
42 boston.test = Boston[-train,"medv"]
43 mean((yhat.single-boston.test)^2)
```

38번 줄은 가중치 학습 결과를 제시하고, 40번 줄에서 43번 줄은 테스트 데이터에 적용하여 평균제곱오차를 계산하는 것이다. 40번 줄에서 정규화된 테스트 데이터로 예측치를 생성한 후, 41번 줄은 이를 다시 원래 데이터의 크기로 재변환하는 것이다. 평균제곱오차는 21.41로 나타났다.

```
> mean((yhat.single-boston.test)^2)
[1] 21.41021
>
```

은닉층이 여러 개인 인공신경망 학습

다음으로는 neuralnet 패키지를 이용하는데, 이는 여러 개의 은닉층을 지닌 인공신경망 모형을 다룰 수 있으며 시그모이드 함수를 기본으로 사용하지만, 사용자가 하이퍼볼릭 탄젠트 함수를 지정할 수도 있다.

```
48  ## Multi-hidden layers neural network
49  install.packages('neuralnet')
50  library(neuralnet)
51  set.seed(30)
52  multi.nn = neuralnet(medv~.,data=train.norm,hidden=c(5,3),
53                       act.fct = "logistic",linear.output=T)
```

52번 줄은 neuralnet 함수를 이용하여 은닉층이 두 개인 인공신경망 모형을 학습하는 것이다. hidden=c(5,3)는 첫 번째 은닉층이 5개의 노드를 포함하고 두 번째 은닉층이 3개의 노드를 포함한다는 것을 의미한다. act.fct는 활성화 함수를 지정하는 것인데, act.fct = "logistic"는 시그모이드 함수를 지정하고 act.fct = "tanh"는 하이퍼볼릭 탄젠트 함수를 지정하는 것이다. linear.output=T는 연속형 변수를 예측하는 회귀의 경우임을 나타낸다. linear.output=F는 범주형 변수를 예측하는 분류의 경우를 나타낸다. nnet에서와 마찬가지로 51번 줄처럼 시드를 고정하지 않으면 학습된 가중치 결과가 매번 달라지는데, 이는 neuralnet 내부에서 매번 가중치 초깃값을 무작위로 설정하기 때문이다.

```
# Result
plot(multi.nn)

# Weights
multi.nn$weights

yhat.norm_multi = predict(multi.nn,newdata=test.norm)
yhat.multi = denormalize(yhat.norm_multi, x_min["medv"], x_max["medv"])
#boston.test = Boston[-train,"medv"]
mean((yhat.multi-boston.test)^2)
```

61번 줄을 실행하면 아래와 같이 학습 결과를 제시한다. 그림에서 ①로 표시된 것이 절편을 나타내고 이를 인공신경망 분야에서는 편의라 부른다. 학습된 개별 가중치를 확인하기 위해서는 64번 줄을 실행하면 된다.

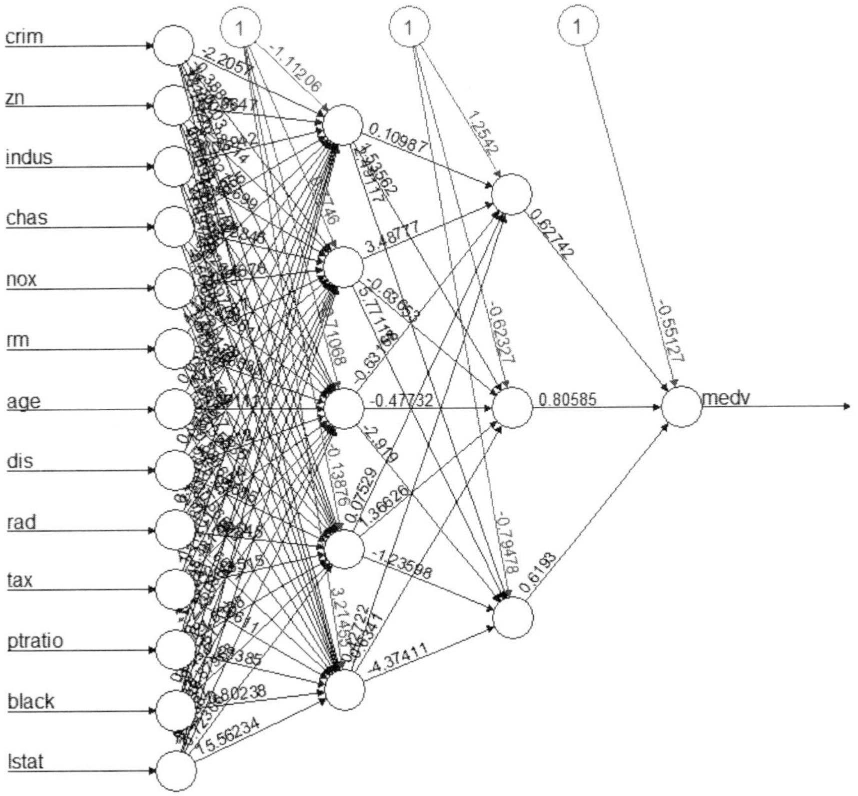

66번 줄에서 69번 줄은 테스트 데이터에 적용하여 평균제곱오차를 계산하는 것이다. 앞서와 같이 정규화된 테스트 데이터로 예측치를 생성한 후 이를 다시 원래 데이터의 크기로 재변환한다. 평균제곱오차는 15.21로 나타났다. 은닉층이 하나일 때에 비해 평균제곱오차가 크게 줄어든 것을 확인할 수 있다.

```
> mean((yhat.multi-boston.test)^2)
[1] 15.21443
> |
```

다음으로는 neuralnet 함수에서 hidden=c(7,5,3)을 설정하여, 은닉층이 3개이고 각 은닉층이 7개, 5개, 3개의 노드를 포함하는 인공신경망 모형을 학습하는 사례이다.

```
## Neural network with 3 hidden layers
set.seed(30)
multi.nn3 = neuralnet(medv~.,data=train.norm,hidden=c(7,5,3),
                      act.fct = "logistic",linear.output=T)

plot(multi.nn3)
multi.nn3$weights

yhat.norm_multi3 = predict(multi.nn3,newdata=test.norm)
yhat.multi3 = denormalize(yhat.norm_multi3, x_min["medv"], x_max["medv"])
#boston.test = Boston[-train,"medv"]
mean((yhat.multi3-boston.test)^2)
```

테스트 데이터에 적용하여 평균제곱오차를 계산하면 17.81로 나타나는데, 앞서 은닉층이 두 개인 경우에 비해 평균제곱오차가 더 커진 것을 확인할 수 있다. 은닉층의 수와 각 은닉층의 노드 수 등도 교차검증을 통해 선택할 수 있을 것이다.

```
> mean((yhat.multi3-boston.test)^2)
[1] 17.8145
> 
```

6.5.2 파이썬을 이용한 횡단면 자료 실습

6.5.1항의 내용을 실행하는 파이썬 코드를 살펴보자. 하이퍼파라미터에 대한 세부적인 설명은 6.5.1항의 R 코드 설명 참고하기를 바란다. 아래는 필요한 주요 라이브러리와 데이터를 불러오고, 데이터를 훈련 데이터와 테스트 데이터로 나누는 부분이다.

```
import numpy as np
import pandas as pd
from sklearn.preprocessing import MinMaxScaler
from sklearn.neural_network import MLPRegressor
from sklearn.metrics import mean_squared_error
import matplotlib.pyplot as plt
```

```
# Load Boston housing data manually
url = "http://lib.stat.cmu.edu/datasets/boston"
raw_df = pd.read_csv(url, sep="\s+", skiprows=22, header=None)
data = np.hstack([raw_df.values[::2, :], raw_df.values[1::2, :2]])
target = raw_df.values[1::2, 2]

columns = [
    "CRIM", "ZN", "INDUS", "CHAS", "NOX", "RM", "AGE",
    "DIS", "RAD", "TAX", "PTRATIO", "B", "LSTAT"
]
X = pd.DataFrame(data, columns=columns)
y = pd.Series(target, name="MEDV")
✓ 1.5s
```

```
# train과 test로 데이터셋 나누기
np.random.seed(20)
train_idx = np.random.choice(X.index, size=int(len(X)/2), replace=False)
test_idx = list(set(X.index) - set(train_idx))
X_train, X_test = X.loc[train_idx], X.loc[test_idx]
y_train, y_test = y.loc[train_idx], y.loc[test_idx]
```

다음은 최소-최대 정규화를 실행하는 부분이다.

```
# 정규화 (Scaler를 활용하여 정규화할 수 있지만, 여기서는 자체 제작 함수 활용)
def normalize(df, min_vals, max_vals):
    return (df - min_vals) / (max_vals - min_vals)

def denormalize(df_norm, min_vals, max_vals):
    return df_norm * (max_vals - min_vals) + min_vals

X_min = X_train.min()
X_max = X_train.max()
y_min = y_train.min()
y_max = y_train.max()

X_train_norm = normalize(X_train, X_min, X_max)
X_test_norm = normalize(X_test, X_min, X_max)
y_train_norm = (y_train - y_min) / (y_max - y_min)
```

은닉층이 하나인 인공신경망 학습

```
### Single Hidden Layer
mlp_single = MLPRegressor(hidden_layer_sizes=(10,), activation='logistic',
                          solver='lbfgs',alpha=0.1,max_iter=1000,random_state=30)
mlp_single.fit(X_train_norm, y_train_norm)
yhat_single_scaled = mlp_single.predict(X_test_norm)
yhat_single = denormalize(yhat_single_scaled, y_min, y_max)

# 예측오차 계산
mse_single = mean_squared_error(y_test.to_numpy(), yhat_single)
```
✓ 0.0s

```
mlp_single.coefs_
```

은닉층이 하나인 인공신경망 모형을 학습하고, 가중치와 평균제곱오차를 제시하는 부분이다. MLPRegressor 함수의 solver는 신경망 모형에서 가중치를 구하는 최적화 방법(optimizer)을 선택하는 것이다. solver로 'lbfgs'는 준-뉴턴 방법 계열의 고급 최적화 알고리즘이다. 작은 데이터 세트에 적합하며, 빠르고 안정적으로 수렴하는 장점이 있다. 'sgd'(stochastic gradient descent)는 전통적인 확률적 경사하강법을 뜻하며, 데이터를 한 샘플씩 보면서 반복적으로 가중치를 업데이트한다. 조정에 민감하지만 단순하고 직관적인 장점이 있다. 6.5.5항의 LSTM 모형에서는 optimizer='adam'을 적용하는데, 'adam'은 확률적 경사하강법 기반의 적응적 학습률 알고리즘이다. 대부분의 상황에서 빠르고 효율적이며 최근 가장 널리 사용되고 있다. 'lbfgs'는 데이터가 작고 수렴이 빠른 경우에 적합하고, 대규모 데이터에는 'adam'을 주로 사용한다.

```
mse_single
```
✓ 0.0s

```
23.56137691025669
```

은닉층이 여러 개인 인공신경망 학습

아래는 hidden_layer_sizes=(5,3)를 통해 은닉층이 두 개인 인공신경망 모형을 학습하는 부분이다.

```
### Two Hidden Layers
mlp_multi = MLPRegressor(hidden_layer_sizes=(5,3), activation='logistic',
                         solver='lbfgs', max_iter=1000, random_state=30)
mlp_multi.fit(X_train_norm, y_train_norm)
yhat_multi_scaled = mlp_multi.predict(X_test_norm)
yhat_multi = denormalize(yhat_multi_scaled, y_min, y_max)

# 예측오차 계산
mse_multi = mean_squared_error(y_test, yhat_multi)
```

```
mlp_multi.coefs_
```

```
mse_multi
```

✓ 0.0s

```
10.669377440203844
```

자체 시각화 함수가 없어 아래의 부분을 작성하였다.

```
import matplotlib.pyplot as plt
import numpy as np

# Neural Net 시각화 함수: Python에서는 자체 시각화 함수가 없어서 제작하여 사용
# 선이 굵을수록 연결이 강함
def plot_mlp_structure(model, feature_names=None):
    coefs = model.coefs_
    intercepts = model.intercepts_
    layer_sizes = [coefs[0].shape[0]] + [w.shape[1] for w in coefs]
    n_layers = len(layer_sizes)

    # 노드 위치 계산
    v_spacing = 1.0
    h_spacing = 1.0
    node_positions = {}
    for i, layer_size in enumerate(layer_sizes):
        layer_top = v_spacing * (layer_size - 1) / 2.0
        for j in range(layer_size):
            node_positions[(i, j)] = (h_spacing * i, layer_top - v_spacing * j)

    fig, ax = plt.subplots(figsize=(12, 6))
    ax.axis('off')

    for (i, j), (x, y) in node_positions.items():
        circle = plt.Circle((x, y), 0.1, fill=True, color='lightblue', ec='k')
        ax.add_patch(circle)
        if i == 0 and feature_names:
            ax.text(x - 0.3, y, feature_names[j], ha='right', va='center', fontsize=8)

    for i in range(n_layers - 1):
        for j in range(layer_sizes[i]):
            for k in range(layer_sizes[i + 1]):
                x1, y1 = node_positions[(i, j)]
                x2, y2 = node_positions[(i + 1, k)]
                weight = coefs[i][j][k]
                color = 'red' if weight < 0 else 'green'
                linewidth = np.abs(weight) * 2  # 가중치 크기에 비례
                ax.plot([x1, x2], [y1, y2], color=color, linewidth=linewidth)

    plt.title("Neural Net")
    plt.show()
```

```
# Neural Net 시각화
feature_names = X_train.columns.tolist()
plot_mlp_structure(mlp_multi, feature_names)
```

이를 실행하면 아래 그림을 나타낸다. 선이 굵을수록 연결이 강함을 의미한다.

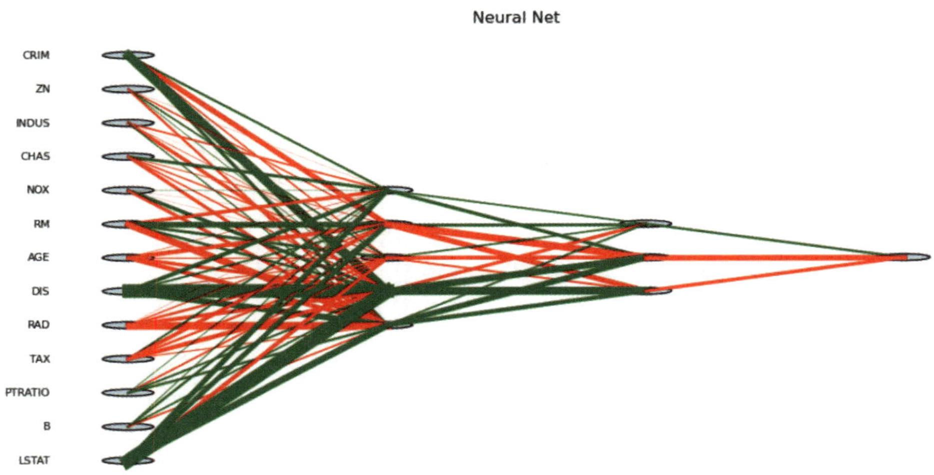

아래는 hidden_layer_sizes=(7,5,3)을 통해 은닉층이 세 개인 인공신경망 모형을 학습하는 부분이다.

```
### Three Hidden Layers
mlp_multi3 = MLPRegressor(hidden_layer_sizes=(7,5,3), activation='logistic',
                          solver='lbfgs', max_iter=1000, random_state=30)
mlp_multi3.fit(X_train_norm, y_train_norm)
yhat_multi3_scaled = mlp_multi3.predict(X_test_norm)
yhat_multi3 = denormalize(yhat_multi3_scaled, y_min, y_max)

# 예측오차 계산
mse_multi3 = mean_squared_error(y_test, yhat_multi3)
```
✓ 0.0s

```
mlp_multi3.coefs_
```

```
mse_multi3
```
✓ 0.0s

```
11.43996522424848
```

```
# Neural Net 시각화
feature_names = X_train.columns.tolist()
plot_mlp_structure(mlp_multi3, feature_names)
```

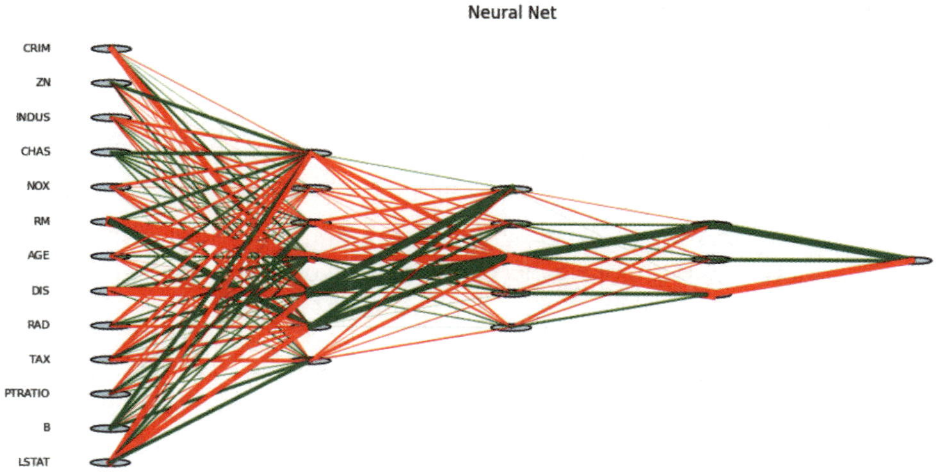

6.5.3 R에서 LSTM 실행을 하기 위한 준비

R에서 LSTM 모형을 실행하기 위해서는 별도의 준비가 필요하다. 이는 R 프로그램 자체는 딥러닝을 직접 실행할 수 있는 기능이 제한적이기 때문이다. 파이썬(Python) 기반의 텐서플로우(TensorFlow)[2]와 케라스(Keras)[3]를 설치하고, R에서 이 환경을 불러와 사용할 수 있도록 연결하는 과정이 필요하기 때문이다.

참고 딥러닝 프레임워크(deep learning framework)

딥러닝 프레임워크는 딥러닝 모형과 관련된 응용 프로그램을 보다 효율적으로 개발하고 활용할 수 있도록, 다양한 라이브러리와 모듈을 하나로 묶어 놓은 일종의 패키지이다. 개발자가 반복적이고 소모적인 작업에 시간을 들이지 않고, 문제 해결을 위한 핵심 알고리즘 구현에 집중할 수 있도록 돕는다. 대표적인 프레임워크로는 텐서플로우, 케라스, 파이토치(PyTorch) 등이 있다.

텐서플로우는 구글이 2015년에 공개한 머신러닝 · 딥러닝 프레임워크로, 현재 가장 널리 사용되고 있다. 기본 언어는 파이썬이지만 C++, 자바, 자바스크립트 등 다양한 언어로도 인터페이스에 접근 및 제어가 가능하다. 풍부한 기능과 높은 확장성을 바탕으로 다양한

2) https://www.tensorflow.org/install
3) https://keras.io/getting_started/

분야에 활용되고 있지만, 구조와 설명이 복잡해 초보자에게는 다소 어려울 수 있다. 이를 개선하기 위해 2019년에 텐서플로우 2.0(TensorFlow 2.0)이 출시되었으며, 사용자 편의성과 직관적인 사용성이 크게 향상되었다.

케라스는 직관적이고 간단하게 사용할 수 있기 때문에 딥러닝 입문자들에게 특히 유용하다. 원래는 독립적인 라이브러리로 여러 백엔드(예: TensorFlow, Theano, CNTK 등)를 선택해서 사용할 수 있었지만, 2019년 텐서플로우 2.0 출시 이후 텐서플로우에 통합되어 tensorflow.keras 형태로 널리 활용되고 있다. 복잡한 신경망 모형도 간단한 코드로 구현할 수 있어, 빠른 실험과 프로토타이핑에 적합하다.

파이토치는 페이스북이 개발하고 2017년에 공개한 딥러닝 프레임워크로, 동적 계산 그래프를 지원해 유연하고 직관적인 코드 작성을 가능하게 한다. 학습 도중에도 모형 구조를 쉽게 수정할 수 있어, 연구와 실험에 특히 적합하다. 또한 텐서 조작이 파이썬 문법과 유사해 파이썬과의 통합성이 뛰어나며, 사용자 친화적인 인터페이스 덕분에 빠른 학습과 실험 진행이 가능하다. 최근에는 학계뿐만 아니라 산업계에서도 점차 활용도가 높아지고 있다.

R에서 LSTM 모형을 실행하기 위해 단계별로 필요한 사항들은 다음과 같다.

1단계: Anaconda를 설치한다.

https://www.anaconda.com/

Anaconda를 설치한 후에는 재부팅을 권장한다.

2단계: 텐서플로우와 케라스를 실행하기 위한 가상환경 설치한다.

Anaconda Prompt를 실행하고, 아래와 같은 명령어를 입력한다.

```
conda create --name tf python=3.8 tensorflow
```

설치 이후 아래 명령어를 통해 설치가 제대로 이루어졌는지 확인할 수 있다.

```
conda activate tf
```

프롬프트 앞부분이 아래와 같이 바뀌었다면 가상환경 설치가 완료된 것이다. 이 가상환경에 텐서플로우와 케라스가 설치된 것이다.

Anaconda Prompt

```
(base) C:₩Users₩A>conda activate tf
(tf) C:₩Users₩A>_
```

3단계: 관리자 권한으로 RStudio 실행 후 R script 파일을 연다.

일반 사용자 권한으로도 대부분 정상 작동하나, 문제가 생길 때 관리자 권한 실행

4단계: 아래의 코드를 차례로 실행한다.

자세한 사항은 https://tensorflow.rstudio.com/install/의 TensorFlow for R-Quick Start를 참고하기 바란다.

- 주의: 성능이 낮은 PC의 경우 텐서플로우 로딩(loading)에 문제가 있을 수 있다.
- R을 다시 실행할 필요가 있을 수 있다.

```
install.packages("remotes")
library(remotes)
library(reticulate)
remotes::install_github("rstudio/tensorflow")
reticulate::install_python()
```

- 주의: Git이 설치되어 있지 않으면 Git을 설치하라는 에러 메시지가 나온다. 그러면 https://git-scm.com/downloads/win에서 Git을 설치한다. 단 설치 시 "Git from the command line and also from 3rd-party software" 옵션을 선택할 것.

이미 설치된 Python을 활용할 경우, reticulate::install_python() 대신 아래 코드를 실행할 수 있다. 이때 "python.exe" 파일의 경로는 사용자에게 맞게 설정해야 한다. 일반적으로, Anaconda 설치 시 Python이 함께 설치되기 때문에 "C 드라이브 > 사용자 > anaconda3"에 "python.exe"가 존재한다.

```
reticulate::use_python("C:/Users/A/anaconda3/python.exe", required = TRUE)
---------------------------------------------
library(tensorflow)
library(reticulate)
library(tidyverse)
conda_list() (환경 List를 보고 몇 번째에 tf라는 가상환경이 있는지 확인 후,
            아래 코드의 [2]의 숫자 변경이 필요하면 변경)
conda_list()[[1]][2] %>%
        use_condaenv(required = TRUE)
```

5단계: R에서 LSTM 실행하기 위한 문서에서 만약 문제가 생기면, C:\Users\anaconda3\envs 들어가서 있는 파일 모두 삭제 후 2단계 다시 실시한다.

- 주의: 삭제 전에 RStudio 종료 / 환경 이름을 주의한다.
- 주의: 일반 사용자에겐 위험할 수 있으니 conda_remove("tf")처럼 reticulate 함수로 아래와 같이 삭제를 추천한다.

```
library(reticulate)
conda_remove("tf")
```

6단계: 아래 코드로 패키지를 실행한다.

```
library(tensorflow)
library(keras)
library(reticulate)
library(tidyverse)
conda_list() (환경 List를 보고 몇 번째에 tf라는 가상환경이 있는지 확인 후,
            아래 코드의 [2]의 숫자 변경이 필요하면 변경)
conda_list()[[1]][2] %>%
use_condaenv(required = TRUE)
```

설치가 잘 되었는지 확인하기 위해 아래 코드로 테스트한다.

tf$constant("Hello TensorFlow!")

7단계: 정상적으로 5단계까지 완료되었다면, LSTM 코드를 실행한다.

6.5.4 R을 이용한 미국 FRED-MD 데이터 실습

4번 줄에서 22번 줄까지는 앞서 6.5.3항에서 설명한 R에서 LSTM 모형을 실행하기 위한 준비 단계 중 4단계 부분을 나타낸다. 19번 줄에서 conda_list()[[1]][4]인 것은 저자의 PC에서는 tf라는 가상환경이 4번째로 되어 있기 때문이다.

```
2  ## LSTM 실행을 위한 준비
3
4  install.packages("remotes")
5  library(remotes)
6  library(reticulate)
7  remotes::install_github("rstudio/tensorflow")
8  reticulate::install_python()
9
10 reticulate::use_python("C:/Users/HERO/anaconda3/python.exe")
11
12 ###################
13 library(tensorflow)
14 library(keras)
15 library(reticulate)
16 library(tidyverse)
17 conda_list()
18
19 conda_list()[[1]][4] %>%
20   use_condaenv(required = TRUE)
21
22 tf$constant("Hello TensorFlow!")
```

19번 줄에서 사용된 %>%는 파이프(pipe) 연산자라 불리는데, 이는 앞의 결과를 다음 함수의 첫 번째 인자로 넘겨준다. 예를 들어, R에서

sqrt(mean(c(1, 4, 9)))

를 파이프 연산자를 이용하여 쓰면

c(1, 4, 9) %>% mean() %>% sqrt()

이 된다. 벡터(1,4,9)의 평균을 계산하고 그 값을 제곱근(sqrt) 취하라는 것이다.

29번 줄에서 50번 줄까지는 데이터를 불러들이고 최소–최대 정규화를 실시한 후, 종속변수와 설명변수를 설명하는 부분이다. 데이터는 4.3.1항에서 사용한 데이터와 동일하며, 정규화 부분은 6.5.1항과 동일하므로 설명은 생략한다.

```
29  library("readxl")
30  # load data
31  FREDMD <- read_excel("FREDMDdata.xlsx",sheet=1)
32
33  # Min-max normalization
34  normalize <- function(x, minval, maxval) {
35    (x - minval) / (maxval - minval)
36  }
37  # Inverse Normalization
38  denormalize <- function(x, minval, maxval) {
39    x*(maxval-minval) + minval
40  }
41
42  # 변수의 min/max 저장
43  x_min <- apply(FREDMD, 2, min)
44  x_max <- apply(FREDMD, 2, max)
45
46  # 정규화
47  FREDMD.norm <- as.data.frame(mapply(normalize,FREDMD,x_min,x_max))
48
49  y <- FREDMD.norm[["INDPRO"]]
50  xdata <- model.matrix(INDPRO~.,data = FREDMD.norm)[,-1]
```

이번 실습에서는 예측 대상기간(forecast horizon)이 h일 때의 모형인

$$y_t = f(X_{t-h}) + \epsilon_t$$

을 학습한다. 예측 대상기간 h가 1보다 클 때는 2장에서 배운 직접 예측을 실행하는 것에 해당한다. 우리가 다루는 FRED–MD 데이터와 같이 종속변수와 설명변수의 각 시점이 맞추어진 데이터가 주어졌을 때, 위 모형을 학습하기 위해 y_t와 X_{t-h}를 설정하는 과정이 필요할 것이다. 그리고 주어진 데이터의 시점이 $t = 1, 2, \cdots, T$라 한다면, T 시점에서 구하는 h–단계 앞 예측치는 데이터 세트의 마지막 입력 변수 X_T(즉, 가장 최근 시점의 입력 변수)를 학습된 모형에 대입한

$$E(y_{T+h}|F_T) = \hat{f}(X_T)$$

이 될 것이다.

입력 데이터 3차원 배열로 전환

```r
52  # 시점당 변수 수
53  n_features <- ncol(xdata)
54  timestep   <- 4  # 과거 4개월을 입력으로 사용
55  horizon    <- 1  # 예측 대상기간(forecast horizon)
56
57  # 입력 데이터를 3D-array로 만드는 함수
58  create_dataset <- function(x, y, timestep, horizon) {
59    X <- array(NA, dim = c(nrow(x) - timestep - horizon + 1,
60                           timestep, ncol(x)))
61    Y <- y[(timestep + horizon):length(y)]
62    for (i in 1:(nrow(x) - timestep  - horizon + 1)) {
63      X[i,,] <- as.matrix(x[i:(i + timestep - 1), ])
64    }
65    return(list(X = X, y = Y))
66  }
67
68  ds <- create_dataset(xdata, y, timestep, horizon)
69
70  X_train <- ds$X
71  y_train <- ds$y
```

53번 줄은 설명변수의 수를 n_features로 지정하고, 55번 줄은 예측 대상기간을 horizon = 1로 설정해서 1개월 앞 표본 외 예측을 수행한다는 것을 나타낸다. 54번 줄의 timestep은 LSTM에 입력으로 넣을 과거 시점의 길이를 의미하며, LSTM 모형에서 매우 중요한 하이퍼파라미터 중 하나다. timestep = 4는 LSTM이 예측을 수행할 때 바로 직전 한 시점만 보는 것이 아니라, 과거 4개월 동안의 데이터를 함께 고려하도록 학습하게 만든다는 의미이다. 다시 말해, 입력 데이터를 시계열 구조로 자를 때, 각각의 샘플은 과거 4개월 연속된 시점의 데이터를 하나의 단위로 묶어서 사용하고, 이 단위를 입력으로 하여 그다음 시점의 값을 예측하도록 모형이 학습된다.

58번 줄에서 68번 줄은 y_t와 X_{t-h}를 설정하면서 동시에 입력 데이터를 3차원 배열로 바꾸는 것이다. LSTM 모형을 학습하기 위해서는 입력 데이터를 3차원 배열로 바꾸어야 하는데, 이는 LSTM 모형이 timestep을 반영해서 시계열 데이터를 시간의 흐름에 따라 처리하기 때문이다. 58번 줄과 68번 줄을 실행하면 입력 데이터는 다음과 같은 세

개의 축을 가진 3차원 배열로 변환된다. 입력 데이터의 1번 축은 샘플 수, 2번 축은 timestep에 의해 반영되는 시점 수, 3번 축은 입력 변수 수(각 시점마다 사용되는 설명 변수)를 나타낸다.

70번 줄과 71번 줄은 이렇게 만들어진 timestep을 반영하여 3차원 배열로 변환한 X_{t-h}와 종속변수 y_t는 보다 명확하게 하려고 각각 X_train과 y_train으로 지정한다.

```
52  # 시점당 변수 수
53  n_features <- ncol(xdata)
54  timestep <- 4  # 과거 4개월을 입력으로 사용
55  horizon = 1 # forecast horizon 예측 대상기간
56
57  # 3D-array 입력 데이터 만들기
58  create_dataset <- function(x, y, timestep, horizon) {
59    X <- array(NA, dim = c(nrow(x) - timestep - horizon + 1,
60                 timestep, ncol(x)))
61    Y <- y[(timestep + horizon):length(y)]
62    for (i in 1:(nrow(x) - timestep  - horizon + 1)) {
63      X[i,,] <- as.matrix(x[i:(i + timestep - 1), ])
64    }
65    return(list(X = X, y = Y))
66  }
67
68  ds <- create_dataset(xdata, y, timestep, horizon)
69
70  X_train = ds$X
71  y_train = ds$y
```

73번 줄에서 79번 줄은 예측치 $E(y_{T+h})=\hat{f}(X_T)$를 계산할 때 필요한 X_T를 3차원 배열로 지정하는 과정이다. 처음 로딩한 FRED-MD 데이터의 가장 마지막 행의 관측치가 X_T이므로 이를 73번 줄의 함수를 통해 3차원 배열로 만드는 것이다.

```
73  create_X.out <- function(x, timestep) {
74    X_last <- array(NA, dim = c(1, timestep, ncol(x)))
75    X_last[1,,] <- as.matrix(tail(x, timestep))
76    return(X_last)
77  }
78
79  X.out.arr <- create_X.out(xdata, timestep)
```

83번 줄과 84번 줄은 LSTM 모형을 학습하기 전에 시드를 고정한다. R에서의 시드 고정도 하고, LSTM 모형은 텐서플로우와 케라스를 사용하므로 딥러닝 내부의 가중치 초기화 등을 제어하기 위해 84번 줄도 함께 실행한다.

다음 과정은 LSTM 모형을 설정하는 것이다. 88번 줄에서 layer_lstm의 units는 은닉 상태의 크기를 지정한다. units = 32는 각 시점의 은닉 상태가 길이 32인 벡터인 것을 의미한다. units가 크면 더 많은 정보를 기억할 수 있으나 너무 크면 과대적합이 될 수 있고 계산 속도가 느려진다. 보통 units는 20에서 100 사이로 놓고 학습한다.

input_shape은 입력 데이터가 어떤 형태인지 알려준다. stateful = FALSE는 데이터를 여러 배치로 나누어서 학습할 때 각 배치를 처리할 때마다 은닉 상태를 초기화하고 시작하는 것이다. 일반 시계열 예측에서 기본으로 선택하는 설정이다. layer_dense(units = 1)는 출력값이 하나라는 뜻이다.

94번 줄은 손실함수를 평균제곱오차로 설정하고 최적화 알고리즘을 선택한다. optimizer = "adam"은 딥러닝 학습에서 자주 등장하는 아주 중요한 설정이다. 이 코드는 모형을 학습할 때 사용하는 최적화 알고리즘으로 Adam(adaptive moment estimation)을 선택한다는 뜻이다.

```
82  ## Set random seeds
83  set.seed(42)          # R에서의 난수수 제어
84  set_random_seed(42)   # 딥러닝 내부의 가중치 초기화 제어
85  
86  
87  ## LSTM 모형 설정 및 학습
88  model <- keras_model_sequential() %>%
89    layer_lstm(units = 32, input_shape = c(timestep, n_features)
90               ,stateful = FALSE) %>%
91    layer_dense(units = 1)
92  
93  
94  model %>% compile(
95    loss = "mse",
96    optimizer = "adam"
97  )
98  
99  summary(model)
100 
101 model %>% fit(X_train, y_train, epochs = 100,
102   batch_size = 50, shuffle = FALSE, verbose = 2
103 )
```

99번 줄의 summary(model)은 모형의 층 구성, 파라미터 수, 출력 형태 등 구조에 대한 정보를 정리해서 아래와 같이 보여준다.

```
> summary(model)
Model: "sequential"
________________________________________________________________________________
 Layer (type)                       Output Shape                     Param #
================================================================================
 lstm (LSTM)                        (None, 32)                       19712
 dense (Dense)                      (None, 1)                        33
================================================================================
Total params: 19,745
Trainable params: 19,745
Non-trainable params: 0
________________________________________________________________________________
> |
```

101번 줄은 하이퍼파라미터를 설정하고 LSTM 모형을 학습하는 것이다. 에포크와 배치 사이즈를 각각 100과 50으로 설정하고 있는데, 에포크는 전체 훈련 데이터를 한 번 모두 사용해 학습을 완료한 횟수이고 배치 사이즈는 배치에 포함된 샘플 데이터의 개수이다. 6.2절의 에코프와 배치 사이즈에 대한 설명을 참고하기 바란다.

shuffle = FALSE는 시간 순서가 중요한 시계열 데이터를 학습할 때의 설정이다. 이 경우 배치 간 순서 및 배치 내부 순서도 섞지 않는다. shuffle = TRUE는 학습할 때 데이터를 랜덤하게 섞기 때문에 시계열 데이터를 학습할 때는 적절하지 않다.

verbose는 학습 과정에서 얼마나 많은 정보를 출력할지 조절하는 옵션이다. verbose = 0은 아무 메시지도 출력하지 않고, verbose = 1은 한 줄씩 진행 상황을 출력하고, verbose = 2는 에포크별 요약만을 출력한다.

```
106  ## h-step ahead out-of-sample forecast
107  h_step_ahead_pred <- model %>% predict(X.out.arr)
108
109  y_min <- x_min["INDPRO"]
110  y_max <- x_max["INDPRO"]
111  y_pred <- denormalize(h_step_ahead_pred, y_min, y_max)
```

107번 줄은 모형 학습 결과를 이용하여 예측치를 계산한다. 109번 줄에서 111번 줄까지는 이를 다시 원래 데이터의 크기로 재변환한다.

LSTM 층(LSTM layer)이 두 개인 모형

다음으로는 LSTM 층이 두 개인 경우를 살펴보자. LSTM 층은 시간 순서를 가진 데이터를 처리하는 순환층(recurrent layer)으로, LSTM 층이 두 개 있다는 것은 두 개의 LSTM 층이 순차적으로 쌓여 있음을 의미한다. 일반적인 인공신경망 모형의 은닉층과는 다른 것에 유의해야 한다. 시계열 구조가 복잡하고 장기 패턴을 잘 학습하고자 할 때 LSTM 층이 1보다 큰 모형을 이용할 수 있는데, 과대적합의 위험이 높아지기 때문에 드롭아웃을 함께 적용하는 것이 일반적이다.

116번 줄은 LSTM layer가 두 개이고 드롭아웃 비율이 0.3인 LSTM 모형을 설정한다. 첫 번째 층은 units = 32로 은닉 상태의 크기를 32로 정하고, 두 번째 층은 units = 16으로 설정하였다. 한 가지 주의할 점은 layer_lstm()에서 LSTM layer를 두 개 이상 쌓을 경우, 첫 번째 LSTM 층에 return_sequences = TRUE를 반드시 설정해야 한다는 것이다. 이는 첫 번째 층이 각 시점마다 출력한 은닉 상태의 시퀀스 전체를 두 번째 LSTM 층에 전달하도록 만들기 위해서이다. 만약 return_sequences = TRUE가 설정되지 않으면, 첫 번째 층은 마지막 시점의 은닉 상태만 출력하게 되어, 두 번째 층이 시계열 정보를 제대로 학습할 수 없게 된다. layer_dropout(rate = 0.3)은 드롭아웃 비율을 0.3으로 정하고 있다.

```
114 ## 2-layer LSTM model with dropout (rate = 0.3)
115
116 model2 <- keras_model_sequential() %>%
117    layer_lstm(units = 32,
118               input_shape = c(timestep, n_features),
119               stateful = FALSE,
120               return_sequences = TRUE) %>%
121    layer_dropout(rate = 0.3) %>%
122    layer_lstm(units = 16) %>%
123    layer_dropout(rate = 0.3) %>%
124    layer_dense(units = 1)
125
126 model2 %>% compile(
127   loss = "mse",
128   optimizer = "adam"
129 )
130
131 summary(model2)
132
133 model2 %>% fit(X_train, y_train, epochs = 100,
134               batch_size = 50, shuffle = FALSE, verbose = 2
135 )
136
137 ## h-step ahead out-of-sample forecast
138 h_step_ahead_pred2 <- model2 %>% predict(X.out.arr)
139 y_pred2 <- denormalize(h_step_ahead_pred2, y_min, y_max)
```

126번 줄에서 139번 줄은 116번 줄에서 설정한 모형을 학습하고 이를 이용하여 예측치를 만드는 과정이다. 94번 줄에서 111번 줄의 내용에 대응하므로 설명은 생략하겠다. 다만, 131번 줄을 실행하면 아래와 같은 모형에 대한 정보를 제시한다.

```
> summary(model2)
Model: "sequential_1"
________________________________________________________________________________
 Layer (type)                    Output Shape                    Param #
================================================================================
 lstm_2 (LSTM)                   (None, 4, 32)                   19712
 dropout_1 (Dropout)             (None, 4, 32)                   0
 lstm_1 (LSTM)                   (None, 16)                      3136
 dropout (Dropout)               (None, 16)                      0
 dense_1 (Dense)                 (None, 1)                       17
================================================================================
Total params: 22,865
Trainable params: 22,865
Non-trainable params: 0
________________________________________________________________________________
> |
```

LSTM 모형을 이용할 때 LSTM 층이 몇 개인 모형을 사용할지, 은닉 상태의 크기를 어떻게 정할지, 에포크와 배치 사이즈를 어떻게 설정할지 등을 선택해야 한다. 이러한 하이퍼파라미터를 결정하기 위해 이동 윈도우 예측 절차를 이용한 예측 실험을 진행할 수 있을 것이다. 다양한 하이퍼파라미터의 조합들의 표본 외 예측의 예측 손실을 비교하여 예측 손실이 가장 낮은 조합을 선택하면 될 것이다.

6.5.5 파이썬을 이용한 미국 FRED-MD 데이터 실습

R에서 사용하는 텐서플로우 패키지와 케라스 패키지는 독립적인 R 패키지가 아니라 파이썬의 텐서플로우/케라스 라이브러리를 백엔드로 연결하여 사용하는 인터페이스이다. 따라서 하이퍼파라미터 설정 방식, 모형 구조, 학습 메커니즘은 파이썬과 동일하다. 다만, 파이썬에서 LSTM 모형을 학습하는 것이 일반적으로 R에서 학습하는 것보다 더 빠르고 안정적이다. 이는 파이썬은 텐서플로우를 직접 구동하고 R은 reticulate를 통해 우회 실행하기 때문이다. 데이터 규모가 크지 않으면 크게 차이가 없으나 데이터 규모가 클수록 파이썬을 직접 이용하는 것이 바람직하다. 따라서 6.5.4항에서 살펴본 R 코드를 동일하게 재현한 파이썬 코드를 제시하고자 한다. LSTM 모형을 대규모 데이터

에 적용할 경우 여기에서 제시하는 파이썬 코드를 이용할 수 있을 것이다.

아래에서는 6.5.4항에서 살펴본 R 코드와 동일한 순서로 재현한 파이썬 코드를 보여준다. 하이퍼파라미터 등 세부적인 사항들은 6.5.4항의 R 코드 설명과 유사하기 때문에 이를 참고하기 바란다.

첫 부분은 데이터를 불러들이고, 최소–최대 정규화를 한 후, 종속변수와 입력 변수를 설정하는 것이다.

```
import pandas as pd
import numpy as np
import tensorflow as tf
from tensorflow.keras.layers import LSTM, Dense, Dropout
from tensorflow.keras.models import Sequential
from sklearn.preprocessing import MinMaxScaler
import random

scaler = MinMaxScaler()
```

```
### 데이터 불러오기
FREDMD = pd.read_excel("FREDMDdata.xlsx")
```

```
### 정규화 함수

scaler = MinMaxScaler()

def normalize(df):
    return pd.DataFrame(scaler.fit_transform(df), columns=df.columns)

def denormalize(val, minval, maxval):
    return val * (maxval - minval) + minval
```

```
### 데이터 정규화

FREDMX_norm = normalize(FREDMD)
```

```
y = FREDMX_norm['INDPRO']
X = FREDMX_norm.drop(columns=['INDPRO'])
```

다음은 입력 변수의 수, timestep, 예측 대상기간을 지정한 후 y_t와 X_{t-h}를 설정하면서 동시에 입력 데이터를 3차원 배열로 바꾸는 것이다. 마지막 줄은 X_T를 3차원 배열로 지정한다.

```
n_features = len(X.T)
timestep = 4
horizon = 1
```

```
### 3D-Array 생성

def create_dataset(x, y, timestep, horizon):
    x = np.asarray(x)
    y = np.asarray(y)

    n_samples = x.shape[0] - timestep - horizon + 1
    X = np.empty((n_samples, timestep, x.shape[1]))
    Y = y[timestep + horizon - 1:]

    for i in range(n_samples):
        X[i] = x[i:(i + timestep), :]

    return X, Y

def create_X_out(x, timestep):
    x = np.asarray(x)
    X_last = x[-timestep:]
    X_last = X_last.reshape((1, timestep, x.shape[1]))
    return X_last
```

```
ds = create_dataset(X, y, timestep, horizon)
```

```
X_train, y_train = create_dataset(X, y, timestep=4, horizon=1)
```

```
X_out_arr = create_X_out(X, timestep)
```

다음은 시드를 고정하고, LSTM 층이 하나인 LSTM 모형을 설정한다. 파이썬, 넘파이, 텐서플로우는 각자 다른 난수 시스템을 사용하기 때문에, 동일한 학습 결과를 얻기 위해 세 가지 모두에 시드를 고정하였다.

```
### Random seed 설정

random.seed(21)
np.random.seed(21)
tf.random.set_seed(21)
```

```
### 단일층 LSTM

model = Sequential()
model.add(LSTM(units=32, input_shape=(timestep, n_features), stateful=False))
model.add(Dense(units=1))
```

```
model.compile(optimizer='adam', loss='mse')
model.summary()
```

model.summary()이 주는 결과는 아래와 같은데, 이는 R에서 summary(model)이 제시하는 결과와 동일하다.

```
Model: "sequential"
_________________________________________________________________
 Layer (type)                Output Shape              Param #
=================================================================
 lstm (LSTM)                 (None, 32)                19712

 dense (Dense)               (None, 1)                 33

=================================================================
Total params: 19,745
Trainable params: 19,745
Non-trainable params: 0
_________________________________________________________________
```

다음 단계는 모형을 학습하는 것이다.

```
### 모델 학습

model.fit(X_train, y_train, epochs=100, batch_size=50,shuffle=False,verbose=2)
```

아래는 모형 학습 결과를 이용하여 예측치를 계산하고 이를 다시 원래 데이터의 크기로 재변환하는 것이다.

```
### 예측

h_step_ahead_pred = model.predict(X_out_arr)
```

```
x_min = FREDMD.apply(min)
x_max = FREDMD.apply(max)

y_min = x_min['INDPRO']
y_max = x_max['INDPRO']
```

```
### Denormalize하여 예측값 생성

y_pred = denormalize(h_step_ahead_pred, y_min, y_max)
```

이상이 LSTM 층이 하나인 경우의 학습 및 예측 코드였다. 마지막으로 LSTM 층이 두 개인 모형의 경우를 살펴보자.

```
### 2-layer LSTM with dropout (rate = 0.3)

model2 = Sequential()
model2.add(LSTM(units=32, input_shape=(timestep, n_features),
                return_sequences=True, stateful=False))
model2.add(Dropout(rate=0.3))
model2.add(LSTM(units=16))
model2.add(Dropout(rate=0.3))
model2.add(Dense(units=1))
```

```
model2.compile(loss='mse', optimizer='adam')
model2.summary()
```

model2.summary()이 주는 결과는 아래와 같은데, 이는 R에서 summary(model2)이 제시하는 결과와 동일하다.

```
Model: "sequential_1"
_________________________________________________________________
 Layer (type)                Output Shape              Param #
=================================================================
 lstm_1 (LSTM)               (None, 4, 32)             19712

 dropout (Dropout)           (None, 4, 32)             0

 lstm_2 (LSTM)               (None, 16)                3136

 dropout_1 (Dropout)         (None, 16)                0

 dense_1 (Dense)             (None, 1)                 17

=================================================================
Total params: 22,865
Trainable params: 22,865
Non-trainable params: 0
_________________________________________________________________
```

모형을 학습하고 이를 이용하여 예측치를 계산하는 과정은 아래와 같다.

```
### 모델 학습
model2.fit(X_train, y_train, epochs=100, batch_size=50, shuffle=False, verbose=2)
```

```
### 예측
h_step_ahead_pred2 = model2.predict(X_out_arr)
```

```
### Denormalize하여 예측값 생성
y_pred2 = denormalize(h_step_ahead_pred2, y_min, y_max)
```

7장

종합 실습: 머신러닝을 이용한 인플레이션 예측과 관련 이슈

7.1 미국 인플레이션 예측 실습

연구자의 관심 또는 실무자의 필요에 따라 예측하고자 하는 경제 또는 금융 시계열이 정해질 것이다. 예측 실험을 통해 예측력이 뛰어난 모형을 선별하고 이 선별된 모형을 이용하여 예측치를 구해야 하는 상황이라고 생각해 보자. 예측력이 뛰어난 모형을 선별하기 위한 예측 실험은 순서를 그대로 따를 필요는 없지만 다음과 같은 단계를 거친다.

1단계: 관련 데이터를 모아 데이터 세트를 구축

2단계: 설명변수의 정상시계열로의 변환(또는 상황에 맞는 적절한 변환)

3단계: 예측력을 비교할 모형 선택

4단계: 예측 절차 등 선택

- **예측 절차 선택:** 이동 윈도우 예측 또는 확장 윈도우 예측
- **다단계 앞 예측이 필요할 때 방법 선택:** 반복 예측 또는 직접 예측
- **예측 대상기간 선택:** 1개월 앞, 3개월 앞 등

5단계: 모형별 표본 외 예측치 생성

6단계: 예측오차 비교: RMSE, MAE 등

7단계: 예측력 검정: Giacomini–White 검정, 모형 신뢰 집합 검정 등

7.1절에서는 1장에서 6장까지 배운 다양한 시계열 및 머신러닝 모형들을 적용하여 예측치를 만들고 모형들의 예측력을 평가하는 실습을 살펴본다. Medeiros et al.(2021)은 머신러닝을 이용한 미국 인플레이션 예측을 분석하였는데, 저자들이 이용한 데이터, 예측 절차, 예측력 검정 방법을 실습에서 활용하고자 한다.

[그림 7.1]은 1960년 2월[1)]부터 2000년 12월까지의 미국 소비자물가지수의 로그 차분($\log CPI_t - \log CPI_{t-1}$)을 나타내는데, 이는 전월대비 소비자물가상승률에 대응한다. Medeiros et al.(2021)은 1990년 1월에서 2000년 12월까지의 예측 기간과 2001년 1월 2015년 12월까지의 예측 기간을 각각 분석하는데, 7.1절에서의 실습은 1990년 1월에서 2000년 12월까지의 예측 기간을 다룰 것이다.

1) Medeiros et al.(2021)은 논문에서 1960년 1월부터의 데이터를 다룬다고 하였으나, 실제 예측에 사용한 데이터를 보니 1960년 2월부터의 데이터를 다룬 것으로 확인되었다.

그림 7.1 미국 전월대비 소비자물가상승률(1960.02~2000.12)

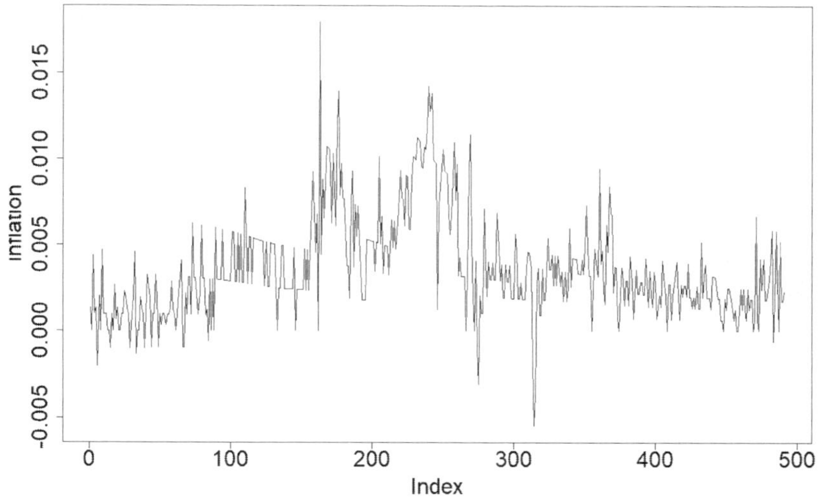

참고 Medeiros et al.(2021) **논문 관련 사항**

저자들은 논문이 학술지에 게재가 확정되고 예측치 생성에 사용한 R 코드를 공개하였다 (https://github.com/gabrielrvsc/ForecastingInflation).

이 논문은 새로운 예측 모형을 제안하고 그 예측력을 검증하지는 않지만, 방대한 시계열 및 머신러닝 모형을 다루면서 시계열 예측 관련 계량경제학 분야의 발전을 엄밀하게 반영하여 머신러닝 방법이 통계적으로 유의한 수준으로 미국 인플레이션 예측을 개선할 수 있음을 보인다. 랜덤 포레스트가 중요한 변수를 선택하고 비선형 관계를 잘 반영하는 특징에 의해 특히 예측 대상기간이 길수록 예측력이 좋다는 결론을 제시하고 있다. 따라서 이 논문은 시계열 및 머신러닝 예측과 관련하여 좋은 참고 자료가 될 것이다.

다만 주의해야 할 점도 몇 가지 있다. 첫째, 논문의 4.5절의 랜덤 포레스트 모형에 대한 설명을 보면, 시계열을 다루고 있기 때문에 블록 부트스트랩을 사용한다고 쓰여있다. 저자들이 공개한 코드의 랜덤 포레스트 모형이 통상적인 독립 부트스트랩을 사용하고 있어서 저자들에게 문의한 결과 그 부분이 오류임을 확인받았다. 논문에 쓰인 것과 달리 독립 부트스트랩을 사용하였다고 한다. 시계열을 사용할 때 랜덤 포레스트 모형을 학습할 때 블록 부트스트랩을 적용하겠다는 생각은 시계열 분석의 경험이 있는 연구자로서는 당연히 해볼 만한 것이라 여겨진다. 본 교재의 저자도 한희준(2023)에서 이를 사례 연구로 살펴보기는 하였는데, 랜덤 포레스트에 이동 블록 부트스트랩 또는 정상 부트스트랩을 적용한 결과 독립 부트스트랩을 사용할 때에 비해 예측력의 개선이 일관성 있게 나타나지는 않았다.

둘째, 저자들이 초기에 공개한 R 코드 부분에서 다단계 예측 부분에 오류가 있었다. 저자들에게 확인한 결과 저자들도 이를 인식하고 공개한 코드를 수정하였다고 답변했다. 현재 공개된 코드는 해당 오류를 수정한 것이다.

7.1.1 R 코드 실습

데이터 세트 구축 및 정상시계열로의 변환

Medeiros et al.(2021)은 미국 인플레이션 예측에 FRED-MD를 이용하였고 FRED-MD에서 제시한 변환 코드를 이용하여 설명변수를 정상시계열로 변환하였다. 저자들이 변환하고 사용한 데이터(FREDMDdata.xlsx)를 이용할 것인데, 어떻게 정상시계열로 변환한 데이터 세트를 준비하는지를 살펴보자.

미국 St. Louise 연방준비은행의 웹사이트에서 내려받은 FRED-MD 2016년 1월 당시 데이터(2016-01 vintage)를 사용하는데, 10번 줄에서 불러들이는 2016-01.csv 파일은 결측치가 있는 데이터를 제외하고 표본 기간에 맞춘 데이터만을 포함하고 있다.

```
8  # FRED-MD 2016년 1월 vintage 데이터
9  # 결측치 포함한 데이터 제거, 1959년 11월 ~ 2000년 12월로 제한
10 data = read.csv("2016-01.csv")
11 complete.cases(data)
12
13 y1 = diff(log(data$CPIAUCSL))[-(1:2)]
14 y2 = diff(log(data$PCEPI))[-(1:2)]
```

10번 줄을 실행하여 데이터(2016-01.csv 파일)를 불러오면 아래와 같이 첫 번째 행에는 변수별 변환 코드가 그리고 첫 번째 열에는 날짜가 나타난다.

	sasdate	RPI	W875RX1	DPCERA3M086SBEA	CMRMTSPLx	RETAILx	INDPRO
1	Transform:	5.0	5.0	5.000	5.0	5.00	5.0000
2	11/1/1959	2358.3	2215.7	18.879	248288.4	18354.74	22.9513
3	12/1/1959	2380.9	2239.6	18.858	260928.2	18269.70	24.3700
4	1/1/1960	2391.2	2252.5	18.910	265406.0	18762.30	25.0099
5	2/1/1960	2392.8	2253.6	18.993	269265.0	18831.78	24.7873
6	3/1/1960	2397.2	2255.5	19.262	261773.3	18811.04	24.5648

11번 줄을 실행하면 결측치가 없다는 것을 확인할 수 있다. 13번 줄은 로그를 취한 소비자물가지수를 한 번 차분하여 이를 종속변수로 지정하고 있다.[2] 14번 줄은 개인 소비지출(personal consumption expenditure) 물가지수에 대한 부분이다.[3]

```
16  data = subset(data, select = -c(CPIAUCSL, PCEPI))
17  tcode = data[1,]  # 첫 번째 행: Tcode
18  data = data[-1,]  # Tcode 행 제거
19  tdata = data[-(1:2),] # 최초 2 표본 제거(2차 차분 고려)
20  
21  for (i in 2:ncol(data)){
22    if(tcode[i] == 1){
23      tdata[,i] <- data[-(1:2),i]
24    } # 그대로
25    if(tcode[i] == 2){
26      tdata[,i] <- diff(data[-1,i])
27    } # 1차 차분
28    # tdoce ==3(2차 차분)에 해당하는 데이터는 없음
29    if(tcode[i] == 4){
30      tdata[,i] <- log(data[-(1:2),i])
31    } # log
32    if(tcode[i] == 5){
33      tdata[,i] <- diff(log(data[-1,i]))
34    } # log 취한 뒤 1차 차분
35    if(tcode[i] == 6){
36      tdata[,i] <- diff(diff(log(data[,i])))
37    } # log 취한 뒤 2차 차분
38    if(tcode[i] == 7){
39      tdata[,i] <- diff(data[-1,i]/data[1:(nrow(data)-1),i])
40    } # 증가율의 1차 차분
41  }
42  
43  tdata = tdata[,-1] # date 제거, 1960년 1월 ~ 2000년 12월
44  Y = cbind(CPI = y1, PCE = y2, tdata)
45  Y= as.matrix(Y)
46  
47  # Medeiros et al.(2021) 데이터 확인 결과 1960년 2월부터 사용
48  Y = Y[-1,]
```

16번 줄에서 43번 줄은 소비자물가지수(CPIAUCSL)를 제외한 나머지 변수들을 FRED–MD의 변환 코드에 따라 정상시계열로 변환하는 것이다. 44번 줄은 아래와 같이 예측하고자 하는 종속변수를 첫 번째 열로 이동시켜 Y로 저장한다. 만약 예측하고자 하는 변수가 다른 변수라면 해당 변수를 Y의 첫 번째 열에 놓이도록 한다.[4]

2) 참고로 FRED–MD에서 소비자물가지수의 변환 코드는 6번으로 설정되어 있다. 이는 정상시계열로 변환하기 위해서는 로그를 취한 후 두 번 차분하는 것이다. 예측하고자 하는 변수가 전월대비 물가상승률이므로 로그를 취한 후 한 번만 차분하였다.

3) Medeiros et al.(2021)은 개인소비지출 물가지수를 기준으로 한 인플레이션 예측도 분석하였다.

	CPI	PCE	RPI	W875RX1	DPCERA3M086SBEA	CMRMTSPLx
5	0.0013610074	0.0009759739	6.688963e-04	4.882271e-04	4.379608e-03	1.443527e-02
6	0.0000000000	0.0005736577	1.837161e-03	8.427403e-04	1.406375e-02	-2.821685e-02
7	0.0044105245	0.0036636368	3.497963e-03	3.584788e-03	1.535242e-02	9.848360e-03
8	0.0010150568	0.0010279841	2.532540e-03	2.559013e-03	-2.034879e-02	-3.147135e-02
9	0.0013518082	0.0004565428	4.560058e-04	-4.407422e-04	-2.609127e-04	8.495852e-03

모형 선택

Medeiros et al.(2021)은 임의보행, 자기회귀, 비관측요소 확률적 변동성(unobserved components stochastic volatility, UCSV) 모형을 기본 모형으로 삼고 머신러닝 모형들이 기본 모형들보다 예측력이 우수한지를 살펴보았다. 7.1절에서는 Medeiros et al.(2021)이 고려한 모형 중 일부와 저자들이 고려하지 않은 XGBoost 모형과 LSTM 모형을 포함하여 총 13개의 시계열 모형과 머신러닝 방법들을 고려하였다. 이는 임의보행, 자기회귀(AR model with lag 4), 릿지, 라쏘, 적응형 라쏘, 엘라스틱넷, 적응형 엘라스틱넷, 완전 부분집합 회귀(complete subset regression, CSR), 타겟 팩터(target factor), 랜덤 포레스트, XGBoost, 인공신경망, LSTM 등이다.

임의보행 모형이 기준모형으로 포함된 이유는 기존 인플레이션 예측 관련 연구에서 임의보행 모형을 벤치마크 모형 중 하나로 취급하기 때문이다.[5] 축소추정 모형을 추정할 때 Medeiros et al.(2021)은 BIC를 이용하여 조율 파라미터 λ를 선택하였으나, 본 실습에서는 교차검증을 이용하여 선택하였다.

완전 부분집합 회귀는 Ellliott et al.(2013, 2015)에 의해 소개된 것으로 모든 가능한 변수 조합을 고려하는 것인데, 설명변수의 수가 많아서 다음과 같이 조정하였다. 종속변수와 개별 설명변수 하나씩만을 포함하는 선형모형을 추정하고 t-통계량의 절댓값 크기순으로 상위 20개의 설명변수를 선별하고, 이 중에서 4개의 변수를 사용하는 모든 조합을 이용한 예측치를 만들고, 마지막으로 이를 평균 낸다. 타겟 팩터 모형은 종속변

4) 이렇게 변환한 데이터 세트와 Medeiros et al.(2021)이 사용한 데이터 세트를 비교해 보면, 대부분 동일하지만, 생산자물가지수(PPI) 관련 데이터에서 다소 차이가 있는 것을 확인하였다. 이는 저자들이 생산자물가지수 개편 이전의 데이터를 사용하였기 때문이다. 아래 예측치를 만드는 실습에서는 저자들이 사용한 데이터(FREDMDdata.xlsx)를 그대로 사용할 것이다.

5) Stock and Watson(2010)과 Faust and Wright(2013) 등의 선행 연구는 물가상승률 예측에서 임의보행 등 단순한 모형들보다 체계적으로 우월한 모형을 찾기가 매우 어렵다고 강조하였다.

수와 개별 설명변수 하나씩만을 포함하는 선형모형을 추정하여 통계적으로 유의한 설명변수들을 골라내고, 이 설명변수들만을 이용하여 주성분을 추출하고 주성분을 이용하여 예측하는 것이다. 인공신경망 모형은 은닉층이 세 개이고 각각 32개, 16개, 8개의 노드를 가진 모형이다. LSTM 모형은 단일층 LSTM 모형이다.

예측 절차 및 예측 대상기간 선택

예측 절차로는 표준적인 방법인 이동 윈도우 예측을 선택한다. 표본의 수가 크다면 이동 윈도우 예측 시 추정 기간의 크기를 충분히 크게 정하고 예측치의 수도 충분히 많도록 설정하는 것이 바람직할 것이다. 데이터 세트의 전체 표본 크기는 총 491개이다. 예측 기간은 1개월 앞 예측을 기준으로 할 때 표본의 마지막 132개월로 정하고 있으므로, 이동 윈도우 예측 시 윈도우의 크기는 359개가 된다.

```
 8  rm(list=ls())
 9  FREDMD <- read_excel("FREDMDdata.xlsx",sheet=1)
10  Y <- as.matrix(FREDMD)
11
12  # number of forecasts
13  npred = 132
14  # window size = nrow(Y) - npred
```

Medeiros et al.(2021)은 예측 대상기간을 1개월 단위로 1개월부터 12개월까지로 설정하였으나 본 실습에서는 간단하게 1개월 앞 예측부터 3개월 앞 예측까지를 고려한다. 예측 대상기간이 h개월일 때 h개월 앞 예측치를 132−h+1개씩 생성하였다. 예측 대상기간이 2개월 이상인 다단계 예측에서는 직접 예측 방식을 이용한다.

예측치 만들기

라쏘 모형을 기준으로 예측치를 만드는 코드를 설명한다. glmnet 패키지를 불러들이고, 라쏘 모형이기 때문에 20번 줄에서 alpha=1을 설정한다. 4.3절의 축소추정 관련 코드 설명을 참고하기 바란다.

```
16 ## LASSO, cross-validation 사용 ##
17 library(glmnet)
18 source("functions/func-lassoCV.R")
19
20 alpha=1
21
22 ## 1개월~3개월 앞 예측
23 lasso1=lasso.rolling.window(Y,npred,1,alpha,type="lasso")
24 laslasso2=lasso.rolling.window(Y,npred,2,alpha,type="lasso")
25 lasso3=lasso.rolling.window(Y,npred,3,alpha,type="lasso")
```

23번 줄에서 25번 줄을 실행하면 1개월~3개월의 예측 대상기간에 대한 이동 윈도우 예측을 실행한다. 이때 func−lassoCV.R 파일에 포함된 lasso.rolling.window 함수와 runlasso 함수를 실행하게 되는데, 이 두 함수에 대한 설명을 아래에 제시한다. functions 폴더 안에는 각 모형에 대응하는 run모형이름 함수와 모형이름.rolling.window 함수를 포함하는 func−모형이름.R 파일이 있다. 모형마다 코드의 구조가 비슷하므로 func−lassoCV.R의 구조를 이해하면 다른 모형들의 코드를 이해하기에 어려움이 없을 것이다.

```
runlasso=function(Y,horizon,alpha=1,type="lasso"){
  # 주성분 결합
  comp=princomp(scale(Y,scale=FALSE))
  Y2=cbind(Y,comp$scores[,1:4])

  X=embed(as.matrix(Y2),4)
  Xin=X[-c((nrow(X)-horizon+1):nrow(X)),]
  X.out=X[nrow(X),]
  y=tail(Y2[,1],nrow(Xin))

  # 라쏘 또는 적응형 라쏘
  set.seed(4)
  model = cv.glmnet(Xin,y,family='gaussian',alpha=alpha)

  if(type=="adalasso"){
    penalty=(abs(coef(model,model$lambda.min)[-1])
             +1/sqrt(length(y)))^(-1)
    set.seed(4)
    model=cv.glmnet(Xin,y,penalty.factor=penalty,alpha=alpha)
  }

  # 예측치 계산
  pred=as.numeric(c(1, X.out)%*%coef(model,model$lambda.min))

  return(list("model"=model,"pred"=pred,
              "coef"=coef(model,model$lambda.min)))
}
```

runlasso 함수는 주어진 데이터를 이용하여 라쏘 모형을 학습하고 예측치를 계산한다. runlasso 함수의 세부적인 부분을 설명하기 전에 Medeiros et al.(2021)에 따른 설명변수에 대한 추가적인 설명이 필요하다. Medeiros et al.(2021)은 다양한 머신러닝 모형들을 적용할 때 모든 설명변수의 1차에서 4차까지의 시차 변수들을 개별 설명변수로 취급하고 종속변수의 1차에서 4차까지의 시차변수도 설명변수로 추가하였다. 그리고 총 122개 거시경제/금융 변수와 함께 이 122개 거시경제/금융 변수에서 추출한 4개 주성분(principal component)의 1차에서 4차까지의 시차변수도 설명변수로 포함하였다.

Medeiros et al.(2021)이 전체 설명변수로부터 추출한 4개 주성분을 설명변수로 추가한 것은 예측 분야에서 활용되어 온 접근법이다. Stock and Watson(2002)은 224개의 월별 거시경제/금융 변수들로부터 주성분을 추출하여 이를 예측에 이용하였는데, 이를 확산지수(diffusion index) 모형이라 하였다.

X_t를 t 시점에 종속변수를 포함한 모든 122개 변수와 이 122개 변수에서 추출한 4개 주성분을 추가한 것이라고 하면 X_t는 126개의 변수로 이루어진다. 주어진 데이터의 시점이 $t=1,2,\cdots,T$라 한다면, T 시점에서 h개월 앞 예측을 하기 위해서는

$$y_t = f(X_{t-h}, X_{t-h-1}, X_{t-h-2}, X_{t-h-3}) + \epsilon_t$$

를 학습한다. 따라서 각 머신러닝 모형에 사용하는 설명변수의 수는 총 504개(126×4)가 된다.

30번 줄에서 31번 줄은 추출한 주성분 4개를 포함하여 $X_{t-h}, X_{t-h-1}, X_{t-h-2}, X_{t-h-3}$을 지정한다. X_{t-h}만 이용하는 것이 아니라 X_{t-h-1}, X_{t-h-2}, X_{t-h-3}까지 포함하여 설명변수로 이용하는 것은 시계열의 의존성을 고려한 것이다. 예측할 종속변수의 시계열 의존성이 약하다면 X_{t-h}와 X_{t-h-1}만 설명변수로 이용하여도 될 것이고, 시계열 의존성이 강하다면 더 많은 시차변수를 포함하는 것이 바람직할 것이다.

학습 결과를 이용해서 T 시점에서의 h개월 앞 예측치는

$$E(y_{T+h}|F_T) = \hat{f}(X_T, X_{T-1}, X_{T-2}, X_{T-3})$$

으로 계산된다. 35번 줄과 36번 줄은 $X_T, X_{T-1}, X_{T-2}, X_{T-3}$과 y_t를 지정하는 것이다.

40번 줄에서 50번 줄은 교차검증을 통해 하이퍼파라미터 λ를 선택하여 라쏘 모형을 학습하고 예측치를 계산한다.

```
57 lasso.rolling.window=function(Y,npred,horizon=1,alpha=1,type="lasso"){
58
59   save.coef=matrix(NA,npred-horizon+1,21+ncol(Y[,-1])*4)
60   save.pred=matrix(NA,npred-horizon+1,1)
61
62   # rolling window forecasting
63   for(i in npred:horizon){
64     Y.window=Y[(1+npred-i):(nrow(Y)-i),]
65     lasso=runlasso(Y.window,horizon,alpha,type)
66     save.coef[(1+npred-i),]=as.numeric(lasso$coef)
67     save.pred[(1+npred-i),]=lasso$pred
68     cat("iteration",(1+npred-i),"\n")
69   }
70
71   real=Y[,1]
72   plot(real,type="l")
73   lines(c(rep(NA,length(real)-npred+horizon-1),save.pred),col="red")
74
75   rmse=sqrt(mean((tail(real,npred-horizon+1)-save.pred)^2))
76   mae=mean(abs(tail(real,npred-horizon+1)-save.pred))
77   errors=c("rmse"=rmse,"mae"=mae)
78
79   return(list("pred"=save.pred,"coef"=save.coef,"errors"=errors))
80 }
```

lasso.rolling.window 함수의 앞부분은 이동 윈도우 예측을 실행하는 것이다. 59번과 60번 줄은 이동 윈도우 예측 시 윈도우별 추정 계수와 예측치를 저장할 행렬을 지정한다. 63번 줄은 이동 윈도우 예측 시 윈도우를 실행하는 반복문이다. 64번 줄의 Y.window는 주어진 i에 대해 윈도우를 설정한다. 65번 줄은 주어진 윈도우의 데이터를 runlasso 함수에 적용하여 라쏘 모형을 학습하고 예측치를 만드는 것이다. 66번 줄과 67번 줄은 계수 추정치와 예측치를 저장한다.

75번 줄에서 76번 줄은 예측오차를 계산하고 [그림 7.2]와 같은 실제값과 예측값의 그림을 제시한다. [그림 7.2]에서 검은 실선은 종속변수의 실제값이고 빨간 실선은 라쏘 모형의 1개월 앞 예측치를 나타낸다.

그림 7.2 실제값과 라쏘 모형의 1개월 앞 예측값

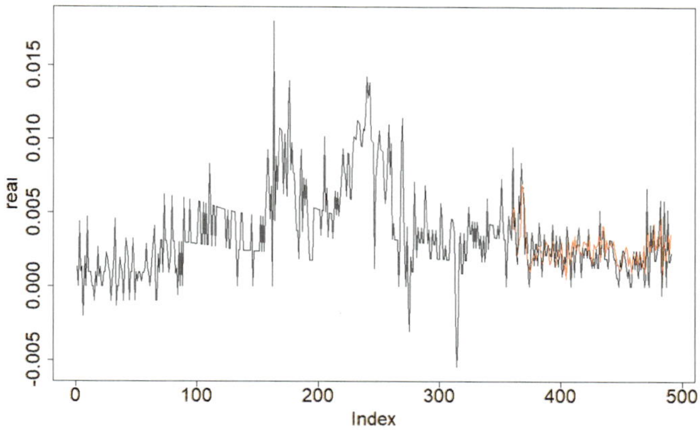

나머지 모형들도 이와 비슷한 방식으로 예측치를 구할 수 있다. 아래 그림은 모든 모형의 1개월 앞 예측을 실행시키는 코드를 보여준다.

```
# 예측 대상기간: 1개월 앞 예측

## Random Walk Model ##
source("functions/func-rw.R")
rw1=rw.rolling.window(Y,npred,1)

## AR(4) Model ##
source("functions/func-ar.R")
ar1=ar.rolling.window(Y,npred,1,type="fixed")

## Ridge Regression, cross-validation 사용 ##
library(glmnet)
source("functions/func-lassoCV.R")
alpha=0
ridge1=lasso.rolling.window(Y,npred,1,alpha,type="lasso")

## LASSO ##
alpha=1
lasso1=lasso.rolling.window(Y,npred,1,alpha,type="lasso")

## Adaptive LASSO ##
adalasso1=lasso.rolling.window(Y,npred,1,alpha,type="adalasso")

## Elastic Net ##
alpha=0.5
elasticnet1=lasso.rolling.window(Y,npred,1,alpha,type="lasso")

## Adaptive Elastic Net ##
adaelasticnet1=lasso.rolling.window(Y,npred,1,alpha,type="adalasso")

## Complete Subset Regression (CSR) ##
source("functions/func-csr.R")
```

```
34 csr1=csr.rolling.window(Y,npred,1)
35
36 ## Target Factors ##
37 source("functions/func-fact.R")
38 source("functions/func-tfact.R")
39 source("functions/func-baggit.R")
40 tfact1=tfact.rolling.window(Y,npred,1)
41
42 ## Random Forest (RF) ##
43 source("functions/func-rf.R")
44 library(randomForest)
45 rf1=rf.rolling.window(Y,npred,1)
46
47 ## XGBoost ##
48 source('functions/func-xgb.R')
49 library(xgboost)
50 xgb1=xgb.rolling.window(Y,npred,1)

52 ## Neural Networks(Deep Learning) ##
53 source("functions/func-nn.R")
54 library(dplyr)
55 library(keras)
56 library(h2o)
57 h2o.init()
58
59 nn1=nn.rolling.window(Y,npred,1)
60
61 ## LSTM ##
62 library(tensorflow)
63 library(keras)
64 library(reticulate)
65 library(tidyverse)
66 conda_list()
67
68 conda_list()[[1]][4] %>%
69   use_condaenv(required = TRUE)
70
71 # Normalization
72 normalize <- function(x) {
73   return((x-min(x))/(max(x)-min(x)))
74 }
75 # Inverse Normalization
76 denormalize <- function(x, minval, maxval) {
77   x*(maxval-minval) + minval
78 }
79
80 source("functions/func-lstm.R")
81 lstm1 <- mul.lstm.rolling.window(Y,npred,1)
82
83 # saving entire worksapce
84 save.image("results_forecasts_US.RData")
```

모든 모형의 예측치와 예측오차를 구한 다음, 84번 줄은 그 결과를 results_forecasts_US.RData에 저장한다.

예측오차 비교

예측오차로는 평균제곱근오차(RMSE)와 평균절대오차(MAE)를 비교하였다. 아래 그림은 총 13개 모형의 예측오차를 정렬하고 엑셀 파일로 저장하는 것을 나타낸다.

```
load("results_forecasts_US.RData")
library(stringr)
library(openxlsx)

stack <- NULL
for (i in 1:2) {
  #1.random walk
  rw = cbind(rw1$errors[i],rw2$errors[i],rw3$errors[i])
  #2. ar
  ar = cbind(ar1$errors[i],ar2$errors[i],ar3$errors[i])
  #3. ridge regression
  ridge = cbind(ridge1$errors[i],ridge2$errors[i],ridge3$errors[i])
  #4. lasso
  lasso = cbind(lasso1$errors[i],lasso2$errors[i],lasso3$errors[i])
  #5. adaptive lasso
  adalasso = cbind(adalasso1$errors[i],adalasso2$errors[i],adalasso3$errors[i])
  #6. elastic net
  elasticnet = cbind(elasticnet1$errors[i],elasticnet2$errors[i]
,elasticnet3$errors[i])
  #7. adaptive elastic net
  adaelasticnet = cbind(adaelasticnet1$errors[i],adaelasticnet2$errors[i]
,adaelasticnet3$errors[i])
  #8. complete subset regression (CSR)
  csr = cbind(csr1$errors[i],csr2$errors[i],csr3$errors[i])
  #9. tfact
  tfact  = cbind(tfact1$errors[i],tfact2$errors[i],tfact3$errors[i])
  #10. random forest (RF)
  rf = cbind(rf1$errors[i],rf2$errors[i],rf3$errors[i])
  #11. XGBoost
  xgb  = cbind(xgb1$errors[i],xgb2$errors[i], xgb3$errors[i])
  #12. NN
  nn  = cbind(nn1$errors[i],nn2$errors[i], nn3$errors[i])
  #13. LSTM
  lstm  = cbind(lstm1$errors[i],lstm2$errors[i], lstm3$errors[i])

  df <-  rbind(rw, ar, ridge, lasso, adalasso, elasticnet, adaelasticnet,  csr,
tfact,  rf, xgb, nn, lstm) %>% as.data.frame()

  df = round(df, digit=5)

  stack <- rbind(stack, df)
}
horizons <- c(1, 2, 3)
colnames(stack) <- paste0("h=", horizons)

nModel = 13 # number of model
error_rmse <- stack[1:nModel,]
error_mae <- stack[(nModel+1):(nModel*2),]

rownames(error_rmse) <- c('rw', 'ar','ridge', 'lasso', 'adalasso', 'elasticnet',
 'adaelasticnet',  'csr', 'tfact', 'rf', 'xgb','nn','lstm')
rownames(error_mae) <- c('rw', 'ar','ridge', 'lasso', 'adalasso', 'elasticnet',
 'adaelasticnet',  'csr','tfact',  'rf', 'xgb','nn','lstm')

sheets <- list("error_rmse" = error_rmse, "error_mae" = error_mae)
write.xlsx(sheets, file = "errortable_US.xlsx", rowNames=TRUE)
```

61번 줄과 62번 줄을 실행하면 전체 모형의 예측 대상기간별 평균절대오차와 어떤 모형의 예측오차가 가장 작은지를 보여준다. 1개월 앞 예측에서는 네 번째 모형인 라쏘 모형의 예측오차가 가장 낮고, 2개월과 3개월 앞 예측에서는 열한 번째 모형인 XGBoost 모형의 예측오차가 가장 낮은 것으로 나타났다.

```
61  error_mae
62  apply(error_mae, 2, which.min)
```

```
> error_mae
                  h=1     h=2     h=3
rw            0.00149 0.00165 0.00144
ar            0.00131 0.00135 0.00131
ridge         0.00124 0.00128 0.00128
lasso         0.00117 0.00134 0.00127
adalasso      0.00119 0.00137 0.00129
elasticnet    0.00119 0.00134 0.00127
adaelasticnet 0.00119 0.00137 0.00128
csr           0.00133 0.00145 0.00129
tfact         0.00136 0.00148 0.00139
rf            0.00123 0.00130 0.00127
xgb           0.00121 0.00125 0.00121
nn            0.00138 0.00148 0.00137
lstm          0.00138 0.00152 0.00138
> apply(error_mae, 2, which.min)
h=1 h=2 h=3
  4  11  11
> |
```

Giacomini-White 검정을 이용한 예측력 평가

8번 줄은 모형들의 예측 결과를 불러들인다. 13번 줄에서 17번 줄은 종속변수의 실제값, 모형 이름, 예측 대상기간을 지정한다. 19번 줄의 make_pred_matrix 함수는 각 모형의 예측 대상기간별 예측값들을 하나의 행렬에 정렬하는 함수이다. 27번 줄에서 41번 줄까지 각 모형에 대해 이 함수를 실행하는데, 이는 각 예측 대상기간별 예측값의 수가 다르기 때문이다. 1개월 앞 예측치는 132개, 2개월 앞 예측치는 131개, 3개월 앞 예측치는 130개이다.

```
8  load("results_forecasts_US.RData")
9
10 source("functions/gwtest.R")
11 library(sandwich)
12
13 real=tail(Y[,1],npred)
14
15 model_names <- c('rw','ar','ridge','lasso','adalasso','elasticnet',
16                  'adaelasticnet','csr','tfact','rf','xgb','nn','lstm')
17 horizons <- c(1, 2, 3)
18
19 make_pred_matrix <- function(model_list, npred) {
20   mat <- matrix(NA, npred, 3)
21   mat[,1] <- model_list[[1]]$pred
22   mat[-(1:1),2] <- model_list[[2]]$pred
23   mat[-(1:2),3] <- model_list[[3]]$pred
24   return(mat)
25 }
26
27 rw_pred  <- make_pred_matrix(list(rw1, rw2, rw3), npred)
28 ar_pred  <- make_pred_matrix(list(ar1, ar2, ar3), npred)
29 ridge_pred <- make_pred_matrix(list(ridge1, ridge2, ridge3), npred)
30 lasso_pred <- make_pred_matrix(list(lasso1, lasso2, lasso3), npred)
31 adalasso_pred <- make_pred_matrix(list(adalasso1, adalasso2, adalasso3), npred)
32 elasticnet_pred <- make_pred_matrix(list(elasticnet1, elasticnet2, elasticnet3)
33                                     , npred)
34 adaelasticnet_pred <- make_pred_matrix(list(adaelasticnet1, adaelasticnet2,
35                                             adaelasticnet3), npred)
36 csr_pred  <- make_pred_matrix(list(csr1, csr2, csr3), npred)
37 tfact_pred  <- make_pred_matrix(list(tfact1, tfact2, tfact3), npred)
38 rf_pred <- make_pred_matrix(list(rf1, rf2, rf3), npred)
39 xgb_pred <- make_pred_matrix(list(xgb1, xgb2, xgb3), npred)
40 nn_pred <- make_pred_matrix(list(nn1, nn2, nn3), npred)
41 lstm_pred <- make_pred_matrix(list(lstm1, lstm2, lstm3), npred)
```

44번 줄은 Giacomini–White 검정을 실행하여 검정통계량과 p–값을 제시하는 함수이다.

```
44 run_gw_test <- function(model_pred, benchmark_pred, real, npred, horizons) {
45   stat <- pval <- rep(NA, 3)
46   for (h in horizons) {
47     if (h == 1) {
48       gw <- gw.test(model_pred[,h], benchmark_pred[,h], real, tau=h,
49                     T=npred, method="NeweyWest")
50     } else {
51       gw <- gw.test(model_pred[-(1:(h-1)),h], benchmark_pred[-(1:(h-1)),h],
52                     real[-(1:(h-1))], tau=h, T=(npred-h+1), method="NeweyWest")
53     }
54     stat[h] <- gw$statistic
55     pval[h] <- gw$p.value
56   }
57   return(list(stat = stat, pval = pval))
58 }
```

61번 줄은 임의보행 모형을 기준모형으로 삼고 이 모형과 나머지 각 모형 간의 Giacomini–White 검정을 실행한다.

```
results <- list(
  ar     = run_gw_test(ar_pred, rw_pred, real, npred, horizons),
  ridge  = run_gw_test(ridge_pred, rw_pred, real, npred, horizons),
  lasso  = run_gw_test(lasso_pred, rw_pred, real, npred, horizons),
  adalasso = run_gw_test(adalasso_pred, rw_pred, real, npred, horizons),
  elasticnet = run_gw_test(elasticnet_pred, rw_pred, real, npred, horizons),
  adaelasticnet = run_gw_test(adaelasticnet_pred, rw_pred, real, npred,
                              horizons),
  csr     = run_gw_test(csr_pred, rw_pred, real, npred, horizons),
  tfact     = run_gw_test(tfact_pred, rw_pred, real, npred, horizons),
  rf     = run_gw_test(rf_pred, rw_pred, real, npred, horizons),
  xgb     = run_gw_test(xgb_pred, rw_pred, real, npred, horizons),
  nn     = run_gw_test(nn_pred, rw_pred, real, npred, horizons),
  lstm     = run_gw_test(lstm_pred, rw_pred, real, npred, horizons)
)
```

77번 불에서 88번 줄은 검정통계량과 p-값을 정렬하고 엑셀 파일에 저장하는 것이다.

```
77  gw_stat <- do.call(rbind, lapply(results, `[[`, "stat"))
78  gw_pval <- do.call(rbind, lapply(results, `[[`, "pval"))
79
80  rownames(gw_stat) <- rownames(gw_pval) <- names(results)
81
82  gw_stat <- round(gw_stat, 2)
83  gw_pval <- round(gw_pval, 3)
84
85  colnames(gw_stat) <- colnames(gw_pval) <- paste0("h=", horizons)
86
87  sheets <- list("gw_stat" = gw_stat, "gw_mae_pvalue" = gw_pval)
88  write.xlsx(sheets, file = "gwtest_US.xlsx", rowNames = TRUE)
```

Giacomini-White 검정통계량(gw_stat)이 모두 음수로 나타난 것은 기준모형인 임의보행 모형의 예측오차가 나머지 모형의 예측오차보다 크기 때문이다. p-값이 0.05보다 작은 경우가 많은 것으로 나타났으며, 이는 임의보행 모형보다 통계적으로 유의한 수준에서 우월한 예측력을 지닌 모형이 많다는 것을 의미한다.

```
> gw_stat
                h=1   h=2   h=3
ar            -2.41 -3.36 -1.38
ridge         -2.81 -3.29 -1.47
lasso         -3.59 -2.72 -1.39
adalasso      -3.58 -2.50 -1.24
elasticnet    -3.42 -2.77 -1.44
adaelasticnet -3.52 -2.56 -1.33
csr           -1.96 -1.90 -1.48
tfact         -2.33 -2.31 -0.35
rf            -3.01 -3.33 -1.65
xgb           -2.95 -4.13 -2.27
nn            -1.07 -1.27 -0.56
lstm          -1.32 -1.04 -0.53
>
```

```
> gw_pval
                h=1   h=2   h=3
ar            0.016 0.001 0.166
ridge         0.005 0.001 0.142
lasso         0.000 0.006 0.164
adalasso      0.000 0.013 0.214
elasticnet    0.001 0.006 0.149
adaelasticnet 0.000 0.011 0.182
csr           0.050 0.057 0.138
tfact         0.020 0.021 0.724
rf            0.003 0.001 0.099
xgb           0.003 0.000 0.023
nn            0.284 0.206 0.573
lstm          0.188 0.300 0.593
>
```

MCS 검정을 이용한 예측력 평가

다음으로 전체 모형을 대상으로 모형 신뢰 집합 검정을 실행한다. Medeiros et al.(2021)은 alpha=0.5로 설정하였다. 115번 줄에서 제곱오차 기준(LOSS1)으로 설정하였다.

```
92  ## Model Confidence Set (MCS) test
93  library(MCS)
94  
95  for(i in horizons){
96    cat("horizon =", i, "\n")
97  
98    Pred <- cbind(rw_pred[, i], ar_pred[, i], ridge_pred[, i], lasso_pred[, i],
99                  adalasso_pred[, i], elasticnet_pred[, i],
100                 adaelasticnet_pred[, i], csr_pred[, i], tfact_pred[, i],
101                 rf_pred[, i], xgb_pred[, i], nn_pred[, i], lstm_pred[, i])
102 
103   colnames(Pred) <- model_names  # 모형 이름 지정
104 
105   if(i == 1){
106     LOSS <- Pred - real
107   } else {
108     LOSS <- Pred[-(1:(i - 1)), ] - real[-(1:(i - 1))]
109   }
110 
111   LOSS1 <- LOSS^2       # squared error
112   LOSS2 <- abs(LOSS)    # absolute error
113 
114   # MCS 수행
115   SSM_i <- MCSprocedure(LOSS1, alpha = 0.50, B = 5000, statistic = "TR")
116 
117   print(SSM_i)
118 }
```

예측 대상기간이 1개월인 경우의 검정 결과는 아래와 같다. 예측력이 낮은 모형이 하나씩 제거되고 예측력이 좋은 모형만 모형 신뢰 집합 또는 우수 모형 집합(superior set model)에 남게 되는데, 8개의 모형이 제거되고 릿지, 라쏘, 적응형 라쏘, 랜덤 포레스트, XGBoost 등 5개 모형만 우수 모형 집합에 남은 것으로 나타났다.

```
horizon = 1

Model rw eliminated 2025-04-29 16:22:27.329916
Model lstm eliminated 2025-04-29 16:22:33.197611
Model csr eliminated 2025-04-29 16:22:38.150881
Model nn eliminated 2025-04-29 16:22:42.47855
Model ar eliminated 2025-04-29 16:22:45.932718
Model tfact eliminated 2025-04-29 16:22:48.747754
Model elasticnet eliminated 2025-04-29 16:22:51.020691
Model adaelasticnet eliminated 2025-04-29 16:22:52.835354
###########################################################################
```

```
-----------------------------------------
-          Superior Set of Models        -
-----------------------------------------
         Rank_M          v_M  MCS_M Rank_R        v_R  MCS_R         Loss
ridge         3 -0.01685323 1.0000      2  0.6633728 0.9630 2.617361e-06
lasso         1 -1.20996935 1.0000      1 -0.6633728 1.0000 2.534720e-06
adalasso      2 -0.01744717 1.0000      5  1.4404653 0.5562 2.617336e-06
rf            4  0.43881672 0.9640      4  1.0117521 0.8322 2.646837e-06
xgb           5  0.44420450 0.9626      3  0.7531551 0.9382 2.678267e-06

Details
-----------------------------------------

Number of eliminated models     :       8
Statistic       :       TR
Elapsed Time    :       Time difference of 33.88837 secs
```

115번 줄에서 절대오차 기준(LOSS2)으로 설정하고 검정을 실행하면, 예측 대상기간이 1개월인 경우의 검정 결과는 아래와 같다. 이 경우 12개 모형이 제거되고, 오직 라쏘 모형 하나만 우수 모형 집합에 남은 것으로 나타났다.

```
horizon = 1

Model lstm eliminated 2025-04-29 16:27:45.221752
Model ar eliminated 2025-04-29 16:27:51.099294
Model csr eliminated 2025-04-29 16:27:56.235357
Model rw eliminated 2025-04-29 16:28:00.41533
Model nn eliminated 2025-04-29 16:28:03.853332
Model elasticnet eliminated 2025-04-29 16:28:06.661429
Model tfact eliminated 2025-04-29 16:28:08.929724
Model adaelasticnet eliminated 2025-04-29 16:28:10.713998
Model rf eliminated 2025-04-29 16:28:12.077474
Model ridge eliminated 2025-04-29 16:28:13.402201
Model adalasso eliminated 2025-04-29 16:28:14.318933
Model xgb eliminated 2025-04-29 16:28:15.056398
##################################################################
-----------------------------------------
-          Superior Set of Models        -
-----------------------------------------
      Rank_M        v_M MCS_M Rank_R        v_R MCS_R        Loss
lasso      1 -0.8754941     1      1 -0.8754941     1 0.001171419

Details
-----------------------------------------

Number of eliminated models     :       12
Statistic       :       TR
Elapsed Time    :       Time difference of 36.81053 secs
```

만약 alpha=0.2로 설정하면, 아래와 같이 7개 모형이 제거되고 6개 모형이 우수 모형 집합에 남게 된다. alpha=0.5 또는 alpha=0.2라는 것은 실제 예측력이 좋은 모형이 모형 신뢰 집합에 포함될 확률이 50% 또는 80%라는 것이라 해석할 수 있으므로, alpha=0.2인 경우에 더 많은 모형이 우수 모형 집합에 남게 되었다.

```
horizon = 1

Model lstm eliminated 2025-04-29 16:30:43.331002
Model ar eliminated 2025-04-29 16:30:49.197217
Model csr eliminated 2025-04-29 16:30:54.160194
Model rw eliminated 2025-04-29 16:30:58.544324
Model elasticnet eliminated 2025-04-29 16:31:02.077966
Model nn eliminated 2025-04-29 16:31:05.008987
Model tfact eliminated 2025-04-29 16:31:07.385154
###########################################################################
------------------------------------------
-          Superior Set of Models        -
------------------------------------------
              Rank_M       v_M  MCS_M Rank_R       v_R  MCS_R        Loss
ridge              6  0.9955852 0.5872      4  1.444294 0.6032 0.001235176
lasso              1 -1.8247816 1.0000      1 -0.767613 1.0000 0.001171419
adalasso           2 -0.5929558 1.0000      3  1.377540 0.6524 0.001189644
adaelasticnet      3 -0.5532867 1.0000      6  1.846531 0.3314 0.001192586
rf                 5  0.9236351 0.6458      5  1.501392 0.5608 0.001227377
xgb                4  0.2130521 0.9960      2  0.767613 0.9626 0.001213493

Details
------------------------------------------

Number of eliminated models      :       7
Statistic       :       TR
Elapsed Time    :       Time difference of 33.06027 secs
```

7.1절에서의 예측 실험에서는 모형들의 하이퍼파라미터 관련 검증을 별도로 실시하지 않았다. 인공신경망 기반 모형의 예측력이 저조한 것으로 나타나지만, 하이퍼파라미터 설정을 바꾸어 예측력을 살펴볼 필요가 있을 것이다. 그리고 머신러닝과 예측 관련 연구를 살펴보면 주어진 데이터에 따라 예측력이 뛰어난 모형이 다르다는 것이다. 즉, 어떠한 데이터에 대해서도 언제나 예측력이 가장 좋은 그러한 모형은 없을 것이다. 머신러닝과 예측 관련 선행 연구를 보면 1개월 앞 예측처럼 예측 대상기간이 짧을 때는 라쏘 등 선형모형의 예측력이 뛰어나지만, 예측 대상기간이 길어지면 랜덤 포레스트, XGBoost 등 비선형모형의 예측력이 뛰어난 경향이 있는 것으로 알려져 있다. 물론 이러한 결과도 모든 데이터에 일률적으로 나타나는 것은 아닐 것이다.

7.1.2 파이썬 코드 실습

이번에는 7.1.1항에서 R 코드로 설명한 내용을 파이썬 코드로 실행하는 것을 살펴본다. 우선 아래의 부분은 1) 데이터를 불러들이고, 2) 종속변수를 설정하고, 3) 설명변수를 정상시계열로 변환하는 과정이다.

```
# FRED-MD 2016년 1월 vintage 데이터
data = pd.read_csv("2016-01.csv")
✓ 0.0s
```

```
y1 = np.diff(np.log(data['CPIAUCSL']))[2:]
y2 = np.diff(np.log(data['PCEPI']))[2:]

data = data.drop(columns=['CPIAUCSL', 'PCEPI'])
tcode = data.iloc[0] # 첫 번째 행: Tcode
data = data.iloc[1:, :].reset_index(drop=True) # Tcode 행 제거
tdata = data.iloc[2:, :].copy().reset_index(drop=True) # 최초 2 표본 제거(2차 차분 고려)
```

```
# 정상시계열 변환
for i in range(1, data.shape[1]):
    col = data.columns[i]
    code = int(tcode[i])
    if code == 1:
        tdata[col] = data.iloc[2:, i].values # 그대로
    elif code == 2:
        tdata[col] = data.iloc[1:, i].diff().iloc[1:].values # 1차 차분
    # tcode == 3 (2차 차분)에 해당하는 데이터는 없음
    elif code == 4:
        tdata[col] = np.log(data.iloc[2:, i].values) # log
    elif code == 5:
        tdata[col] = np.diff(np.log(data.iloc[1:, i].values)) # log 취한 뒤 1차 차분
    elif code == 6:
        tdata[col] = np.diff(np.diff(np.log(data.iloc[:, i].values))) # log 취한 뒤 2차 차분
    elif code == 7:
        ratio = data.iloc[1:, i].values / data.iloc[:-1, i].values
        tdata[col] = np.diff(ratio) # 증가율의 1차 차분
```

```
tdata = tdata.iloc[:, 1:] # date 제거, 1960년 1월 ~ 2000년 12월
Y = pd.concat([pd.Series(y1, name='CPI'),
               pd.Series(y2, name='PCE'),
               tdata.reset_index(drop=True)], axis=1)

# Medeiros et al.(2021) 데이터 확인 결과 1960년 2월부터 사용
Y = Y.iloc[:, 1:]
```

7.1.1항에서와 같이 라쏘 모형을 기준으로 예측치를 만드는 코드는 아래와 같다. 필요한 라이브러리를 불러들인다.

```
import pandas as pd
import numpy as np
from sklearn.metrics import mean_squared_error, mean_absolute_error
import matplotlib.pyplot as plt
from sklearn.linear_model import ElasticNetCV
from sklearn.preprocessing import StandardScaler
import matplotlib.pyplot as plt
from sklearn.decomposition import PCA

scaler = StandardScaler()
```

데이터 파일을 불러들이고, 1개월 앞 예측 기준으로 예측치의 수를 132로 설정한다.

```
FREDMD = pd.read_excel("FREDMDdata.xlsx")
```

```
# number of forecasts
npred=132
```

설명변수의 시차 변수를 만들 때 사용하는 embed 함수와 라쏘 추정에 표준화된 설명변수를 이용하기 위한 표준화 함수를 정의한다.

```
### 데이터 변환에 필요한 함수 목록 ###
def embed(x, dimension=1):
    n, d = x.shape
    if dimension < 1 or dimension > n:
        raise ValueError("Invalid embedding dimension")
    return np.hstack([x[i:n - dimension + i + 1, :] for i in reversed(range(dimension))])

def normalize_columns(df):
    return pd.DataFrame(scaler.fit_transform(df), columns=df.columns)
```

```python
### Lasso CV 함수 예시
def run_shrinkage_cv(Y, horizon, alpha=1.0):
    Y2 = Y.copy()
    pca = PCA(n_components=4)
    scores = pca.fit_transform((Y2 - Y2.mean()).to_numpy())
    Y2 = pd.concat([Y2, pd.DataFrame(scores, index=Y2.index)], axis=1)
    Y2.columns = Y2.columns.astype(str)
    Y3 = normalize_columns(Y2).to_numpy()

    aux = embed(Y3, 4)

    Xin = aux[:-horizon]
    Xout = aux[-1]

    y = Y2.iloc[-Xin.shape[0]:, 0]
    X = Xin
    X_out = Xout

    if alpha==0.0:
        n_lambdas = 100
        lambda_grid = np.exp(np.linspace(np.log(100.0), np.log(0.000001), n_lambdas))
        model = ElasticNetCV(l1_ratio=alpha, alphas=lambda_grid,fit_intercept=True).fit(X, y)
    else :
        model = ElasticNetCV(l1_ratio=alpha, n_alphas=100, fit_intercept=True).fit(X, y)

    pred = model.predict(X_out.reshape(1, -1))
    return model, pred
```

이 함수는 주어진 윈도우에서 교차검증을 이용하여 라쏘 모형을 추정하고 예측치를 구하는 것을 정의한다. ElasticNetCV 함수를 사용하면서 alpha=1로 설정하여 라쏘 추정한다는 것을 보이고 있다. 이는 R의 glmnet 함수에서 alpha=1이 라쏘 추정을, alpha=0이 릿지 추정을, 그리고 alpha가 0과 1 사이일 때 엘라스틱넷을 추정하는 것과 동일한 방식이다.

```
def shrinkage_cv_rolling_window(Y, npred, horizon, alpha=1.0):
    save_model = []
    save_pred = []

    for i in range(npred, horizon - 1, -1):
        Y_window = Y.iloc[(npred - i):(len(Y) - i), :]
        model, pred = run_shrinkage_cv(Y_window, horizon, alpha)
        save_model.append(model)
        save_pred.append(pred[0])
        print(f"lasso_iter {npred - i} horizon {horizon}", end='\r', flush=True)

    real = Y.values[:, 0]
    pred_series = np.concatenate([np.full(len(real) - len(save_pred), np.nan), save_pred])

    rmse = np.sqrt(mean_squared_error(real[-len(save_pred):], save_pred))
    mae = mean_absolute_error(real[-len(save_pred):], save_pred)

    # Plot
    plt.plot(real, label="Actual")
    padding = [np.nan] * (len(real) - len(pred_series))
    plt.plot(padding + list(pred_series), label="Forecast", color="red")
    plt.legend()
    plt.title("Rolling Window Forecast")
    plt.show()

    return {
        "pred": save_pred,
        "errors": {"rmse": rmse, "mae": mae},
        "model" : save_model}
```

이 함수는 이동 윈도우 예측을 실행하여 예측치와 예측오차 등을 저장하는 부분이다.

```
## LASSO cross-validation 예시 ##
import warnings
warnings.filterwarnings("ignore", category=UserWarning)
## 경고 문구가 과도하게 뜨는 것을 방지하기 위한 코드

lasso_1 = lasso_cv_rolling_window(Y = FREDMD, npred = npred, horizon = 1)
lasso_2 = lasso_cv_rolling_window(Y = FREDMD, npred = npred, horizon = 2)
lasso_3 = lasso_cv_rolling_window(Y = FREDMD, npred = npred, horizon = 3)
```

각 예측 대상기간에 대해 이동 윈도우 예측을 실행하는 부분이고, lasso_1의 실행 결과 [그림 7.3]이 나타난다.

그림 7.3 실제값과 라쏘 모형의 1개월 앞 예측값(파이썬)

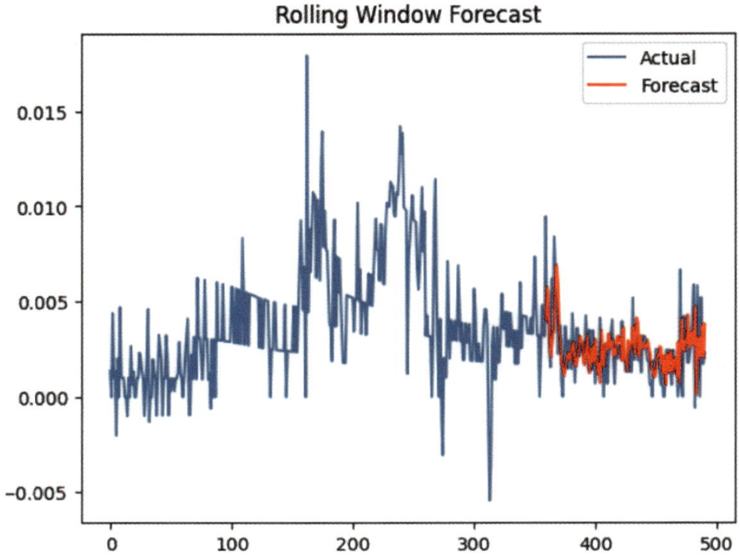

나머지 모형들도 이와 비슷한 방식으로 예측치를 구할 수 있다. 아래 그림은 모든 모형의 1개월 앞 예측을 실행시키는 코드를 보여준다. 우선 필요한 라이브러리와 데이터를 불러들인다.

```python
import pandas as pd
import numpy as np
import xgboost as xgb
import tensorflow as tf
from sklearn.ensemble import RandomForestRegressor
from sklearn.metrics import mean_squared_error, mean_absolute_error
from datetime import date
from tensorflow.keras.models import Sequential
from tensorflow.keras.layers import LSTM, Dense
import matplotlib.pyplot as plt
import statsmodels.api as sm
from sklearn.linear_model import ElasticNetCV, LassoLarsIC
from sklearn.preprocessing import MinMaxScaler, StandardScaler
import matplotlib.pyplot as plt
from tensorflow.keras.models import Sequential
from tensorflow.keras.layers import Dense
from tensorflow.keras.optimizers import Adam
from sklearn.linear_model import LinearRegression
from sklearn.decomposition import PCA
from boruta import BorutaPy
import warnings
from statsmodels.stats.sandwich_covariance import cov_hac, cov_white_simple
from scipy.stats import norm
import time
from itertools import combinations
from scipy.stats import t
from statsmodels.api import OLS, add_constant
from sklearn.decomposition import PCA
import random

scaler = MinMaxScaler()
scaler_std = StandardScaler()
```

```python
FREDMD = pd.read_excel("FREDMDdata.xlsx")
Y = FREDMD
```

```python
import ML_Functions as ml

# number of forecasts
npred=132
```

import ML_Functions as ml은 ML_Functions.py 파일 안에 있는 함수를 불러오는 코드로, R에서 source()와 같은 역할을 한다. 특히 "as ml"은 ML_Functions를 'ml'이라는 간단한 이름으로 불러온다는 의미이다. 아래 각 모형의 이동 윈도우 예측을 실행하는 함수 앞에 ml.을 붙이는 것은 ML_Functions 안에 있는 함수를 불러오라는 것을 뜻한다. 예를 들어 아래에서 라쏘 모형의 경우 ml.shrinkage_cv_rolling_window 함수를 실행하는 것은 ML_Functions 안에 있는 shrinkage_cv_rolling_window 함수를 실행하라는 것이다.

```
## Random Walk Model ##
rw_1 = ml.rw_rolling_window(Y = Y, npred = npred, horizon = 1)

## AR(4) Model ##
ar_1 = ml.ar_rolling_window(Y = Y, npred = npred, lag = 4, horizon = 1)

## Ridge, cross-validation 사용 ##
import warnings
warnings.filterwarnings("ignore", category=UserWarning)
## 경고 문구가 과도하게 뜨는 것을 방지하기 위한 코드
ridge_1 = ml.shrinkage_cv_rolling_window(Y = Y, npred = npred, horizon = 1, alpha=0)

## LASSO ##
lasso_1 = ml.shrinkage_cv_rolling_window(Y = Y, npred = npred, horizon = 1, alpha=1)

## Elastic Net ##
elasticnet_1 = ml.shrinkage_cv_rolling_window(Y = Y, npred = npred,
                                              horizon = 1, alpha=0.5)

## Complete Subset Regression (CSR) ##
csr_1 = ml.csr_rolling_window(Y = Y, npred = npred, horizon = 1)

## Target Factors ##
tfact_1 = ml.tfact_rolling_window(Y, npred = npred, horizon = 1)

## Random Forest (RF) ##
rf_1 = ml.rf_rolling_window(Y, npred = npred, horizon = 1)

## XGBoost ##
xgb_1 = ml.xgb_rolling_window(Y, npred, 1)

## Neural Networks(Deep Learning) ##
nn_1 = ml.nn_rolling_window(Y, npred = npred, horizon = 1)

## LSTM ##
lstm_1 = ml.rolling_window_lstm_single(Y, npred = npred, horizon = 1)
```

적응형 라쏘 모형과 적응형 엘라스틱넷 모형을 생략하여 총 11개 모형의 예측치를 만든다. 예측 대상기간이 1개월에서 3개월 앞까지의 예측치를 모두 만든 후에는 예측오차를 비교하고, Giacomini-White 검정과 모형 신뢰 집합 검정을 실행한다.

예측오차를 비교하는 것은 아래를 차례대로 실행하면 된다.

```
model_preds = {
    "rw": [rw_1["pred"], rw_2["pred"], rw_3["pred"]],
    "ar": [ar_1["pred"], ar_2["pred"], ar_3["pred"]],
    "ridge": [ridge_1["pred"], ridge_2["pred"], ridge_3["pred"]],
    "lasso": [lasso_1["pred"], lasso_2["pred"], lasso_3["pred"]],
    "elasticnet": [elasticnet_1["pred"], elasticnet_2["pred"], elasticnet_3["pred"]],
    "csr": [csr_1["pred"], csr_2["pred"], csr_3["pred"]],
    "tfact": [tfact_1["pred"], tfact_2["pred"], tfact_3["pred"]],
    "rf": [rf_1["pred"], rf_2["pred"], rf_3["pred"]],
    "xgb": [xgb_1["pred"], xgb_2["pred"], xgb_3["pred"]],
    "nn": [nn_1["pred"], nn_2["pred"], nn_3["pred"]],
    "lstm": [lstm_1["pred"], lstm_2["pred"], lstm_3["pred"]],
}

model_forecasts = {}
for model, preds in model_preds.items():
    mat = np.full((npred, 3), np.nan)
    for h in range(3):
        horizon_len = npred - h
        mat[-horizon_len:, h] = preds[h][-horizon_len:]
    df = pd.DataFrame(mat, columns=["h=1", "h=2", "h=3"])
    model_forecasts[f"{model}_d_pred_df"] = df

PRED = pd.concat(model_forecasts.values(), axis=1)
```

```
### Horizon에 따라 결과를 구분하여 저장
PRED_1 = PRED.iloc[:, [0, 3, 6, 9, 12, 15, 18, 21, 24, 27, 30]]
PRED_2 = PRED.iloc[:, [1, 4, 7, 10, 13, 16, 19, 22, 25, 28, 31]]
PRED_3 = PRED.iloc[:, [2, 5, 8, 11, 14, 17, 20, 23, 26, 29, 32]]
```

```
### 실제값을 저장
REAL = Y.iloc[:, 0][-npred:]
```

```python
### 실제값과 예측치의 차이를 저장하기
# LOSS1: Squared error
LOSS1_1 = (PRED_1.reset_index(drop=True)
           - REAL.iloc[-npred:].reset_index(drop=True).values.reshape(-1, 1)) ** 2
LOSS1_2 = (PRED_2.iloc[-131:, :].reset_index(drop=True)
           - REAL.iloc[-131:].reset_index(drop=True).values.reshape(-1, 1)) ** 2
LOSS1_3 = (PRED_3.iloc[-130:, :].reset_index(drop=True)
           - REAL.iloc[-130:].reset_index(drop=True).values.reshape(-1, 1)) ** 2

# LOSS2: Absolute error
LOSS2_1 = (PRED_1.reset_index(drop=True)
           - REAL.iloc[-npred:].reset_index(drop=True).values.reshape(-1, 1)).abs()
LOSS2_2 = (PRED_2.iloc[-131:, :].reset_index(drop=True)
           - REAL.iloc[-131:].reset_index(drop=True).values.reshape(-1, 1)).abs()
LOSS2_3 = (PRED_3.iloc[-130:, :].reset_index(drop=True)
           - REAL.iloc[-130:].reset_index(drop=True).values.reshape(-1, 1)).abs()
```

```python
### 모형에 따라 각 열의 이름 지정
column_names = [
    "RW", "AR", "Ridge", "LASSO", "Elasticnet","CSR","Target factor","Random forest",
    "XGBoost", "Neural Net", "LSTM"
]
horizons = ["1m", "2m", "3m"]

LOSS1_1.columns = column_names[:LOSS1_1.shape[1]]
LOSS1_2.columns = column_names[:LOSS1_2.shape[1]]
LOSS1_3.columns = column_names[:LOSS1_3.shape[1]]

LOSS2_1. (function) columns: list[str] .shape[1]]
LOSS2_2.columns = column_names[:LOSS2_2.shape[1]]
LOSS2_3.columns = column_names[:LOSS2_3.shape[1]]
```

```python
RMSE = pd.DataFrame(index=column_names, columns=horizons)
MAE = pd.DataFrame(index=column_names, columns=horizons)

def compute_metrics(pred_df, real):
    rmse = np.sqrt(((pred_df.subtract(real, axis=0)) ** 2).mean())
    mae = (pred_df.subtract(real, axis=0).abs()).mean()
    return rmse, mae

rmse1, mae1 = compute_metrics(PRED_1, REAL)
rmse2, mae2 = compute_metrics(PRED_2, REAL)
rmse3, mae3 = compute_metrics(PRED_3, REAL)
```

```python
RMSE["1 month"] = rmse1.values
RMSE["2 month"] = rmse2.values
RMSE["3 month"] = rmse3.values

MAE["1 month"] = mae1.values
MAE["2 month"] = mae2.values
MAE["3 month"] = mae3.values
```

Giacomini-White 검정은 아래를 차례대로 실행하면 된다.

```python
def run_gw_test(model_pred, benchmark_pred, real, npred, horizons):
    stat = [np.nan] * len(horizons)
    pval = [np.nan] * len(horizons)
    for idx, h in enumerate(horizons):
        if h == 1:
            gw = ml.gw_test(model_pred[:, h - 1], benchmark_pred[:, h - 1],
                            real, tau=h, T=npred, method="NeweyWest")
        else:
            gw = ml.gw_test(model_pred[h - 1:, h - 1], benchmark_pred[h - 1:, h - 1],
                            real[h - 1:], tau=h, T=npred - h + 1, method="NeweyWest")
        stat[idx] = gw["statistic"]
        pval[idx] = gw["p_value"]
    return {"stat": stat, "pval": pval}
```

```python
num_models = PRED.shape[1] // 3
model_names = [f"model_{i+1}" for i in range(num_models)]
horizons = ["h=1", "h=2", "h=3"]

multi_cols = pd.MultiIndex.from_product([model_names, horizons], names=["Model", "Horizon"])
PRED.columns = multi_cols

model_dfs = {
    model: PRED.loc[:, model].to_numpy()
    for model in model_names
}

benchmark_model = "model_1" ## Random walk model

results = {
    model.upper(): run_gw_test(model_dfs[model], model_dfs[benchmark_model],
                               REAL.to_numpy(), npred, [1, 2, 3])
    for model in model_names if model != benchmark_model
}
```

```python
gw_stat = pd.DataFrame({k: v["stat"] for k, v in results.items()}).T
gw_pval = pd.DataFrame({k: v["pval"] for k, v in results.items()}).T

column_names = [
    "RW", "AR", "Ridge", "LASSO", "Elasticnet","CSR","Target factor","Random forest",
    "XGBoost", "Neural Net", "LSTM"
]

model_names_no_benchmark = column_names[1:]

gw_stat.index = model_names_no_benchmark
gw_pval.index = model_names_no_benchmark

gw_stat.columns = gw_pval.columns = [f"h={h}" for h in [1, 2, 3]]
gw_stat = gw_stat.round(2)
gw_pval = gw_pval.round(3)
```

마지막으로 모형 신뢰 집합 검정은 아래를 실행하면 된다.

```python
mcs_rmse_1 = ml.MCSprocedure_py(LOSS1_1, alpha=0.5, B=1000, verbose=True, statistic="TR")
mcs_rmse_2 = ml.MCSprocedure_py(LOSS1_2, alpha=0.5, B=1000, verbose=True, statistic="TR")
mcs_rmse_3 = ml.MCSprocedure_py(LOSS1_3, alpha=0.5, B=1000, verbose=True, statistic="TR")
```

```python
print(mcs_rmse_1['SSM'])
print(mcs_rmse_2['SSM'])
print(mcs_rmse_3['SSM'])
```

이는 제곱오차 기준으로 모형 신뢰 집합에 포함된 모형들을 제시한다.

```
mcs_mae_1 = ml.MCSprocedure_py(LOSS2_1, alpha=0.5, B=1000, verbose=True, statistic="Tmax")
mcs_mae_2 = ml.MCSprocedure_py(LOSS2_2, alpha=0.5, B=1000, verbose=True, statistic="Tmax")
mcs_mae_3 = ml.MCSprocedure_py(LOSS2_3, alpha=0.5, B=1000, verbose=True, statistic="Tmax")
```

```
print(mcs_mae_1['SSM'])
print(mcs_mae_2['SSM'])
print(mcs_mae_3['SSM'])
```

이는 절대오차 기준의 결과를 제시한다.

7.2 데이터 세트 구축 관련 실습 데이터

7.1절에서 설명한 예측 실험의 단계 중 1단계와 2단계는 아래와 같다.

1단계: 관련 데이터를 모아 데이터 세트를 구축

2단계: 설명변수의 정상시계열로의 변환(또는 상황에 맞는 적절한 변환)

7.2절은 데이터 세트를 구축하고 정상시계열로 변환하는 예시를 제시하는데, 한국 인플레이션을 예측하기 위한 실습용 데이터 세트를 예로 들어 설명한다. 연구자 또는 실무자가 [그림 7.4]의 한국 인플레이션을 예측하려 한다고 가정하자. [그림 7.4]는 한국 소비자물가지수를 로그 취한 후 1차 차분을 한 시계열로, 전월대비 소비자물가상승률에 대응한다.

그림 7.4 한국 전월대비 소비자물가상승률

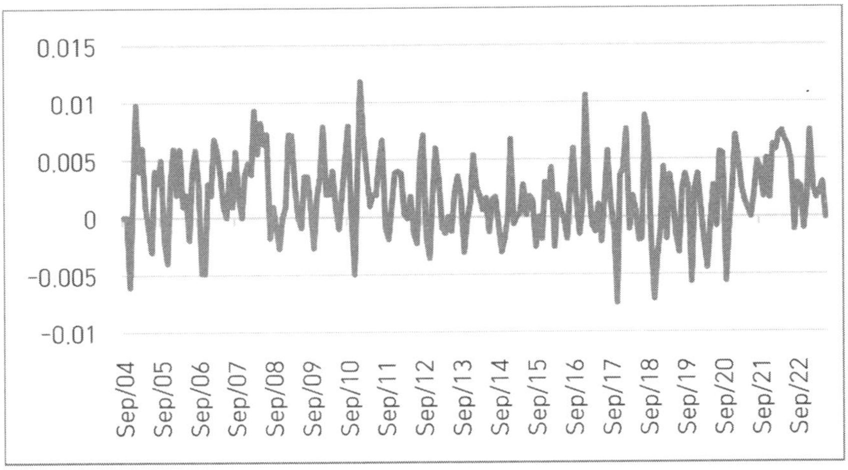

7.1절의 경우 Medeiros et al.(2021)이 미국 인플레이션 예측에 FRED-MD를 이용하였으므로 이에 대응하는 우리나라 경제 및 금융 변수로 구성된 데이터 세트를 사용하면 될 것이다. 그러나 우리나라의 경우 매달 업데이트되는 FRED-MD에 대응하는 거시경제/금융 데이터 세트가 없으므로 직접 데이터를 모아야 한다.

한희준(2023)은 FRED-MD에 대응하는 우리나라의 데이터를 모으고 강규호 외(2021), 김종화 · 이중식(2005), 김현학(2015), 이진희 · 김덕파(2014), 최인 · 황승진(2012) 등 기존 우리나라 물가상승률 예측 관련 선행 연구를 참고하여 총 93개의 국내외 거시경제/금융 데이터를 모아 데이터 세트를 구축하였다. 당시 주택매매가격지수(전국, 수도권, 지방)가 2004년 8월부터 이용할 수 있었기 때문에, 표본은 2004년 8월부터 시작한다. 이후 한희준(2024)은 이를 2023년 6월까지 확장하여 사용하였다. 독자들은 한희준(2024)의 연구에서 이용한 2004년 8월부터 2023년 6월까지의 데이터 세트(DataKoreaFrom 200408To202306.csv 파일)를 사용하여 7.1절과 유사한 예측 실험을 실행할 수 있을 것이다.

[표 7.1]은 데이터 세트가 포함하는 각 변수의 코드명, 설명, 변환 코드(Tcode)를 제시한다. 이는 생산지수, 출하지수, 재고지수 등 실물경제 상황을 반영하는 지표, 실업률과 취업자 수 등 노동시장 관련 지표, 주택가격지수, 기업전망지수, 통화량, 금리, 환율, 물가지수, 주가지수, 기대인플레이션, 미국 소비자물가지수와 장기금리 등을 포함하고 있다.

표 7.1 변수 목록 및 변환 코드

	코드명	설명	Tcode
1	PI_CA	자본재 생산지수 (계절조정)	5
2	SI_CA	자본재 출하지수 (계절조정)	5
3	II_CA	자본재 재고지수 (계절조정)	5
4	PI_I	중간재 생산지수 (계절조정)	5
5	SI_I	중간재 출하지수 (계절조정)	5
6	II_I	중간재 재고지수 (계절조정)	5
7	PI_CO	소비재 생산지수 (계절조정)	5
8	SI_CO	소비재 출하지수 (계절조정)	5
9	II_CO	소비재 재고지수 (계절조정)	5
10	PI_W	전국 생산지수 (계절조정)	5
11	SI_W	전국 출하지수 (계절조정)	5
12	II_W	전국 재고지수 (계절조정)	5
13	PI_MM	월간 광업 · 제조업 생산지수 (계절조정)	5
14	SI_MM	월간 광업 · 제조업 출하지수 (계절조정)	5
15	II_MM	월간 광업 · 제조업 재고지수 (계절조정)	5
16	PI_MQ	월간 광업 및 채석업 생산지수 (계절조정)	5
17	SI_MQ	월간 광업 및 채석업 출하지수 (계절조정)	5
18	II_MQ	월간 광업 및 채석업 재고지수 (계절조정)	5
19	PI_MF	월간 제조업 생산지수 (계절조정)	5
20	SI_MF	월간 제조업 출하지수 (계절조정)	5
21	II_MF	월간 제조업 재고지수 (계절조정)	5
22	SI_E	월간 전기 · 가스 · 증기 공급 출하지수 (계절조정)	5
23	Unemployment	실업률	2
24	Act_pop_total	경제활동인구 (천 명)	5
25	Employed_total	취업자 수 (천 명)	5
26	Unemployed_3mts	실업자 수 (구직기간 3개월 미만)	5
27	Unemployed_3_6mts	실업자 수 (3개월 이상 ~ 6개월 미만)	5
28	Unemployed_6_12mts	실업자 수 (6개월 이상 ~ 12개월 미만)	5
29	Unemployed_ov6	실업자 수 (6개월 이상)	5
30	Unemployed_ov12	실업자 수 (12개월 이상)	2
31	HousePrice	전국 주택가격지수	5
32	HousePrice_S	수도권 주택가격지수	5
33	HousePrice_P	지방 주택가격지수	5
34	BSI_BC	기업경기전망지수 (전반적 경기상황)	1
35	BSI_SG	기업경기전망지수 (매출 증가율)	1
36	BSI_P	기업경기전망지수 (수익성)	1
37	BSI_FS	기업경기전망지수 (재무상황)	1

	코드명	설명	Tcode
38	BSI_HR	기업경기전망지수 (인력수급)	1
39	PI_P	전산업 생산지수	5
40	PI_C	건설업 생산지수	5
41	PI_SI	서비스업 생산지수	5
42	PI_PA	공공행정 생산지수	5
43	MB	본원통화 (계절조정 평균)	5
44	Currency_cir	통화유통량	5
45	CBLIAB_DC	지급준비금	5
46	M1	M1 통화지표	5
47	M2	M2 통화지표	5
48	CD	양도성예금증서(CD) 금리 (91일)	2
49	CP	기업어음(CP) 금리 (91일)	2
50	YT_1	국고채 금리 (1년)	2
51	YT_3	국고채 금리 (3년)	2
52	YT_5	국고채 금리 (5년)	2
53	YT_10	국고채 금리 (10년)	2
54	CB_3_AA	회사채 수익률 (AA등급)	2
55	BaseRate	한국은행 기준금리	2
56	CB_3_BBB	회사채 수익률 (BBB등급)	2
57	IR_House	가계대출 평균금리 (은행+비은행)	2
58	TB_spread	국고채 수익률 스프레드 (10년 - 1년)	2
59	FX_US	원/달러 환율	5
60	FX_CH	원/위안 환율	5
61	FX_JP	원/엔 환율	5
62	FX_EU	원/유로 환율	5
63	FX_BR	원/영국 파운드 환율	5
64	FX_CA	원/캐나다 달러	5
65	FX_SW	원/스위스 프랑	5
66	CPI	소비자물가지수 (완제품 기준)	5
67	CPI_F	식료품 및 비알코올 음료 소비자물가지수	5
68	CPI_C	의류 및 신발 소비자물가지수	5
69	CPI_H	가구, 가전제품 및 주택 관리 관련 소비자물가지수	5
70	CPI_HE	보건 소비자물가지수	5
71	CPI_T	교통 소비자물가지수	5
72	CPI_E	교육 소비자물가지수	5
73	CPI_M	기타 상품 및 서비스 소비자물가지수	5
74	SPI_R	국내 공급물가지수 (원재료, 중간재, 최종재)	5
75	SPI_I	중간재 국내 공급물가지수	5

	코드명	설명	Tcode
76	SPI_F	최종재 국내 공급물가지수	5
77	SPI_RI	원재료 및 중간재 국내 공급물가지수	5
78	IPI_A	수입물가지수 (농림수산물)	5
79	IPI_B	수입물가지수 (유연탄)	5
80	IPI_C	수입물가지수 (원유)	5
81	IPI_L	수입물가지수 (액화천연가스)	5
82	IPI_M	수입물가지수 (제조업제품)	5
83	EPI_A	수출물가지수 (농림수산물)	5
84	EPI_M	수출물가지수 (제조업제품)	5
85	KOSPI	KOSPI 지수	5
86	KOSDAQ	KOSDAQ 지수	5
87	VKOSPI	VKOSPI 지수	1
88	Expected_inf	기대인플레이션	2
89	LeadingCI	경기선행지수	5
90	LaggingCI	경기후행지수	5
91	Oilprice	국제 유가	5
92	USCPI	미국 소비자물가지수	5
93	USB_10	미국 10년물 국채 수익률	2

주석: Tcode 열은 시계열 x에 대해 다음과 같은 변환 방식을 나타낸다. FRED-MD의 변환 코드를 그대로 사용하였다.
(1) 변환 없음; (2) 1차 분차: Δx_t; (5) 로그 차분: $\Delta \log(x_t)$.

[표 7.1]의 변환 코드는 1.3절과 1.4절에서 설명한 단위근 검정을 통해 각 시계열을 정상시계열로 변환하기 위한 코드이다. 물론 각 시계열의 변환 코드에 대해 정답이 있는 것은 아니므로 이와 다른 변환 코드를 지정할 수도 있을 것이다. FRED-MD의 데이터 변환 코드를 동일하게 사용하였는데, 표본 기간이 짧은 등의 이유로 2차 차분 또는 로그 2차 차분이 필요한 변수는 없는 것으로 나타났다.

7.3 시계열 지속성과 머신러닝 예측의 관계

[그림 7.4]에 제시된 전년동월대비 소비자물가상승률을 예측한다면 [표 7.1]의 변환 코드를 적용하고 7.1절에서 살펴본 방법들을 적용하면 될 것이다. Medeiros et al.(2021)이나 한희준(2023) 등 선행 연구를 고려할 때 머신러닝 모형들의 예측력이 우수할 것이라 기대할 수 있다. 그런데, 만약 연구자 또는 실무자가 전월대비 소비자물가상승률이 아니라 전년동월대비 소비자물가상승률을 예측해야 할 때에도 여전히 머신러닝 모형들의 예측력이 우수할까? 7.3절에서는 시계열 지속성과 머신러닝 예측의 관계에 대한 사례 연구를 간단히 살펴보고자 한다.

그림 7.5 한국 전년동월대비 소비자물가상승률

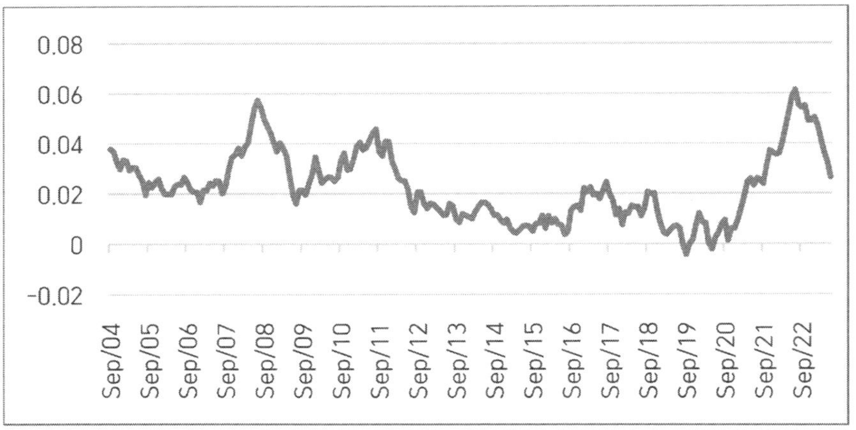

[그림 7.5]는 월별 소비자물가지수 CPI_t를 전년동월대비 로그차분($\log CPI_t - \log CPI_{t-12}$)한 것을 나타내며, 이는 전년동월대비 소비자물가상승률에 대응한다. 시계열의 지속성(persistence) 측면에서 전월대비 물가상승률과 전년동월대비 물가상승률은 크게 다르다. 1차 자기회귀 계수 추정치가 전월대비 물가상승률은 0.297로 낮으나 전년동월대비 물가상승률은 0.964로 높게 나타났다. 또한 일부 단위근 검정 결과는 전년동월대비 물가상승률에 단위근이 존재한다는 결과를 보이기도 하였다.

한희준(2024)은 시계열 지속성이 높은 전월대비 물가상승률을 예측할 때 머신러닝 모형들의 예측력이 크게 떨어져 오히려 임의보행 모형보다 예측오차가 더 큰 것을 보였다. 임의보행 모형보다 예측오차가 크다는 것은 머신러닝 모형들의 예측력이 매우 나쁘다는 뜻인데, 이러한 결과는 Stock and Watson(2010)과 Faust and Wright(2013) 등의 선행 연구가 인플레이션 예측에서 임의보행 등 단순한 모형보다 체계적으로 예측력이 우수한 모형을 찾기가 어렵다고 강조한 사실에 대응한다.

또한, 한희준(2024)이 예측기간으로 설정한 시기가 전년동월 대비 물가상승률이 급격히 변동한 시기라는 점도 임의보행 모형의 예측오차가 낮게 나온 결과와 관련이 있을 것이다. 2019~2020년에는 디플레이션 우려가 있을 정도로 물가상승률이 낮다가, 공급망 문제로 물가상승률이 높아지기 시작하면서 2022년 2월 러시아-우크라이나 전쟁 이후 물가가 급등하였고, 이후 긴축 통화정책으로 물가상승률이 급격히 낮아지는 등 [그림 7.5]에서 볼 수 있듯이 최근 전월대비 물가상승률은 급격히 변동하였다.

이처럼 예측하고자 하는 종속변수의 시계열 지속성이 높을 때는 머신러닝 예측을 무조건 적용하는 것이 바람직하지 않을 수 있다. 한희준(2024)은 머신러닝 기법으로 시계열 지속성이 낮은 전월대비 물가상승률 예측치를 구하고 이를 통해 전년동월대비 물가상승률 예측치를 계산하면 전년동월대비 물가상승률 자체를 예측하는 경우에 비해 전반적으로 예측오차가 줄어드는 것을 확인하였고, 이 방법을 통해 전년동월대비 물가상승률 자체를 임의보행 모형으로 예측할 때보다 통계적으로 유의한 수준으로 우월한 예측치를 구할 수도 있는 것을 확인하였다. 이러한 결과를 일반화할 수는 없으나 시계열 지속성과 머신러닝 기법을 적용한 예측의 관계에 관한 후속 연구가 필요할 것으로 보인다.

또한 다른 방식의 설명변수의 변환도 시도할 수 있을 것이다. 시계열 지속성이 높은 전년동월대비 물가상승률을 예측할 때는 공적분(cointegration) 모형[6]에 대응하도록 설명변수들도 시계열 지속성이 높도록 변환하는 것이 모형의 예측력을 높일 수도 있을 것이라 예상할 수 있다. 예를 들어, 단위근이 있는 생산지수, 물가지수 등 지수형 설명변수를 로그차분($\log x_{i,t} - \log x_{i,t-1}$) 대신 전년동월대비 로그차분($\log x_{i,t} - \log x_{i,t-12}$)의 방식으로 변환하면 변환된 설명변수도 시계열 지속성이 높을 것이다. 한희준(2024)은 이러한 설명변수의 변환이 모형의 예측력에 어떠한 영향을 미치는지 살펴보았으나 일정한 패턴을 찾기는 어려웠다고 언급한다. 다루는 데이터에 따라 결과가 다를 것이므로, 연구자나 실무자가 예측하고자 하는 종속변수의 시계열 지속성에 따라 설명변수의 변환 방식도 다양하게 고려해 볼 필요가 있을 것이다.

6) 두 개 이상의 시계열이 각각 단위근 시계열이지만, 이들의 선형 결합이 정상시계열이 되는 경우 공적분이 존재한다고 한다. 이는 각각의 단위근 시계열이 확률적 추세를 가지지만, 공적분되어 있다면 서로 공통된 확률적 추세를 공유한다는 것을 의미한다. 일반적으로 공적분은 단위근 시계열 변수 간의 장기적인 균형 관계를 나타내는 것으로 해석된다.

3부

중급 시계열 분석

8장

벡터자기회귀모형

8.1 축약형 벡터자기회귀모형

벡터자기회귀(vector autoregression, VAR) 모형은 여러 개의 시계열 변수들이 서로 영향을 주고받는 구조를 고려하는 확장된 자기회귀모형이다. 특히 계량경제학에서 거시경제 변수들 사이의 상호작용을 분석할 때 널리 사용된다. 한 경제 시계열의 현재 움직임이 자신의 과거값뿐만 아니라 다른 경제 시계열의 과거값에 의해서도 영향을 받을 때 유용한 모형이다. 그리고 벡터자기회귀모형은 정상시계열에 적용한다는 것을 유의해야 한다.

r 차원의 다중시계열 $z_t = (z_{1t}, z_{2t}, \cdots, z_{rt})^T$가

$$z_t = \Pi_1 z_{t-1} + \cdots \Pi_p z_{t-p} + \epsilon_t$$

로 주어진 다변량모형을 살펴보자. 이때 $\epsilon_t = (\epsilon_{1t}, \epsilon_{2t}, \cdots, \epsilon_{rt})^T \sim WN(0, \Sigma)$로 교란항이 백색잡음으로 주어지면, 이를 p차 벡터자기회귀모형이라 하고 줄여서 VAR(p) 모형이라 표현한다. 특히, 이를 축약형(reduced form) VAR 모형이라 부른다. 실증분석에서는 위 식에 상수항이나 선형 추세 등을 추가한 VAR 모형을 사용한다.

VAR(p) 모형은 추정과 계산의 편이를 위해 다음과 같은 VAR(1) 모형 형태로 표현하기도 한다.

$$z_t^* = \Pi^* z_{t-1}^* + \epsilon_t^*$$

이때

$$z_t^* = \begin{bmatrix} z_t \\ z_{t-1} \\ \vdots \\ z_{t-p+1} \end{bmatrix}, \Pi^* = \begin{bmatrix} \Pi_1 & \cdots & \Pi_{p-1} & \Pi_p \\ I & \cdots & 0 & 0 \\ \vdots & \ddots & \vdots & \vdots \\ 0 & \cdots & I & 0 \end{bmatrix}, \epsilon_t^* = \begin{bmatrix} \epsilon_t \\ 0 \\ \vdots \\ 0 \end{bmatrix}$$

이다.

VAR 모형의 가역성 조건, 추정 방법 등에 대한 설명은 생략하도록 하겠다. 자세한 사항은 박준용 · 장유순 · 한상범(2002)을 참고하기를 바란다. VAR 모형을 이용하여 예

측을 하기도 하는데, 2.2절의 AR 모형의 반복 예측 사례와 비슷한 방식으로 예측치를 구할 수 있다.

그랜저 인과성 검정

$z_t = (y_t, x_t)^T$라 하면,

$$F_t = \sigma\left(\{z_s\}_{s=-\infty}^{t}\right)$$

는 y_t와 x_t 및 그들의 과거값들을 모두 포함하는 정보집합을 뜻한다. 그리고

$$G_t = \sigma\left(\{y_s\}_{s=-\infty}^{t}\right)$$

는 y_t와 y_t의 과거값들만을 포함하는 정보집합이다. 두 정보집합의 차이는 x_t와 x_t의 과거값들이 포함되어 있는지 여부에 있다.

t시점에서 y_t의 k 단계 앞 예측치를 구할 때, $E(y_{t+k}|F_t)$는 y_t와 x_t 및 그들의 과거값들을 모두 사용한 경우의 예측치이고, $E(y_{t+k}|G_t)$는 y_t와 y_t의 과거값들만을 사용한 경우의 예측치를 의미한다.

정의

임의의 $k>0$에 대하여

$$E\left[y_{t+k} - E(y_{t+k}|F_t)\right]^2 < E\left[y_{t+k} - E(y_{t+k}|G_t)\right]^2$$

이 성립하면, $\{x_t\}$는 $\{y_t\}$에 대해 그랜저 인과성(Granger cause)을 가진다고 한다.

그랜저 인과성은 변수 사이의 인과관계(causality)를 정의하는 것이 아니다. 위 정의에서 명시한 것처럼 x_t와 x_t의 과거값을 사용하는 것이 y_t의 k 단계 앞 예측에 대한 예측오차를 줄인다면, $\{x_t\}$는 $\{y_t\}$에 대해 그랜저 인과성을 가지는 것이다. 이는 다시 말해 x_t와 x_t의 과거값이 y_{t+k}의 예측에 도움이 된다는 것을 의미한다.

VAR 모형으로 주어지는 변수 간의 그랜저 인과성 검정(Granger causality test)은 쉽

게 실행할 수 있다. VAR(p) 모형에서 1단계 앞 예측을 고려하면 된다.

$$\begin{pmatrix} \hat{y}_{t+1} \\ \hat{x}_{t+1} \end{pmatrix} = \begin{pmatrix} & ※ \\ & \end{pmatrix} \begin{pmatrix} y_t \\ x_t \end{pmatrix} + \cdots + \begin{pmatrix} & ※ \\ & \end{pmatrix} \begin{pmatrix} y_{t-p+1} \\ x_{t-p+1} \end{pmatrix}$$

이때 ※부분이 모두 0이면 y_{t+1}의 예측치에 x_t와 x_t의 과거값이 아무런 영향을 미치지 못한다. 만약 ※부분이 0이 아니라면 $\{x_t\}$는 $\{y_t\}$에 대해 그랜저 인과성을 가지는 것이다.

따라서 VAR(p) 모형

$$\begin{pmatrix} y_t \\ x_t \end{pmatrix} = \begin{pmatrix} {}_1\Pi_{11} & {}_1\Pi_{12} \\ {}_1\Pi_{21} & {}_1\Pi_{22} \end{pmatrix} \begin{pmatrix} y_{t-1} \\ x_{t-1} \end{pmatrix} + \cdots + \begin{pmatrix} {}_p\Pi_{11} & {}_p\Pi_{12} \\ {}_p\Pi_{21} & {}_p\Pi_{22} \end{pmatrix} \begin{pmatrix} y_{t-p} \\ x_{t-p} \end{pmatrix} + \begin{pmatrix} \epsilon_{1t} \\ \epsilon_{2t} \end{pmatrix}$$

이 주어졌을 때, 그랜저 인과성 검정의 귀무가설은

$$H_0 : {}_1\Pi_{12} = \cdots = {}_p\Pi_{12} = 0$$

이다. 이를 기각하지 못한다면, $\{x_t\}$는 $\{y_t\}$에 대해 그랜저 인과성을 가지지 않는다는 것을 뜻한다.

VAR 모형의 차수 결정

VAR(p) 모형의 차수인 p를 결정할 때는 1장의 AR(p) 모형에서와 같이 다음의 세 가지 정보 기준을 주로 이용한다.

첫째는 아카이케 정보 기준으로 최적 차수 p^*는

$$AIC(p) = \log \left| \widehat{\Sigma_p} \right| + \frac{2r^2 p}{n}$$

을 최소로 하는 p의 값이다. $\widehat{\Sigma_p}$는 VAR(p) 모형에서의 분산-공분산 행렬에 대한 추정치이고 n은 표본의 수이다.

둘째는 베이즈 정보 기준으로

$$BIC(p) = \log \left| \widehat{\Sigma_p} \right| + \frac{r^2 p \log n}{n}$$

을 최소로 하는 p가 최적 차수가 된다. 세 번째는 하난-퀸으로

$$HQ(p) = \log\left|\widehat{\Sigma_p}\right| + \frac{2\log(\log n)}{n}r^2 p$$

을 최소로 하는 p가 최적 차수가 된다.

8.2 구조형 벡터자기회귀모형

구조형 벡터자기회귀(structural VAR, SVAR)모형은

$$Az_t = A_1 z_{t-1} + \cdots A_p z_{t-p} + e_t$$

로 표현하고, 이때 $var(e_t) = \Lambda$는 대각행렬이다.

구조형 VAR 모형과 축약형 VAR 모형은 중요한 차이점이 있다. 첫째, 구조형 VAR 모형은 변수 간의 동시적(contemporaneous) 상호작용을 허용하지만, 축약형 VAR 모형은 이러한 동시적 관계를 고려하지 않는다. 즉, 구조형 VAR 모형에서는 t시점의 한 변수가 다른 변수의 t시점의 값에 의해 영향을 받을 수 있지만, 축약형 VAR 모형에서는 t시점의 한 변수는 다른 변수의 과거값에 의해서만 영향을 받게 된다.

예를 들어, $z_t = (z_{1t}, z_{2t}, z_{3t})^T$에 대해

$$A = \begin{pmatrix} 1 & 0 & 0 \\ a_1 & 1 & 0 \\ a_2 & a_3 & 1 \end{pmatrix}$$

라 하면,

$$Az_t = \begin{pmatrix} z_{1t} \\ a_1 z_{1t} + z_{2t} \\ a_2 z_{1t} + a_3 z_{2t} + z_{3t} \end{pmatrix}$$

이 된다. 따라서, 이 구조형 VAR 모형에서 z_{2t}는 각 변수의 과거값들과 함께 z_{1t}에 의해서도 영향을 받고 있으며, z_{3t}는 각 변수의 과거값들과 함께 z_{1t}와 z_{2t}에 의해서도 영향

을 받고 있다. 참고로 이러한 행렬 A는 아래 설명하는 인과사슬에 적용된다.

둘째, 구조형 VAR 모형과 축약형 VAR 모형의 교란항은

$$A\epsilon_t = e_t$$

의 관계를 가지는데, 구조형 VAR 모형에서는 교란항의 분산-공분산 행렬이 대각행렬이지만 축약형 VAR 모형에서는 교란항의 분산-공분산 행렬에 대한 어떠한 제약도 없다. 즉, 구조형 VAR 모형에서는

$$cov(e_i, e_j) = 0 \text{ for } i \neq j$$

이 성립하여 교란항끼리 상관관계가 없지만, 축약형 VAR 모형의 경우 교란항끼리 상관관계가 존재할 수 있다.

구조형 VAR 모형의 교란항은 경제적 충격으로 해석된다. 구조적 VAR 모형에서 예상하지 못한 경제적 충격 사이에는 서로 상관관계가 없다고 하여도 크게 무리가 없으므로, 이를 반영하여 교란항의 공분산이 0이라는 제약을 부여한다. 이러한 측면을 고려하여 충격반응분석은 축약형 VAR 모형이 아니라 구조형 VAR 모형을 기반으로 하여 실행한다.

구조형 VAR 모형의 식별

보기 구조형 VAR 모형의 식별(identification)

$$SVAR1: \begin{pmatrix} 1 & 0 \\ 1 & 1 \end{pmatrix} z_t = \begin{pmatrix} 0.5 & -1 \\ 0.5 & -1.5 \end{pmatrix} z_{t-1} + e_t,\ \Lambda = \begin{pmatrix} 1 & 0 \\ 0 & 1 \end{pmatrix}$$

$$DGP: \quad z_t = \begin{pmatrix} 0.5 & -1 \\ 0 & -0.5 \end{pmatrix} z_{t-1} + \epsilon_t,\ \Sigma = \begin{pmatrix} 1 & -1 \\ -1 & 2 \end{pmatrix}$$

$$SVAR2: \begin{pmatrix} 1 & 0.5 \\ 0 & 1 \end{pmatrix} z_t = \begin{pmatrix} 0.5 & -1.25 \\ 0 & -0.5 \end{pmatrix} z_{t-1} + e_t,\ \Lambda = \begin{pmatrix} 0.5 & 0 \\ 0 & 2 \end{pmatrix}$$

이 보기에서 두 개의 구조형 VAR 모형은 z_t의 동시적 관계를 나타내는 행렬 A가 서로 다르다. 그런데, 서로 다른 이 두 개의 구조형 VAR 모형은 모두 동일한 자료 생성 과정(data generating process, DGP)을 의미한다. 따라서 이 두 구조형 VAR 모형은 서로

관측상 동일하며 식별되지 않는다.

구조형 VAR 모형이 식별되기 위해서는 경제적으로 합당한 변수 사이의 관계를 상정하여 행렬 A에 제약을 주어야 하고, A가 고유하게 결정되면 경제적 모형에 해당하는 구조형 VAR 모형이 구성된다. 이때 A의 역행렬이 존재하여야 한다. 구조형 VAR 모형이 식별되면, 그에 일대일 대응하는 축약형 VAR 모형을 구할 수 있다. 따라서 축약형 VAR 모형의 모수를 먼저 추정하고, 이로부터 역으로 구조형 VAR 모형의 모수를 추정할 수 있다.

행렬 A에 식별 제약 조건(identification restriction)을 부여하는 방식은 여러 가지[1)]가 있지만, 변수들 사이의 인과사슬(causal chain)의 구조를 고려한 Sims(1980)의 방법이 가장 기본적이다. 이는 행렬 A를 대각원소가 모두 1로 주어진 하방삼각행렬(lower triangular matrix)로 한정하고 주어진 행렬 Σ의 촐레스키 분해(Cholesky decomposition)를 통해 행렬 A를 구하는 것이다. 이때 주의해야 할 점은 다중시계열 $\{z_t\}$를 구성하는 변수들의 순서에 의해 아래에 소개하는 직교충격반응분석이나 예측오차분산분해의 결과가 영향을 받는다는 점이다.

Sims(1980)의 인과사슬을 적용할 경우 통상적으로 변수의 외생성이 높은 순서로 변수를 나열하여 다중시계열 $\{z_t\}$를 구성한 후 구조형 VAR 모형을 추정한다. 그런데, 일부 논문 및 보고서를 보면 그랜저 인과성 검정의 결과를 바탕으로 변수의 외생성 순서를 결정하곤 하는데, 이는 엄밀히 보면 타당하지 않다. 구조형 VAR 모형에서 변수의 외생성 순서로 변수를 나열하는 것은 행렬 A와 관련된 것으로 변수들 사이의 동시적 관계에 대한 것이다. 반면 그랜저 인과성 검정은 변수들 사이의 동시적 관계를 검정하는 것이 아니기 때문이다. 즉, 그랜저 인과성 검정에서 z_{2t}와 z_{2t}의 과거값이 $z_{1,t+k}$의 예측에 도움이 되는지를 검정하는 것은 t시점에 z_{1t}와 z_{2t} 두 변수 중 어느 변수가 더 외생적인지를 살펴보는 것과는 관계가 없다.

---

1) 장기 제약(long-run restriction), 부호(sign restriction) 등 다양한 방법이 있는데, 자세한 사항은 Kilian and Lutkepohl(2017)을 참고하라.

직교충격반응분석

충격반응분석은 한 변수로부터의 충격이 시간이 흐름에 따라 다른 변수들에게 어떻게 전파되는가를 분석한다. 그런데 축약형 VAR 모형에서도 충격반응분석을 할 수 있지만 이는 경제학적인 측면에서 별로 의미가 없다. 축약형 VAR 모형에서는 교란항끼리 상관관계가 0이 아니기 때문에, 다른 변수들의 반응이 한 변수의 충격에 의한 직접적인 효과에 의한 것인지 아니면 초기충격의 직접효과와 더불어 다른 변수들과의 상관관계로부터 발생한 간접적인 효과에 의한 것인지가 구별이 되지 않는다.

이에 반해 구조형 VAR 모형에서는 교란항끼리 상관관계가 없으므로 이러한 문제 없이 직접적인 경제적 해석을 할 수 있다. 따라서 충격반응분석은 보통 구조형 VAR 모형을 이용하여 이루어지며, 이 경우의 충격반응분석을 특히 직교충격반응분석(orthogonal impulse response analysis)이라 한다.

우선 $e_t = \Lambda^{1/2} e_t^*$라 하자. 이때 e_t^*에 포함된 모든 교란항은 분산이 1이다. 구조형 VAR 모형을 MA(∞) 형태로 전환하면,

$$z_t = \sum_{i=0}^{\infty} \Phi_i \epsilon_{t-i} = \sum_{i=0}^{\infty} \Phi_i A^{-1} e_{t-i} = \sum_{i=0}^{\infty} \Theta_i e_{t-i}^*$$

로 쓸 수 있다. 이때 $A\epsilon_t = e_t = \Lambda^{1/2} e_t^*$이므로, $\Theta_i = \Phi_i A^{-1} \Lambda^{1/2}$이다. e_t^*의 k번째 요소에 단위 충격(unit shock)이 주어지는 것은 e_t의 k번째 요소에 단위 표준편차(one standard deviation)만큼의 충격이 주어지는 것과 같다.

위 식에서 Θ_i를 $\Theta_i = ({}_i\theta_{pq})$로 표시하면, q번째 구조형 교란항(structural innovation)에서 발생한 충격에 대한 p번째 변수의 i기에서의 반응이 ${}_i\theta_{pq}$가 된다. 이때 ${}_i\theta_{pq}$를 직교충격반응함수라 부른다.

예측오차분산분해

구조형 VAR 모형에서의 k 단계 앞 예측오차를 구하면

$$z_{t+k} - E(z_{t+k}|F_t) = \sum_{i=0}^{k-1} \Phi_i \epsilon_{t+k-1} = \sum_{i=0}^{k-1} \Theta_i \epsilon_{t+k-1}^*$$

이 되고, 예측오차분산은

$$var\left[z_{t+k} - E(z_{t+k}|F_t)\right] = \sum_{i=0}^{k-1} \Theta_i \Theta_i^T$$

가 된다. Θ_i를 $\Theta_i = ({}_i\theta_{pq})$로 표시하면, z_t의 p번째 변수의 예측오차분산은

$$\sum_{i=0}^{k-1}\left(\sum_{j=1}^{r} {}_i\theta_{pj}^2\right)$$

가 된다. 이때 구조형 교란항 e_t의 q번째 요소가 위에서 주어진 p번째 변수의 예측오차분산에 기여한 부분은

$$\sum_{i=0}^{k-1} {}_i\theta_{pq}^2$$

가 된다. 이 두 식의 비율인

$$\frac{\sum_{i=0}^{k-1} {}_i\theta_{pq}^2}{\sum_{i=0}^{k-1}\left(\sum_{j=1}^{r} {}_i\theta_{pj}^2\right)}$$

은 p번째 변수의 예측오차분산 중에서 구조형 교란항의 q번째 요소가 기여하는 비율을 나타낸다. 이를 예측오차분산분해(forecast error variance decomposition)라 하며, 구조형 VAR 모형에 포함된 모든 변수에 대하여 예측오차분산 및 이에 대한 각 구조형 교란항의 기여도를 백분율로 구해서 분석한다.

8.3 실습

Park and Rabbi(2008)는 유가 충격이 미국 및 유럽 국가들의 주식시장에 어떠한 영향을 미치는지를 VAR 모형을 이용하여 분석하였다. 8.3절에서는 저자들이 사용한 데이터 중 미국 데이터를 이용하여 VAR 모형의 추정, 충격반응분석, 예측오차분산분해, 그랜저 인과성 검정 등을 실행하는 R 코드를 살펴본다.

우선 vars 패키지와 데이터를 불러들인다. r은 단기 금리의 1차 차분, op_w는 실질 국제 유가의 로그 차분, ip는 산업생산지수의 로그 차분, rsr은 실질 주가수익률을 뜻한다. 위 네 변수들은 모두 정상시계열로 변환한 것인데, VAR 모형은 정상시계열에 적용하는 것을 유의해야 한다. 표본은 1986년 1월부터 2005년 12월까지의 월별 데이터이고 표본 총수는 240개이다.

```
install.packages("vars")
library(vars)

###############################
# 0. Loading Data
###############################

data=read.table('United States.txt',header=TRUE,fill=TRUE)

r=as.matrix(data$r)
op_w=as.matrix(data$op_w)
ip=as.matrix(data$ip)
rsr=as.matrix(data$rsr)
y=cbind(r,op_w,ip,rsr)[-(1),]
colnames(y) <- c("r","op_w","ip","rsr")
head(y)
```

다음은 VAR 모형을 추정한다. 31번 줄은 정보 기준에 따른 모형 선택 결과를 보여준다. 이때 type="const"은 상수항을 포함한 VAR 모형임을 의미한다. AIC에 따라 VAR(3) 모형을 선택한다. 33번 줄은 VAR(3) 모형을 추정하는 것이다. exogen의 설정을 통해 외생변수를 포함할 수 있는데, 외생변수가 포함되는 경우를 VAR-X 모형이라 부른다. 여기에서는 외생변수를 포함하지 않았다.

```
27 ###################################
28 ## 1. Estimation of VAR(p) Model #
29 ###################################
30
31 VARselect(y,lag.max=12,type="const")
32
33 VAR3=VAR(y,p=3,type=c("const"),season=NULL,exogen=NULL)
34 # summary(VAR3)
35
36 # checking residual
37 serl <- serial.test(VAR3, lags.pt = 12, type = "PT.asymptotic")
38 serl$serial
```

37번 줄과 38번 줄을 실행하면 잔차에 자기상관이 존재하는지를 검정한다. 포트맨토 검정 결과 p 값이 0.385로 나타나 잔차에 자기상관이 없다는 귀무가설을 기각하지 못한다. 이는 VAR(3) 모형이 제대로 설정되었음을 의미한다.

```
> serl$serial

        Portmanteau Test (asymptotic)

data:  Residuals of VAR object VAR3
Chi-squared = 148.35, df = 144, p-value = 0.3847
```

다음은 충격반응분석을 실행한다. 44번 줄은 국제 유가에 충격이 있을 때 실질 주가수익률의 동태적 반응을 분석하는 것이다. ortho=TRUE는 직교충격반응분석을 의미한다. cumulative를 통해 누적 충격반응함수를 구할 수도 있다. “boot=TRUE, ci=0.95, runs=200”은 충격반응함수의 95% 신뢰구간을 200번의 부트스트랩을 통해 구한다는 것을 의미한다.

```
40 ##################################
41 # 2. Impulse-Response Analysis #
42 ##################################
43
44 y.irf95=irf(VAR3,impulse="op_w",response="rsr",n.ahead=24,ortho=TRUE,
45            cumulative=FALSE,boot=TRUE,ci=0.95,runs=200,seed=NULL)
46 plot(y.irf95)
47
48 y.irf68=irf(VAR3,impulse="op_w",response="rsr",n.ahead=24,ortho=TRUE,
49            cumulative=FALSE,boot=TRUE,ci=0.68,runs=200,seed=NULL)
50 plot(y.irf68)
```

44번 줄과 46번 줄을 실행하면 아래 그림을 제시한다. 국제 유가 변화율이 1 표준편차만큼 오르면, 실질 주가수익률은 즉각적으로 감소하고 다음 달에 더욱 감소한 후 반등한다. 95% 신뢰구간이 0을 포함하면 통계적으로 유의하지 않은 것인데, 유가 충격 발생 1개월 후 실질 주가수익률이 감소하는 것은 통계적으로 유의하다는 것을 확인할 수 있다.

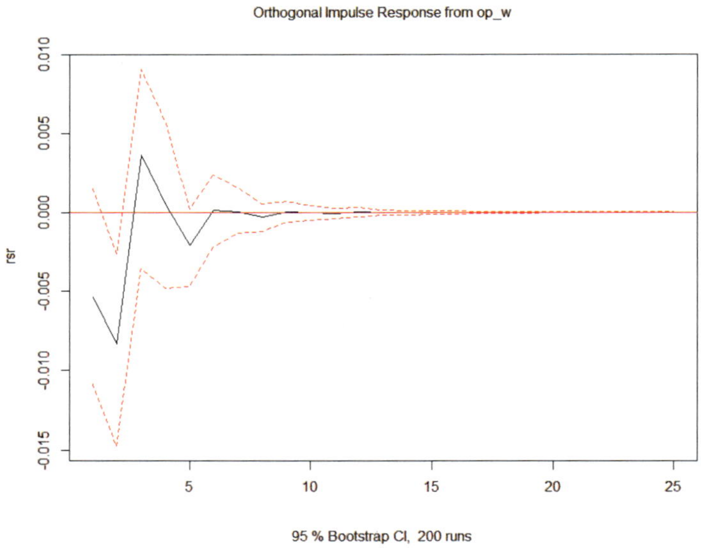

이처럼 충격반응함수의 95% 신뢰구간을 살펴보는 것이 보통이지만, VAR 모형 관련 연구는 대신 68% 신뢰구간을 살펴보는 경우도 많다. 48번과 50번 줄은 아래 그림을 제시한다.

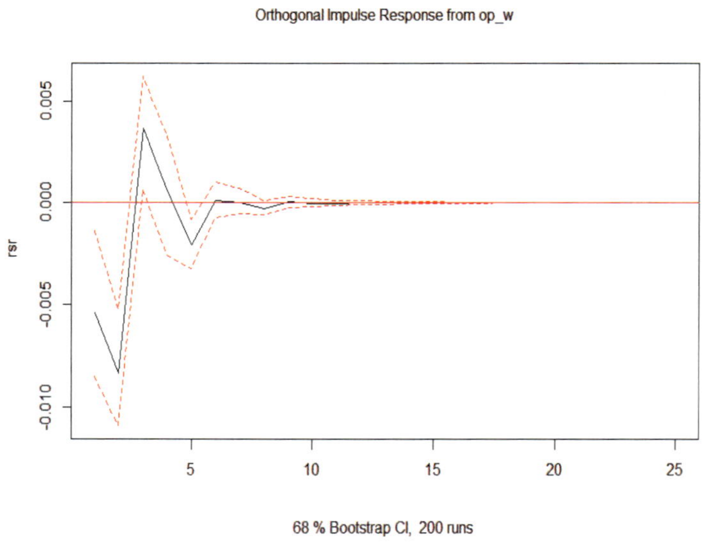

다음은 예측오차분산분해를 실행하는 부분이다.

```
53 ############################
54 # 3.Variance Decomposition #
55 ############################
56
57 fevd(VAR3,n.ahead=24)$rsr
```

57번 줄을 실행하면 아래 결과가 나타난다. 이는 실질 주가수익률의 예측오차분산 중에서 각 구조형 교란항이 기여하는 비율을 나타낸다. 1개월 앞 예측오차의 분산의 경우 실질 주가수익률 자신에 의해 96.9% 설명되다가 24개월 앞 예측의 경우는 그 비중이 92.9%로 줄어들었는데, 국제 유가 변화율이 기여하는 정도가 1개월 1.3%에서 5.1%로 증가한 것을 볼 수 있다.

```
> fevd(VAR3,n.ahead=24)$rsr
                 r       op_w         ip       rsr
 [1,] 7.112129e-05 0.01332178 0.01802770 0.9685794
 [2,] 2.454665e-03 0.04328344 0.02400391 0.9302580
 [3,] 5.861191e-03 0.04867008 0.02383315 0.9216356
 [4,] 6.190289e-03 0.04877644 0.02383140 0.9212019
 [5,] 6.182117e-03 0.05051619 0.02417810 0.9191236
 [6,] 6.301892e-03 0.05048763 0.02424435 0.9189661
 [7,] 6.309599e-03 0.05048580 0.02427345 0.9189312
 [8,] 6.309853e-03 0.05051258 0.02428155 0.9188960
 [9,] 6.310691e-03 0.05051286 0.02428884 0.9188876
[10,] 6.312314e-03 0.05051347 0.02429090 0.9188833
[11,] 6.313129e-03 0.05051462 0.02429093 0.9188813
[12,] 6.313316e-03 0.05051476 0.02429128 0.9188806
[13,] 6.313558e-03 0.05051477 0.02429129 0.9188804
[14,] 6.313688e-03 0.05051476 0.02429147 0.9188801
[15,] 6.313756e-03 0.05051477 0.02429151 0.9188800
[16,] 6.313806e-03 0.05051477 0.02429153 0.9188799
[17,] 6.313834e-03 0.05051476 0.02429157 0.9188798
[18,] 6.313852e-03 0.05051476 0.02429158 0.9188798
[19,] 6.313864e-03 0.05051476 0.02429159 0.9188798
[20,] 6.313871e-03 0.05051476 0.02429160 0.9188798
[21,] 6.313875e-03 0.05051476 0.02429161 0.9188798
[22,] 6.313878e-03 0.05051476 0.02429161 0.9188798
[23,] 6.313880e-03 0.05051476 0.02429161 0.9188797
[24,] 6.313881e-03 0.05051476 0.02429161 0.9188797
>
```

마지막으로 그랜저 인과성 검정 부분이다.

```
59 ############################
60 # 4.Granger Causality Test #
61 ############################
62
63 # H0: rsr does not Granger cause op_w
64 grangertest(rsr, op_w, order = 3)
65
66 # H0: op_w does not Granger cause rsr
67 grangertest(op_w, rsr, order = 3)
```

67번 줄은 국제 유가 변화율이 실질 주가수익률에 대해 그랜저 인과성을 가지지 않는다는 귀무가설을 검정하는데, 아래 결과와 같이 p 값이 0.037로 나타나 귀무가설을 기각한다. 즉, 국제 유가 변화율이 실질 주가수익률에 대해 그랜저 인과성을 가진다는 것을 의미한다.

```
> # H0: op_w does not Granger cause rsr
> grangertest(op_w, rsr, order = 3)
Granger causality test

Model 1: rsr ~ Lags(rsr, 1:3) + Lags(op_w, 1:3)
Model 2: rsr ~ Lags(rsr, 1:3)
  Res.Df Df      F  Pr(>F)
1    229
2    232 -3 2.8663 0.03741 *
---
Signif. codes:  0 '***' 0.001 '**' 0.01 '*' 0.05 '.' 0.1 ' ' 1
> 
```

9장

조건부 분산과 변동성 모형

9.1 조건부 분산 모형

Engle(1982)은 ARCH(AutoRegressive Conditional Heteroskedasticity) 모형을 소개하였는데, 해당 논문의 실증분석은 영국 인플레이션에 대한 선형모형을 다루면서 그 모형의 교란항 u_t를 ARCH(q) 과정으로 설정하였다. ARCH(q) 과정의 정의는 다음과 같다.

정의

$\{u_t\}$는 다음 세 가지 조건이 만족할 때 ARCH(q) 과정이라 한다.

$$u_t = \sigma_t \epsilon_t$$

$$\epsilon_t \sim iid(0,1)$$

$$\sigma_t^2 = \omega + \sum_{i=1}^{q} \alpha_i u_{t-i}^2$$

이때 $\omega > 0$, $\alpha_i \geq 0$이 성립한다.

간단하게 $q=1$인 ARCH(1) 과정을 통해 이 조건부 분산 모형에 대해 살펴보자. ARCH(1) 모형은 위 정의에서 주어진 u_t와 ϵ_t에

$$\sigma_t^2 = \omega + \alpha u_{t-1}^2$$

이 추가된 것이다. 이 모형에서 σ_t^2이 u_{t-1}의 함수임에 유의해야 한다. F_t를 t 시점에 이용할 수 있는 모든 정보를 포함하는 정보집합이라 하면, F_{t-1}은 당연히 u_{t-1}을 포함한다. 따라서 아래 결과가 성립한다.

$$\begin{aligned} E(u_t|F_{t-1}) &= E(\sigma_t \epsilon_t|F_{t-1}) \\ &= \sigma_t E(\epsilon_t|F_{t-1}) \\ &= 0 \end{aligned}$$

위 식의 마지막 줄은 ϵ_t이 독립동일분포를 따르기 때문에 $E(\epsilon_t|F_{t-1}) = E(\epsilon_t)$이므로 성립한다. $E(u_t|F_{t-1}) = 0$이라는 결과는 ARCH(1) 과정인 u_t가 마팅게일 차분열[1]임을 나타낸다. 마팅게일 차분열은 자기상관이 없다는 것을 확인할 수 있으므로, ARCH(1) 과정은 자기상관이 없다는 것을 알 수 있다. 이 결과는 ARCH(q) 과정에도 적용된다.

ARCH(1) 과정인 u_t의 조건부 분산을 살펴보면

$$var(u_t|F_{t-1}) = E(u_t^2|F_{t-1}) = \sigma_t^2 E(\epsilon_t^2|F_{t-1}) = \sigma_t^2$$

이 성립하는데, 이는 σ_t^2이 u_t의 조건부 분산임을 나타낸다. 확률변수의 분산은 늘 양(+)의 값을 가지므로 σ_t^2에 포함된 파라미터에 대해 $\omega > 0$과 $\alpha \geq 0$의 조건이 필요하다. ARCH 모형에서 중요한 점은 조건부 분산이 일정하지 않고 시간에 따라 변한다는 것이다.

ARCH 모형을 이해할 때 조건부 분산과 무조건부 분산을 구별하는 것이 중요하다. 위에서 살펴본 것처럼 조건부 분산은 시간에 따라 변하지만, 모수에 대한 적당한 조건이 주어지면 무조건부 분산은 일정하다. 만약 ARCH(1) 모형에서 $0 < \alpha < 1$이 만족한다면, ARCH(1) 과정인 u_t의 무조건부 분산은 $\omega/(1-\alpha)$로 일정하다는 것은 어렵지 않게 도출할 수 있다.

u_t가 ARCH(1) 과정일 때 u_t^2은 다음과 같은 AR(1) 과정이 된다.

$$u_t^2 = \omega + \alpha u_{t-1}^2 + (u_t^2 - \sigma_t^2)$$

이때 $(u_t^2 - \sigma_t^2)$은 마팅게일 차분열임을 아래와 같이 확인할 수 있다.[2]

$$E[(u_t^2 - \sigma_t^2)|F_{t-1}] = \sigma_t^2 E[(\epsilon_t^2 - 1)|F_{t-1}] = 0$$

---

1) 1.2절의 <참고>를 참고한다.
2) 적절한 조건이 주어질 때 $(u_t^2 - \sigma_t^2)$의 무조건부 분산이 일정하다는 것을 보일 수 있다. 그렇다면, $(u_t^2 - \sigma_t^2)$이 자기상관이 없고 일정한 분산을 가진 백색잡음 과정임을 만족하게 된다.

따라서 $0 < \alpha < 1$이 주어지면

$$E(u_t^2) = \frac{\omega}{1-\alpha}$$

이 되고, $var(u_t) = E(u_t^2)$이므로 무조건부 분산을 구할 수 있다. 위 결과들을 종합하면 ARCH(1) 과정인 u_t의 평균은 0, 분산은 $\omega/(1-\alpha)$, 공분산은 0이므로, ARCH(1) 과정이 정상시계열임을 알 수 있다. 물론 이 결과를 위해서는 $\alpha < 1$의 조건이 필요함을 유의해야 한다.

Bollerslev(1986)는 ARCH 모형을 일반화하여 GARCH(Generalized ARCH) 모형을 소개하였다.

정의

$\{u_t\}$는 다음 세 가지 조건이 만족할 때 GARCH(p,q) 과정이라 한다.

$$u_t = \sigma_t \epsilon_t$$

$$\epsilon_t \sim iid(0,1)$$

$$\sigma_t^2 = \omega + \sum_{i=1}^{q} \alpha_i u_{t-i}^2 + \sum_{j=1}^{p} \beta_j \sigma_{t-j}^2$$

이때 $\omega > 0$, $\alpha_i \geq 0$, $\beta_i \geq 0$이 성립한다.

$p = 1$와 $q = 1$인 GARCH(1,1) 모형은 위 정의에서 주어진 u_t와 ϵ_t에

$$\sigma_t^2 = \omega + \alpha u_{t-1}^2 + \beta \sigma_{t-1}^2$$

이 추가된 것이다. 앞서 ARCH(1) 모형에서와 비슷하게, u_t가 GARCH(1,1) 과정일 때 u_t^2은 다음과 같은 ARMA(1,1) 과정이 된다.

$$u_t^2 = \omega + (\alpha + \beta) u_{t-1}^2 + (u_t^2 - \sigma_t^2) - \beta(u_{t-1}^2 - \sigma_{t-1}^2)$$

이때 $\left(u_t^2 - \sigma_t^2\right)$은 마팅게일 차분열임에 유의하라. 만약 $0 < \alpha + \beta < 1$라면, GARCH(1,1) 과정인 u_t의 무조건부 분산이

$$var\left(u_t\right) = \frac{\omega}{1 - \alpha - \beta}$$

로 일정하다는 것을 도출할 수 있다. ARCH(1) 모형의 경우와 비슷하게, GARCH(1,1) 과정도 평균과 공분산이 0이고 분산이 일정하므로 정상시계열임을 확인할 수 있다. 물론 이 결과를 위해 $\alpha + \beta < 1$의 조건이 필요함을 유의해야 한다.

9.2 ARCH/GARCH 유형 모형의 발전

ARCH 및 GARCH 모형은 거시경제 시계열 모형의 교란항에 적용되는 경우도 많은데, 주가수익률 또는 환율 변화율 등의 금융시계열에 적용되면서 더욱 널리 사용되기 시작하였다. 특히 GARCH(1,1) 모형은 금융시계열의 변동성을 모형화할 때 표준적인 모형으로 사용되었다.

[그림 9.1]은 1987년 11월 2일부터 2003년 6월 30일까지(총 3,938개) 일별 미국 S&P

그림 9.1 S&P 500 지수의 일별 수익률

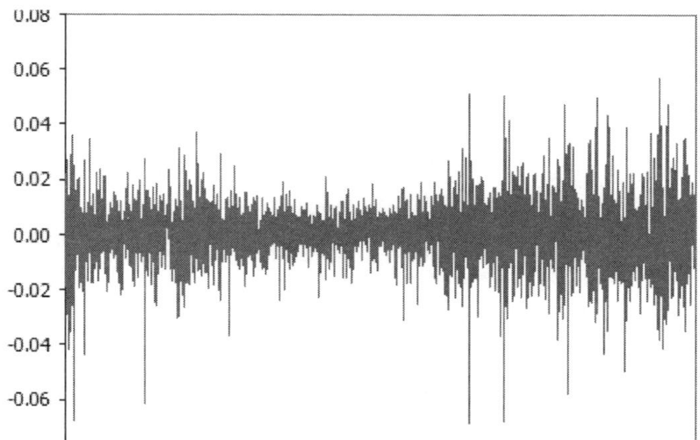

500 지수의 수익률(로그 차분) 그래프이다. 주식수익률은 일반적으로 다음과 같은 특징이 있다고 알려져 있다.

1) 변동성의 지속성이 높고 변동성 군집(volatility clustering)이 관찰된다. 특히, 변동성은 장기 기억 특성(long memory property)을 지닌 것으로 알려져 있다.
2) 레버리지 효과(leverage effects)가 관찰된다. 즉, 음의 수익률 충격이 양의 충격보다 더 큰 변동성을 유발한다.
3) 수익률의 분포가 정규분포보다 꼬리가 두껍다(leptokurtosis).
4) 표본의 크기가 큰 일별 수익률을 GARCH(1,1) 모형으로 추정하면 $\alpha+\beta$가 1에 가깝게 추정된다.

변동성 군집은 주가수익률의 변동이 작을 때는 한동안 그 상태가 지속되고, 변동이 클 때는 그 상태도 한동안 지속되는 경향이 있는 것을 말한다. 이는 [그림 9.1]에서 확인할 수 있는데, 표본의 가운데 부분은 변동이 작은 상태가 지속되고 표본의 후반부는 변동성이 큰 상태가 지속되는 것을 볼 수 있다. 이처럼 금융시계열은 변동성의 지속성이 높은 특징을 보인다. GARCH(1,1) 모형은 9.1절에서 살펴본 것처럼 ARMA 모형과 연결이 되어 변동성의 높은 지속성 및 변동성 군집을 설명하기에 적합하다. 그러나 GARCH(1,1) 모형은 장기 기억 특성을 설명할 수는 없는데, 이에 대한 자세한 설명은 아래에 제시한다.

GARCH(1,1) 모형은 대칭적인 모형이라 u_{t-1}이 양의 값을 가지거나 음의 값을 가질 때 같은 절댓값을 가진다면 다음 기 변동성에 동일한 영향을 미친다. 이처럼 GARCH(1,1) 모형은 주가수익률이 보이는 레버리지 효과를 설명하지 못하는 한계가 있는데, Glosten et al.(1993)은 간단하게 수정된 모형으로 이를 설명하고자 하였다. Glosten et al.(1993) 모형은 저자들의 이름 머리글자를 따서 GJR−GARCH(1,1) 모형이라 하고, 이는

$$\sigma_t^2=\omega+\alpha u_{t-1}^2+\beta\sigma_{t-1}^2+\gamma S_{t-1}u_{t-1}^2$$

로 정의된다. 이때 S_{t-1}는 $u_{t-1}<0$ 일 때 1의 값을 가지는 더미변수이다. 이 더미변수가 포함된 항에 의해 u_{t-1}이 양의 값을 가질 때에 비해 음의 값을 가질 때 다음 기

변동성 σ_t^2이 더 커지게 된다.

Nelson(1991)은 EGARCH(exponential GARCH) 모형을 소개하였는데, EGARCH(1,1)은

$$\log(\sigma_t^2) = \omega + \beta\log(\sigma_{t-1}^2) + \theta u_{t-1} + \gamma(|u_{t-1}| - E|u_{t-1}|)$$

로 정의된다. σ_t^2 대신 $\log(\sigma_t^2)$를 사용하여 모수의 조건에 상관없이 조건부 변동성이 언제나 양의 값을 가지도록 하였다. 이에 따라 일반적인 GARCH 유형의 모형과 달리 모수에 대한 제약 없이 추정할 수 있게 하는 장점이 있다. θu_{t-1}항에서 계수가 음의 값을 가지면 레버리지 효과를 설명할 수 있다.

금융시계열의 표본 첨도(kurtosis)는 대부분 정규분포의 첨도인 3보다 훨씬 크다.[3] 이는 금융시계열이 꼬리가 두꺼운(heavy tail, fat tail, or thick tail) 분포를 지닌다는 것을 의미한다. 교란항 ϵ_t가 정규분포를 가질 때 GARCH(1,1) 과정의 점근적 첨도가 실제 금융시계열에서 관측하는 표본 첨도보다 상당히 작은 것을 도출할 수 있는데, 이는 교란항 ϵ_t가 정규분포인 GARCH(1,1) 모형이 실제 데이터의 표본 첨도를 설명하지 못한다는 것을 의미한다. 이러한 단점을 극복하기 위한 쉬운 해결책은 정규분포를 따르는 교란항이 아니라 $t-$분포와 같이 꼬리가 두꺼운 분포를 따르는 교란항 ϵ_t을 사용하는 것이다.

Engle and Bollerslev(1986)는 IGARCH(integrated GARCH) 모형을 제안하고 분석하였는데, 이는 GARCH(1,1) 모형에 $\alpha + \beta = 1$의 조건이 부여된 것이다. IGARCH 모형의 경우 u_t^2이 단위근 시계열임을 확인할 수 있다. 그러나 실제 금융시계열의 추정이 IGARCH 현상($\hat{\alpha} + \hat{\beta} \simeq 1$)을 보이는 것이 모형 오지정(model misspecification)에 의해 발생하는 결과일 수 있다는 연구가 이어졌다. Hillebrand(2005)는 구조 변화(structural change, 여기에서는 모수의 값이 달라진다는 것을 의미함)가 있는 GARCH(1,1) 모형에서 구조 변화를 무시하고 GARCH(1,1) 모형을 추정할 때 IGARCH 현상이 발생할 수 있음을 증명하였고, Han and Park(2014)는 아래의 GARCH−X 모형

---

3) 평균이 μ이고 표준편차가 σ인 확률변수 X의 첨도는 $E\left[\left(\frac{X-\mu}{\sigma}\right)^4\right]$로 정의된다. 평균에서 멀리 떨어진 극단적인 값이 자주 나오면 첨도가 크고, 이는 확률변수가 꼬리가 두꺼운 분포를 지닌다는 것을 의미한다.

$$\sigma_t^2 = \omega + \alpha u_{t-1}^2 + \beta \sigma_{t-1}^2 + \gamma x_{t-1}$$

에서 지속성이 높은 설명변수(persistent covariate) x_{t-1}을 생략하고 GARCH(1,1)을 추정할 때 IGARCH 현상이 발생할 수 있음을 보였다.

그림 9.2 일별 S&P 500 지수 수익률 제곱의 자기상관함수

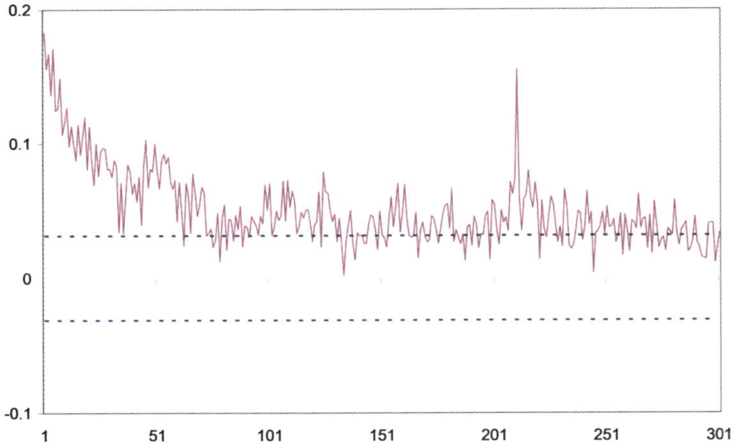

[그림 9.2]은 [그림 9.1]의 S&P 500 지수 수익률을 제곱하고 그 제곱의 자기상관함수를 그린 것이다. 가로축은 시차를 나타내고 파란 점선은 95% 신뢰구간을 나타낸다. 시차가 아주 크더라도 자기상관이 통계적으로 유의한 양의 값을 가지는 것을 확인할 수 있다. 이는 주가수익률의 제곱이 장기 기억 특성을 지닌다는 것을 의미한다.

정의

시계열의 자기상관이 시차 k에 대해 느리게 감소하여

$$\sum_{k=1}^{\infty} |\rho(k)| = \infty$$

이 성립한다면, 이는 장기 기억 과정(long memory process)이라 한다. 반면 시계열의 자기상관이 빠르게 감소하여

$$\sum_{k=1}^{\infty} |\rho(k)| < \infty$$

이 성립한다면, 이는 단기 기억 과정(short memory process)이라 한다.

Ding et al.(1993)은 주가수익률의 제곱 또는 절댓값이 장기 기억 특성을 가지고 있다는 것을 처음으로 밝혔다. 이때 금융시계열의 제곱 또는 절댓값은 금융시계열의 변동성을 반영하는 것으로, 이후 금융시계열의 변동성의 장기 기억 특성을 설명하려는 연구가 활발히 진행되었다. 우선 GARCH(1,1) 모형은 이러한 변동성의 장기 기억 특성을 설명할 수 없다. [그림 9.3]에서와 같이 GARCH(1,1) 과정의 제곱은 자기상관함수가 시차가 커질 때 지수적으로(exponentially) 감소해서 빨리 0으로 수렴하기 때문이다. 이는 [그림 9.2]의 실제 데이터가 보이는 자기상관함수와 질적으로 다르다. IGARCH(1,1) 모형도 실제 데이터의 장기 기억 특성을 설명하지 못한다. 그러나 분수 적분 차수 모형(fractionally integrated model)은 시차가 커지더라도 자기상관함수가 매우 천천히 감소해서 여전히 양의 값을 가지기 때문에 실제 데이터의 장기 기억 특성을 설명할 수 있다는 것을 확인할 수 있다.

그림 9.3 수익률 제곱의 자기상관함수

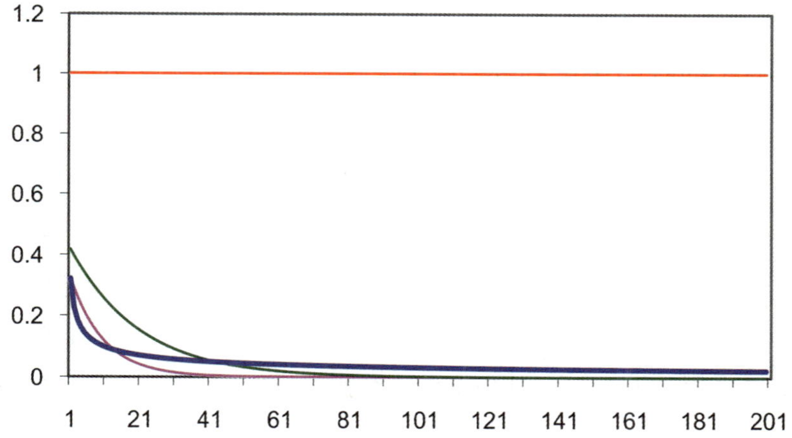

주: 빨간색은 IGARCH(1,1) 모형, 자주색은 GARCH(1,1) 모형($\alpha=0.2, \beta=0.7$), 초록색은 GARCH(1,1) 모형($\alpha=0.2, \beta=0.75$), 파란색은 적분 차수가 0.25인 분수 적분 차수 모형을 나타내고, 각 모형의 제곱의 자기상관함수를 나타낸다.

참고

$-0.5 < d < 0.5$에 대해 시계열 y_t가 분수 적분 차수 과정(fractionally integrated process) $I(d)$ 또는 ARFIMA(0, d, 0)라면

$$y_t = (1-L)^{-d}\epsilon_t = \sum_{j=0}^{\infty} \frac{\Gamma(d+j)}{\Gamma(d)\Gamma(j+1)}\epsilon_{t-j}$$

이다. 이때 $\Gamma(\bullet)$는 감마 함수(gamma function)이다. 이 과정의 자기공분산이

$$\gamma(k) \rightarrow Ck^{2d-1} \, as \, k \rightarrow \infty$$

이므로, 자기공분산이 k^{2d-1}의 오더(order)를 가진다. 만약 $0 < d < 0.5$라면, k가 증가할 때 k^{2d-1}은 하이퍼볼릭(hyperbolic) 감소를 보이게 된다. 이는 [그림 9.3]처럼 k가 증가할 때 매우 천천히 감소하는 것이다.

변동성의 장기 기억 특성을 설명하기 위한 활발한 연구가 이어졌는데, Baillie et al.(1996)은 FIGARCH(fractionally integrated GARCH) 모형을 통해 이를 설명하려 했고, Ding and Granger(1996)은 long memory ARCH 모형을 소개하였다. Mikosch and Starica(2004)는 구조 변화로, Diebold and Inoue(2001)는 국면 전환(regime switching), Granger and Hyung(2004)은 간헐적 구조 변화(occasional break)로 이를 설명하였다. Han and Park(2008)과 Han(2015)은 GARCH−X 모형에서 지속성이 높은 설명변수가 포함할 때 변동성의 장기 기억 특성이 설명된다는 것을 이론적으로 입증하였다.

이처럼 표준적으로 사용되는 GARCH(1,1) 모형이 실제 금융시계열 데이터가 보이는 특징을 설명하지 못하는 점이 밝혀지고 이를 설명하기 위한 이론적 설명이 제기되거나 이를 설명하는 새로운 변동성 모형이 소개되는 식으로 변동성 관련 연구가 발전해 왔다. ARCH와 GARCH 모형과 관련된 무수히 많은 연구가 진행되었는데, Bollerslev(2010)는 얼마나 많은 ARCH/GARCH 유형의 모형이 소개되고 분석되었는지 확인할 수 있게 해준다.

ARCH/GARCH 유형의 모형을 추정하는 표준적인 방법은 준최우추정법(quasi-maximum likelihood estimation 또는 pseudo-maximum likelihood estimation)이다.[4] 이는 상대적으로 쉬운 추정 방법이라 할 수 있다. 추정에 대한 자세한 설명은 생략하도록 하겠다.

9.3 확률 변동성 모형

ARCH/GARCH 유형의 변동성 모형과 다른 종류로 확률 변동성(stochastic volatility) 모형이 소개되고 연구되었는데, 이를 간단히 살펴보자. 기본 확률 변동성 모형은 다음과 같이 정의된다.

$$u_t = \sigma_t \epsilon_t$$

$$\log \sigma_{t+1}^2 = \alpha_0 + \alpha_1 \log \sigma_t^2 + v_{t+1}$$

$$\epsilon_t \sim iid\,N(0,1),\ v_{t+1} \sim iid\,N(0,1)$$

이때 두 교란항 ϵ_t과 v_t는 서로 독립이다. EGARCH 모형과 같이 변동성에 로그를 취하고 있는데, 가장 중요한 특징은 교란한 v_{t+1}이 변동성 모형에 포함된 것이다. ARCH/GARCH 모형의 경우 교란항은 ϵ_t 하나만 존재하며 변동성 σ_t^2은 $t-1$ 시점에 결정되지만, 확률 변동성 모형의 변동성 σ_t^2은 t 시점의 교란항 v_t을 포함하고 있으므로 $t-1$ 시점에 결정되지 않는다.

이처럼 새로운 교란항을 포함하는 것은 변동성을 모형화할 때 유연성을 늘리는 장점도 있지만, 대신 모형의 추정을 어렵게 하는 단점도 있다. ARCH/GARCH 모형처럼 손쉽게 준최우추정법을 적용할 수 없고, MCMC(Markov chain Monte Carlo) 추정법 등을 적용해야 한다.

확률 변동성 모형 분야도 레버리지 효과와 변동성의 장기 기억 특성을 반영하기 위해 발전하였다. 위 기본 확률 변동성 모형에서 교란항 ϵ_t와 v_{t+1}이 음의 상관관계를 가진다면, 이 모형은 레버리지 효과를 설명할 수 있다. 주가수익률이 음의 값을 가질 때 ($\epsilon_t < 0$), ϵ_t와 v_{t+1}이 음의 상관관계를 가진다면 v_{t+1}는 양의 값을 가질 것이다. 따라서 σ_{t+1}^2은 더 커질 것이다. 이를 $\epsilon_t > 0$의 경우와 비교하면 레버리지 효과를 명확하게 이해할 수 있을 것이다. 또한 분수 적분 차수 모형을 확률 변동성 모형에 결합하여 변동성의 장기 기억 특성을 설명하려는 시도도 있었다. 확률 변동성 모형의 변동성 예측

4) 보통 QMLE 또는 Gaussian QMLE라 한다.

력은 우수한 편이라고 알려졌는데, 추정 방법이 어렵기 때문에 GARCH 유형의 모형만큼 활발히 사용되지는 못하였다.

9.4 실현변동성과 내재변동성

ARCH/GARCH 유형의 모형이나 확률 변동성 모형을 이용하여 금융시계열의 변동성을 예측하고 이를 실제 변동성과 비교하여 예측오차를 계산한다고 하자. 실제 변동성은 관측할 수 있는 변수(즉 데이터로 구할 수 있는 변수)가 아니다. 따라서 실제 변동성의 대용 변수(proxy)가 필요한데, 2000년대 초반에 고빈도 데이터(high frequency data)에 기반한 실현변동성(realized volatility) 개념이 도입되기 전까지는 수익률의 제곱을 실제 변동성의 대용 변수로 사용하였다.

Andersen et al.(2001)은 5분 또는 10분 단위 수익률의 제곱을 모두 더하여 일별 변동성을 측정하는 실현 분산(realized variance)을 소개하고, 이것이 실제 변동성을 잘 측정함을 보였다. 이후 2000년대에 실현변동성에 관한 연구가 활발히 진행되었다. 실현 커널(realized kernel)은 시장 미시구조 잡음(market microstructure noise)에 강건하고, 바이파워 변동성(bipower variation)은 점프(jump)를 허용하는 것으로 알려져 있다.

고빈도 데이터를 이용하여 실현변동성을 구할 수 있게 되면서, 이를 종속변수로 삼고 직접 모델링하여 변동성을 예측하려는 시도가 시작되었다. 변동성 관련 연구에서 변동성이 장기 기억 특성을 가진 것으로 알려져 있었기 때문에, 처음에는 장기 기억 특성을 반영하기 위해 분수 적분 차수를 포함한 ARFIMA(autoregressive fractionally integrated moving average) 모형이 사용되었다. 분수 적분 차수를 추정하는 것은 가능하기는 하지만 상대적으로 쉽지 않은 단점이 있다.

Corsi(2009)는 HAR(heterogeneous autoregressive) 모형을 소개하였는데, 이는 변동성의 장기 기억 특성을 설명할 수 있고 최소자승 추정이 가능한 장점이 있다. 추정이 매우 쉬우므로 이후 HAR 모형은 실현변동성을 모델링할 때 표준적인 모형으로 사용되고 있다. HAR 모형은 아래와 같다.

$$y_t = \beta_0 + \beta_1 y_{t-1} + \beta_2 \overline{y_{t-5}} + \beta_3 \overline{y_{t-22}} + \epsilon_t$$

위 식에서 y_t는 실현변동성이고, $\overline{y_{t-n}}$는 아래와 같이 지난 일주일(5일) 또는 한 달(22일)간의 평균을 나타낸다.

$$\overline{y_{t-n}} = \frac{1}{n}\sum_{d=1}^{n} y_{t-d}$$

내재변동성(implied volatility)은 옵션 가격으로부터 역산하여 계산되는 변동성이다. 초기에는 블랙 숄즈(Black Scholse) 옵션 모형을 기반으로 계산되었으나, 이후에는 모형에 기반하지 않고 옵션 가격들의 가중평균을 이용해 직접 계산하는 방식이 도입되었다. 시카고 옵션 거래소(Chicago Board Options Exchange, CBOE)의 VIX 지수는 S&P 500 지수 옵션 가격으로부터 계산되며, 향후 30일간의 주식시장 변동성에 대한 시장의 기대치를 나타낸다. 이 지수는 흔히 공포지수(fear gauge)라고도 불리며, 금융시장 상황을 반영하는 가장 중요한 지표 중 하나로 취급된다. 우리나라에는 이에 대응하여, KOSPI 200 지수의 옵션 가격으로부터 계산된 VKOSPI 지수가 있다. 내재변동성을 모델링할 때도 위 HAR 모형이 표준적인 모형으로 사용된다.

9.5 실습

GARCH 유형의 모형을 추정하는 R 코드를 살펴보자.

```
library("readxl")
library("fBasics")

data <- read_excel("S_Pdata.xls")
head(data)
tail(data)

sp=matrix(data$SPX_r)

plot(sp, type = 'l', xlab="")

# descriptive statistics for the return series
kurtosis(sp)
```

13번 줄에서 17번 줄은 데이터를 불러들이고 S&P 500 지수의 로그 차분(주가수익률)을 sp로 지정한다. 1996년 1월 3일부터 2009년 2월 27일까지의 일별 데이터이고, 표본 총수는 3,260이다. 이 주가수익률의 그래프는 아래와 같고 표본 첨도는 8.01로 나타나, 전형적인 금융시계열의 특성을 보이고 있다.

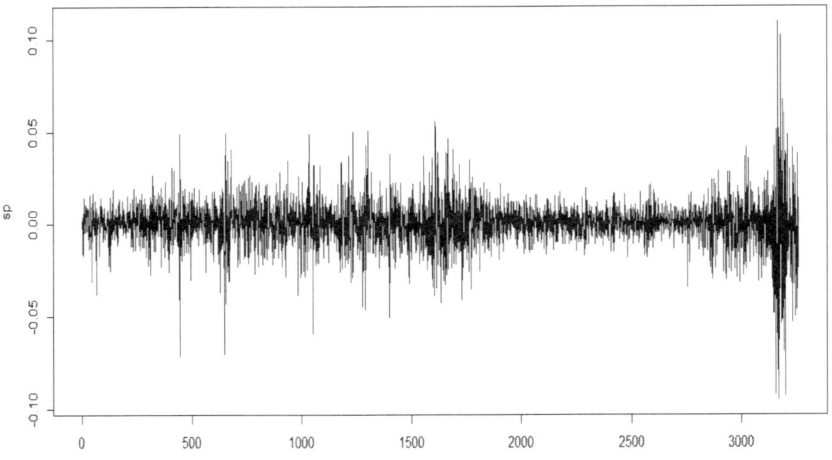


```
25 # GARCH(1,1) #
26 install.packages('fGarch')
27 library(fGarch)
28
29 fit1=garchFit(~garch(1,1),include.mean=T,data=sp,trace=F,cond.dist="QMLE")
30 fit1
31 summary(fit1)
32 ts.plot(fit1@h.t)
```

우선 GARCH(1,1) 모형을 추정한다. 여러 패키지를 사용할 수 있는데, fGarch 패키지를 이용하였다. 29번 줄의 garchFit 함수에서는 아래의 모형을 설정하고 있으며, cond.dist="QMLE"은 준최우추정을 뜻한다.

$$y_t = \mu + u_t$$

$$u_t = \sigma_t \epsilon_t,\ \epsilon_t \sim iid(0,1)$$

$$\sigma_t^2 = \omega + \alpha u_{t-1}^2 + \beta \sigma_{t-1}^2$$

추정 결과는 아래와 같은데, $\hat{\alpha}+\hat{\beta}=0.99$로 1에 매우 가까운 것을 확인할 수 있다. 많은 금융시계열에 대해 이와 비슷한 결과가 나타났기 때문에 IGARCH 모형이 소개되고 이에 대한 연구가 이어졌다.

```
        Estimate  Std. Error  t value Pr(>|t|)    
mu     4.487e-04   1.607e-04    2.793  0.00523 ** 
omega  1.309e-06   5.533e-07    2.365  0.01801 *  
alpha1 7.870e-02   1.298e-02    6.064 1.32e-09 ***
beta1  9.149e-01   1.361e-02   67.210  < 2e-16 ***
```

31번 줄의 summary(fit1)은 아래와 같이 표준화된 잔차(standardized residual) $\hat{\epsilon_t}$에 대한 Ljung−Box 검정 결과를 제시한다. GARCH(1,1) 모형에서 교란항 ϵ_t이 독립동일분포를 따르므로, 모형이 제대로 설정되면 $\hat{\epsilon_t}$과 $\hat{\epsilon_t}^2$ 모두 자기상관이 없어야 한다. 아래 결과에서는 p 값이 모두 0.05보다 크므로 자기상관이 없다는 귀무가설을 기각하지 못한다. 이는 모형 설정이 제대로 되었음을 의미한다.

```
Standardised Residuals Tests:
                                Statistic p-Value  
 Jarque-Bera Test   R    Chi^2  564.9963885 0.0000000
 Shapiro-Wilk Test  R    W        0.9838576 0.0000000
 Ljung-Box Test     R    Q(10)   13.5601809 0.1940145
 Ljung-Box Test     R    Q(15)   21.6911684 0.1161612
 Ljung-Box Test     R    Q(20)   25.3246403 0.1892922
 Ljung-Box Test     R^2  Q(10)    4.4374260 0.9254644
 Ljung-Box Test     R^2  Q(15)    9.1151704 0.8714189
 Ljung-Box Test     R^2  Q(20)   13.0658165 0.8745423
 LM Arch Test       R    TR^2     5.0629934 0.9558418
```

다음은 rugarch 패키지를 이용하여 GJR−GARCH 모형을 추정한다. ugarchspec의 모형 설정에서 model="gjrGARCH"은 GJR−GARCH 모형을 설정하는 부분이다.

```
35  # GJR-GARCH(1,1) #
36  install.packages('rugarch')
37  library(rugarch)
38  ?ugarchspec
39  
40  gjr.garch = ugarchspec(variance.model=list(model="gjrGARCH", garchOrder=c(1,1)),
41                         mean.model=list(armaOrder=c(0,0),include.mean=T))
42  gjr.garch
43  
44  fit2 = ugarchfit(gjr.garch,sp)
45  fit2
```

추정 결과에서 gamma1은 아래 모형의 γ에 대한 추정치이다. 0.134로 추정되고 통계적으로 유의한 것으로 나타났는데, 이는 주가수익률과 변동성이 비대칭적 관계를 지니고 있음을 확인해 준다.

$$\sigma_t^2 = \omega + \alpha u_{t-1}^2 + \beta\sigma_{t-1}^2 + \gamma S_{t-1} u_{t-1}^2$$

```
Optimal Parameters
------------------------------------
        Estimate  Std. Error   t value Pr(>|t|)
mu      0.000119    0.000186  0.641086 0.521467
omega   0.000002    0.000002  1.056188 0.290882
alpha1  0.000000    0.011071  0.000005 0.999996
beta1   0.917447    0.011817 77.636333 0.000000
gamma1  0.139936    0.030510  4.586633 0.000005
```

다음은 교란항이 t 분포를 따르는 GARCH(1,1) 모형을 추정한다. ugarchspec 내의 distribution.model = “std”이 교란항의 분포를 t 분포로 설정하는 부분이다.

```
# GARCH(1,1) with t-distribution #
garch.t = ugarchspec(variance.model=list(model="sGARCH", garchOrder=c(1,1)),
                       mean.model=list(armaOrder=c(0,0),include.mean=T),
                     distribution.model = "std")

fit3 = ugarchfit(garch.t,sp)
fit3
```

아래 추정 결과에서 shape은 t 분포의 자유도를 뜻한다.

```
Optimal Parameters
------------------------------------
        Estimate  Std. Error  t value Pr(>|t|)
mu      0.000582    0.000151   3.8454  0.00012
omega   0.000001    0.000001   1.3912  0.16418
alpha1  0.074904    0.009232   8.1137  0.00000
beta1   0.922512    0.009051 101.9252  0.00000
shape   7.445868    0.868986   8.5685  0.00000
```

부록

부록 A R 및 RStudio 설치와 기본 사용법

1. R 설치

R 프로그램은 R 홈페이지(https://www.r-project.org)에서 다운로드할 수 있다.

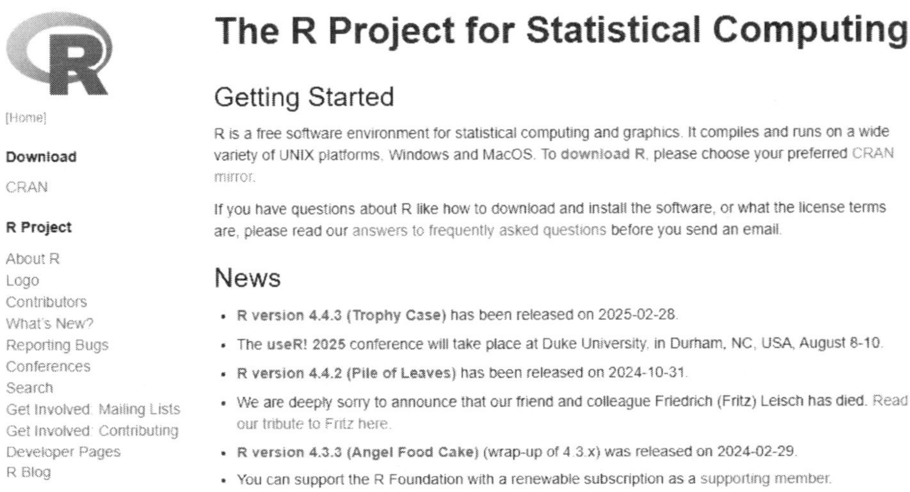

The R Project for Statistical Computing

[Home]

Download

CRAN

R Project

About R
Logo
Contributors
What's New?
Reporting Bugs
Conferences
Search
Get Involved: Mailing Lists
Get Involved: Contributing
Developer Pages
R Blog

Getting Started

R is a free software environment for statistical computing and graphics. It compiles and runs on a wide variety of UNIX platforms, Windows and MacOS. To **download R**, please choose your preferred CRAN mirror.

If you have questions about R like how to download and install the software, or what the license terms are, please read our answers to frequently asked questions before you send an email.

News

- **R version 4.4.3 (Trophy Case)** has been released on 2025-02-28.
- The **useR! 2025** conference will take place at Duke University, in Durham, NC, USA, August 8-10.
- **R version 4.4.2 (Pile of Leaves)** has been released on 2024-10-31.
- We are deeply sorry to announce that our friend and colleague Friedrich (Fritz) Leisch has died. Read our tribute to Fritz here.
- **R version 4.3.3 (Angel Food Cake)** (wrap-up of 4.3.x) was released on 2024-02-29.
- You can support the R Foundation with a renewable subscription as a supporting member.

구체적으로 위 홈페이지의 좌측 상단의 'Download CRAN'을 클릭하면 지역을 선택할 수 있는데, 예를 들어 'Korea의 https://cran.yu.ac.kr/'를 선택한다. CRAN (comprehensive R archive network)은 전 세계에 분포되어 있는 R 관련 자원을 관리하는 서버이다.

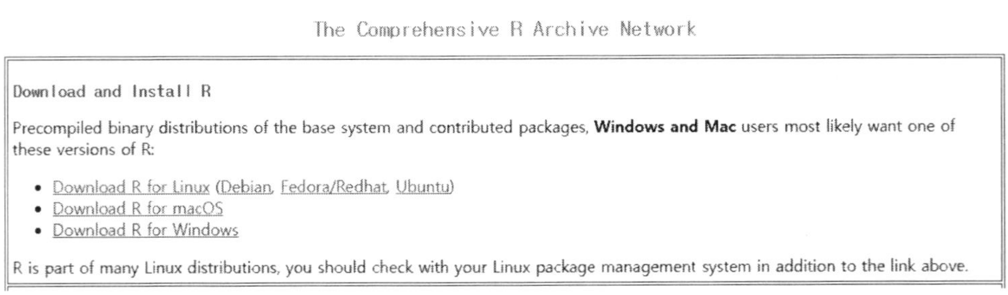

The Comprehensive R Archive Network

Download and Install R

Precompiled binary distributions of the base system and contributed packages, **Windows and Mac** users most likely want one of these versions of R:

- Download R for Linux (Debian, Fedora/Redhat, Ubuntu)
- Download R for macOS
- Download R for Windows

R is part of many Linux distributions, you should check with your Linux package management system in addition to the link above.

윈도우를 기준으로 하면 위 'Download R for windows'를 선택한다.

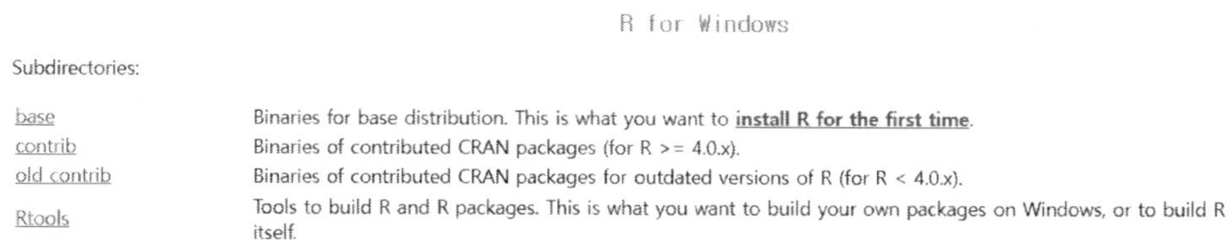

그리고 'install R for the first time'을 클릭하여 R 프로그램을 설치한다.

2. RStudio 설치

RStudio는 통합개발환경(integrated development environment, IDE)으로 편집 및 출력에 관한 유용한 기능을 제공하기 때문에 R 사용을 더 편리하게 해준다. 기본적인 개발환경을 제공하는 R을 사용해도 좋지만, RStudio를 사용하면 더 많은 기능을 활용할 수 있다. 따라서 본 교재의 모든 실습 파일들은 RStudio를 사용해서 실행할 것이다.

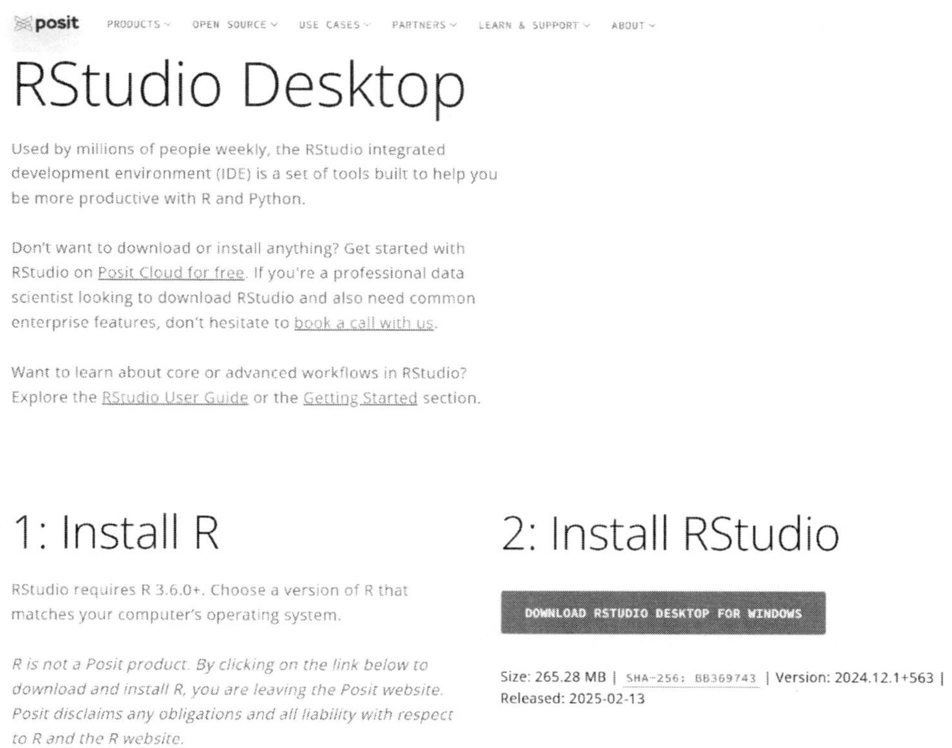

RStudio는 RStudio 홈페이지(https://posit.co/download/rstudio-desktop)에서 '2. Install RStudio'의 'Download Rstudio Desktop For Windows'를 클릭해서 설치할 수 있다.

3. RStudio 시작

R과 RStudio를 모두 설치한 후 RStudio를 실행하면, 아래와 같은 초기화면이 뜬다. 초기화면에는 콘솔 등(좌), 환경 등(우상단), 파일 등(우하단)에 관한 3개의 창이 나타난다.

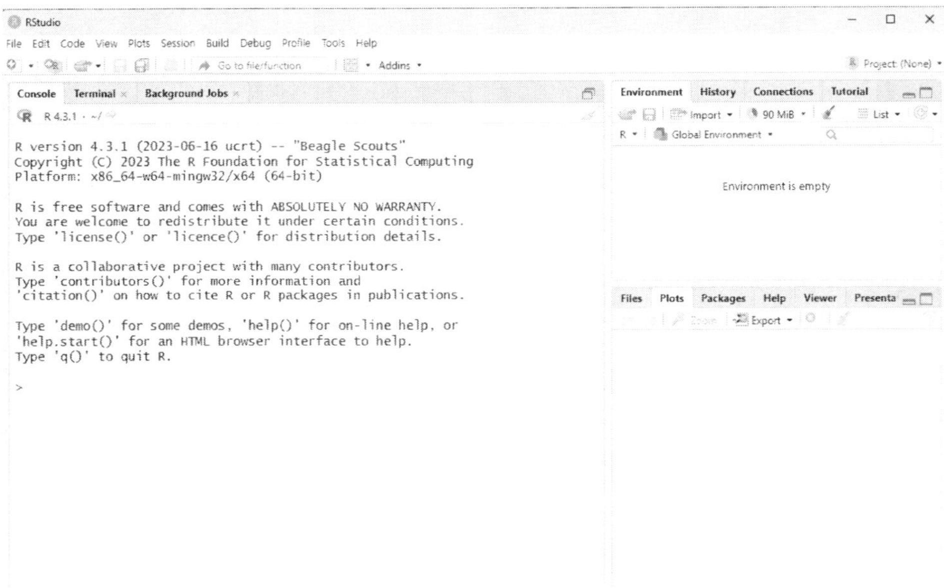

스크립트(script) 편집 기능을 주로 사용하기 때문에, 좌측 상단의 'File → New file → R script'를 클릭하면 왼쪽 콘솔 창 위에 스크립트 창이 나타난다. 스크립트 창에 명령어를 작성해서, 실행할 영역을 마우스로 블록을 지정하거나 실행할 행에 커서를 두고 'Crtl + Enter' 키를 입력하면 콘솔에 해당 부분의 실행 결과가 나타난다.

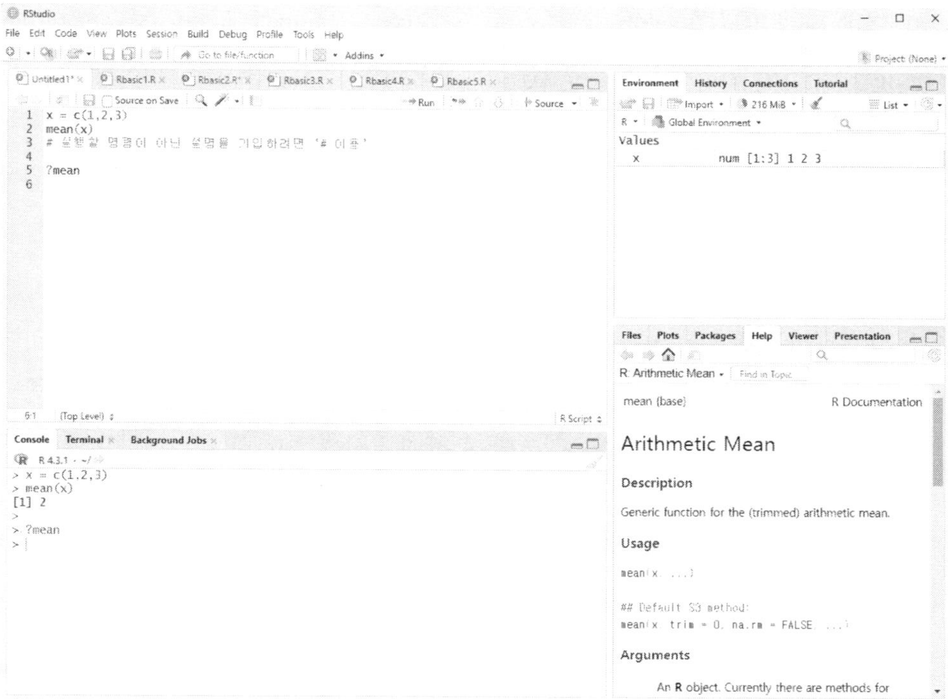

위 그림처럼 RStudio를 구성하는 네 개의 창은 다음과 같은 기능을 가진다. 좌상단의 스크립트(script) 창에서는 스크립트 작성 및 저장을 할 수 있다. 좌하단의 콘솔(console) 창은 스크립트에서 실행한 결과를 출력하고 여기에 R 명령어를 직접 입력할 수도 있다. 우상단의 환경(environment) 창은 콘솔에 입력한 변수와 값을 보여주고, 히스토리(history)는 현재까지 실행한 명령어를 보여준다. 우하단의 플랏(plots) 창은 그래픽 실행 결과를 보여준다.

스크립트의 3번째 줄에서처럼 앞에 # 기호를 입력하면 그 줄의 명령을 실행하지 않게 된다. 따라서 스크립트 안에 추가 설명을 기록하려면 # 기호를 앞에 입력한 후 기록하면 된다. 그리고 실행하려는 함수에 대한 자세한 설명은 '?' 함수를 실행하면 우하단의 도움(Help) 창에 그 함수에 대한 설명이 제시된다.

사용의 편의를 위해 선택할 수 있는 몇 가지 사항이 있다. 상단의 'Tools → Global options → code → Soft-wrap R source files'을 클릭하면, 스크립트 창에서 한 줄의 명령이 매우 길 경우 자동으로 아래 줄에 명령이 이어져 나타나게 된다. 명령어를 실행한 후 이를 취소하려면 'Crtl + Z' 키를 입력하거나 상단의 'Edit → Undo'를 클릭하면 된다.

그리고 본 교재의 실습 파일들은 'Tools → Global options → code → Saving → Default text encoding'에서 EUC-KR을 선택하고 작성하였다. 저장된 R 파일을 불러들일 때 text encoding이 다르면 한글 작성 부분이 깨져서 나올 수도 있다. 이럴 때는 저장된 R 파일을 '메모장' 프로그램에서 열고 내용을 직접 '복사'해서 R 스크립트에 '붙여넣기'해도 된다.

패키지(package)는 R 함수들을 모아 놓은 컬렉션이며, 라이브러리(library)는 R 패키지가 저장되는 폴더를 의미한다. 패키지는 R 설치 시에 자동으로 설치되는 기본 패키지와 추천 패키지가 있고, 별도로 추가 설치하는 패키지가 있다. 기본 패키지는 별도의 로딩 과정 없이 바로 사용할 수 있으며, 추천 패키지는 로딩 과정을 거쳐야 한다. 패키지를 추가 설치할 때는 install.packages("패키지명")을 실행하여 패키지를 설치한 다음, library(패키지명)을 실행하여 R로 불러오기(로딩)를 실시한다. 아래 그림은 timeSeries라는 패키지를 설치하고 로딩하는 명령을 보여준다.

4. R 데이터 구조, 연산자 및 함수

R 데이터 구조

R의 데이터는 벡터(vector), 배열(array)과 행렬(matrix), 리스트(list), 데이터 프레임(data frame), 요인(factor) 등의 구조로 작동된다. 벡터는 가장 기본적인 데이터 구조로 동일한 데이터 유형(숫자, 문자, 논리형 등)의 원소들을 한 줄로 저장한다. 배열은 벡터를 확장하여 다차원으로 구성한 것으로, 두 개 이상의 동일한 크기의 벡터로 구성되며

동일한 데이터 유형을 갖는다. 행과 열로 구성되는 2차원 배열을 행렬이라고 한다. 리스트는 서로 다른 데이터 유형과 구조를 포함할 수 있는 데이터 구조이다. 벡터, 행렬, 데이터 프레임 등을 혼합하여 저장할 수 있다. 데이터 프레임은 행과 열을 가지면, 각 열은 같은 데이터 유형을 유지해야 하지만 열끼리는 서로 다른 유형도 가능하다. 요인은 문자 벡터에 범주형 데이터를 저장하는 구조이다. 값이 아닌 레벨(levels) 개념을 가지고, 데이터를 범주형으로 집계하고자 하는 경우 유용하게 사용할 수 있다.

벡터로 만드는 방법은 여러 가지가 있지만, 가장 기본적인 함수는 c()이다.

```
R 4.3.1 · ~/
> x = c(1,2,3)
> x
[1] 1 2 3
> season = c("봄", "여름", "가을", "겨울")
> season
[1] "봄"   "여름" "가을" "겨울"
>
```

데이터는 아래 표와 같이 다양한 형태로 표현되는데, mode() 또는 class()를 이용하면 데이터 유형을 출력할 수 있다.

데이터 유형	값	예 및 결과
숫자형(numeric)	정수 실수 mode(3)	x = 3 x = 7.5 “numeric”
문자형(character)	문자 mode(“예측”)	x = ‘예측’ x = “예측” “character”
논리형(logical)	TRUE, FALSE mode(3〉4)	x = TRUE “logical”
복소수형(complex)	복소수 mode(3+2i)	x = 3+2i “complex”

데이터의 유형을 확인하기 위해서는 ‘is.유형(데이터)’의 명령어를 사용할 수 있고, 데이터 유형을 변경하기 위해서는 ‘as.유형(데이터)’의 명령어를 이용할 수 있다. 데이터 파일을 불러들였을 때, 데이터 유형이 문자형 되어 있어 모형의 추정이나 예측이 안 되는 경우가 종종 있다. 데이터 유형을 확인하고 만약 데이터 유형이 문자형인 경우 as.numeric() 또는 as.matrix()를 이용하여 숫자형으로 유형을 변경할 필요가 있다.

데이터 유형 확인	확인 내용	데이터 유형 변경	변경 내용
is.numeric(x)	숫자형 여부	as.numeric(x)	숫자형으로 변경
is.double(x)	실수형 여부	as.double(x)	실수형으로 변경
is.integer(x)	정수형 여부	as.integer(x)	정수형으로 변경
is.character(x)	문자형 여부	as.character(x)	문자형으로 변경
is.logical(x)	논리형 여부	as.logical(x)	논리형으로 변경
is.complex(x)	복소수형 여부	as.complex(x)	복소수형으로 변경
is.matrix(x)	행렬 여부	as.matrix(x)	행렬로 변경
is.na(x)	결측치 여부(na: not available)		
is.null(x)	비어있는 값 여부		
is.nan(x)	수학적으로 정의가 불가능한 수 여부 (nan: not a number)		
is.finite(x)	유한한 값인지 여부		
is.infinite(x)	무한한 값인지 여부		
is.matrix(x)	행렬 여부		

행렬은 matrix() 함수를 그리고 배열은 array() 함수를 사용하여 만들 수 있다. 행렬은 2차원 배열이고 데이터 배치를 행기준(byrow=TRUE)으로 할 수도 있다.

```
Console  Terminal ×  Background Jobs ×
R 4.3.1 · ~/
> A = matrix(seq(1:10), nrow = 2)
> A
     [,1] [,2] [,3] [,4] [,5]
[1,]    1    3    5    7    9
[2,]    2    4    6    8   10
> A2 = matrix(seq(1:10), nrow = 2, byrow=TRUE)
> A2
     [,1] [,2] [,3] [,4] [,5]
[1,]    1    2    3    4    5
[2,]    6    7    8    9   10
> A2[1,5]
[1] 5
> A2[2,]
[1]  6  7  8  9 10
> A2[,1]
[1] 1 6
>
```

A2 행렬의 1×5 요소, 두 번째 행의 모든 요소, 첫 번째 열의 모든 요소를 나타내는 명령어를 각각 확인할 수 있다. 아래는 2행 3열로 정렬하여 2층 높이로 쌓은 3차원 배열을 보여준다.

```
R 4.3.1 · ~/
> B = array(seq(1:12), dim=c(2,3,2))
> B
, , 1

     [,1] [,2] [,3]
[1,]    1    3    5
[2,]    2    4    6

, , 2

     [,1] [,2] [,3]
[1,]    7    9   11
[2,]    8   10   12

>
```

리스트는 벡터, 행렬을 구성 요소로 가질 수 있으며, list() 함수를 사용한다.

```
R 4.3.1 · ~/
> lstA = list(name="철수", gender="남", score = c(70, 80))
> lstA
$name
[1] "철수"

$gender
[1] "남"

$score
[1] 70 80

> lstA$name
[1] "철수"
>
```

두 리스트를 하나의 리스트로 묶을 수도 있다.

```
R 4.3.1 · ~/
> lstA = list(name="철수", gender="남", score = c(70, 80))
> lstB = list(name="영희", gender="여", score = c(80, 70))
> lstAll = list(lstA,lstB)
> lstAll
[[1]]
[[1]]$name
[1] "철수"

[[1]]$gender
[1] "남"

[[1]]$score
[1] 70 80


[[2]]
[[2]]$name
[1] "영희"

[[2]]$gender
[1] "여"

[[2]]$score
[1] 80 70


>
```

요인은 factor() 함수를 이용하고, 카테고리 즉 요인의 레벨은 levels 인수로 지정한다.

```
R 4.3.1 · ~/
> gender = c("여", "남", "남", "여")
> gender.factor = factor(gender,levels=c("남","여"))
> gender.factor
[1] 여 남 남 여
Levels: 남 여
>
```

데이터 프레임은 data.frame() 함수를 이용한다.

```
R 4.3.1 · ~/
> name = c("철수","영희","길동")
> gender = c("남","여","남")
> height = c(170,165,180)
> score = c(80, 95, 91)
> dfA = data.frame(성명=name,성별=gender,키=height,성적=score)
> dfA
  성명 성별  키 성적
1 철수   남 170   80
2 영희   여 165   95
3 길동   남 180   91
>
```

연산자

연산자에는 값을 할당하는 할당 연산자, 사칙연산 등을 위한 산술 연산자, 값들의 크기를 비교하는 비교 연산자, 참과 거짓에 대한 판단을 하는 논리 연산자가 있다.

	유형	기호	예	결과
할당 연산자	할당	<- 또는 =	x <- 7 x = 7	7 7
산술 연산자	더하기	+	1+2	3
	빼기	-	4-3	1
	곱하기	*	2*4	8
	나누기	/	8/2	4
	거듭제곱	^	2^3	8
비교 연산자	작음	<	x = 3 x < 5	TRUE
	이하	<=	x = 3 x <= 5	TRUE

	유형	기호	예	결과
	큼	〉	x = 3 x 〉	FALSE
	이상	〉=	x = 3 x 〉= 5	FALSE
	같음	==	x = 3 x == 5	FALSE
	같지 않음	!=	x = 3 x != 5	TRUE
논리 연산자	논리합	|	x = TRUE y = FALSE x|y	TRUE
	논리곱	&	x = TRUE y = FALSE x&y	FALSE
	논리부정	!	x = TRUE !x	FALSE

함수

함수는 function()을 이용하여 정의할 수 있다. 사각형의 밑변과 높이를 곱해서 면적을 구하는 함수는 아래와 같이 작성할 수 있다.

```
Area = function(x,y) {
  area = x*y
  return(area)
}
```

그리고 작성한 함수 이름을 이용하여 아래와 같이 Area(5,6)을 실행하면 면적 30의 값을 준다.

```
R 4.3.1 · ~/
> Area(5,6)
[1] 30
>
```

함수	기능	사용 예	실행 결과
abs()	절댓값	abs(−2)	2
log()	자연로그	log(100)	4.60517
mean()	평균	x = 1:10 mean(x)	5.5
var()	분산	x = 1:10 var(x)	9.166667
sd()	표준편차	x = 1:10 sd(x)	3.02765
median()	중위값(0.5 분위수)	x = 1:10 median(x)	5.5
quantile()	분위수	x = 1:10 quantile(x,0.9)	90%, 90.1 (90% 분위수)
max()	최댓값	x = 1:10 max(x)	10
min()	최솟값	x = 1:10 min(x)	1

5. R 기본 실습

독자들은 'https://github.com/heejoonhan/Machine-Learning-and-Forecasting-Textbook'의 '코드 및 데이터/부록A R 기본' 폴더 안에 있는 Rbasic1~Rbasic5까지의 R 파일들을 직접 실행해 보기 바란다. 대부분 직접 실행해 보면 이해가 되겠지만, 더 자세한 추가 설명이 필요하다고 생각되는 부분들이 있어 이를 설명한다.

작업 디렉터리 확인 및 변경

작업 디렉터리(working directory)는 R에서 현재 작업 중인 파일이 저장되거나 데이터 파일 등을 불러올 폴더를 의미한다. 폴더의 R 파일을 RStudio로 실행하고 작업 디렉터리를 확인하기 위해서는 getwd()를 이용하면 된다. dir()를 실행하면 작업 디렉터리로 설정된 폴더 안의 파일들을 콘솔에 보여준다.

```
## get working directory
getwd()
dir()

## set your working directory
setwd("C:/Users/Heejoon/Desktop/R_Quant_updated")

#install.packages("rstudioapi")
library(rstudioapi)
setwd(dirname(rstudioapi::getSourceEditorContext()$path))
```

작업 디렉터리를 변경하려면 setwd() 함수를 사용한다. 다만, 윈도우에서 폴더의 경로를 복사하여 스크립트에 붙이면 경로 구분에 \이 사용되어

"C:\Users\Heejoon\Desktop\R_Quant_updated"

로 나타나기 때문에 경로 구분에 /을 사용하여

"C:/Users/Heejoon/Desktop/R_Quant_updated"

로 바꾸어야 한다. 또는 rstudioapi 패키지를 이용하여, 그림의 21번 줄처럼 현재 스크립트 파일이 있는 폴더를 작업 디렉터리로 설정할 수 있다.

벡터 연산의 예

x라는 벡터에 대해 상수를 더하고 곱하고 나누는 등의 연산을 실시하면, 콘솔에 나타난 것처럼 벡터의 모든 요소에 대해 연산이 수행된다. 위 그림의 95번과 96번 줄처럼 x와 y의 두 벡터를 곱하고 나누는 연산은 각 벡터에서 같은 위치에 있는 요소끼리 곱하고 나누는 연산을 수행한다. 이는 매틀랩(matlab)에서의 방식과 다르기 때문에 매틀랩에 익숙한 사용자는 주의하기 바란다.

변수 이름 사용

아래 그림은 read.csv() 함수를 이용하여 old_survey.csv 데이터 파일을 불러들인 후 height라는 변수를 출력하는 예시이다. 57번 줄에서 데이터 세트에 survey라는 이름을 지정하고, 59번 줄에서 height를 입력하고 실행한다. 그러나 아래 콘솔에서와 같이 이 변수를 찾을 수 없다는 에러 메시지가 뜬다. 이는 R이 height라는 변수 이름을 직접 사용할 수 없기 때문이므로, 대신 survey$height를 입력하면 된다.

다른 방식으로는 attach() 함수를 사용할 수도 있다. 이는 변수 이름을 직접 사용할 수 있도록 등록하는 함수이다. 62번 줄과 63번 줄처럼 이 함수를 실행한 후 $ 없이 바로 변수를 사용할 수 있다. 사용이 끝난 후에는 detach() 함수를 실행하여 attach()로 등록한 데이터를 제거한다.

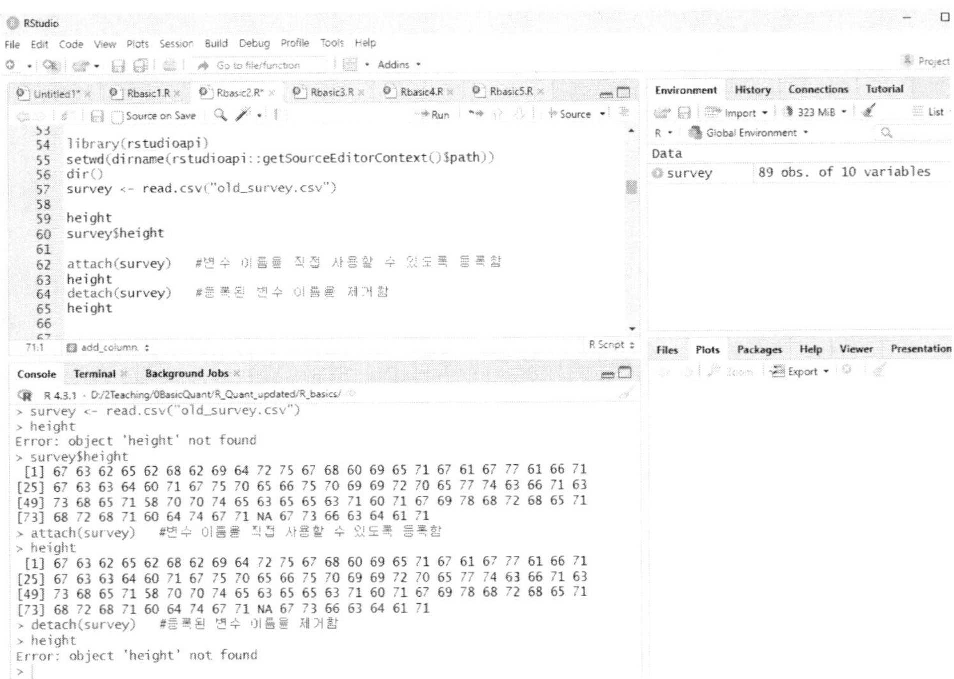

만약 height 데이터에 결측치가 있다면, sum()과 같은 함수를 실행할 때 NA라는 답을 준다. 결측치를 제외한 값들에 대해 함수를 실행하고 싶다면, na.rm=TRUE를 추가해서 실행하면 된다. na.rm은 not available한 데이터를 remove한다는 뜻으로 만든 것이라 추측된다.

```
## ----sum_ missing observation이 있을 때
----------------------------------
sum(survey$height)

## ----na.rm: ignore missing observations; NA를 제거하고 sum
----------------
sum(survey$height, na.rm = TRUE)
```

```
141:1   na.rm: ignore missing observations; NA를 제거하고 sum ÷        R Script ÷
Console  Terminal ×  Background Jobs ×
R 4.3.1 · D:/2Teaching/0BasicQuant/R_Quant_updated/R_basics/
> ## ----sum_ missing observation이 있을 때----------------------------------
> sum(survey$height)
[1] NA
> ## ----na.rm: ignore missing observations; NA를 제거하고 sum ----------------
> sum(survey$height, na.rm = TRUE)
[1] 5944
>
```

조건문 사용

R에서 if, else, else if는 조건문을 사용할 때 활용한다. if와 else만 사용되는 조건문이라면, if는 주어진 조건이 참(TRUE)이면 if 블록의 코드를 실행하고, 그렇지 않으면 else 블록의 코드를 실행한다. else if는 아래 그림의 예시처럼 여러 개의 조건을 고려할 때 사용한다. if 조건이 참이면 실행하고, 아니라면 else if의 조건을 살펴봐서 주어진 조건이 참이면 실행하고, 그것도 아니라면 else 블록의 코드를 실행한다.

```
######################
## if, else, else if
######################

d=rnorm(1) ; d
# if else (조건문 예시)
if (d<0.5){
  print("Less than 0.5")
} else if (d<0.75){
  print("Less than 0.75")
} else{
  print("greater than 0.75")
}

```

```
94:2   (Untitled) ÷        R Script ÷
Console  Terminal ×  Background Jobs ×
R 4.3.1 · D:/0교재 집필/R code/R_basics/
> d=rnorm(1) ; d
[1] 0.5747088
> # if else (조건문 예시)
> if (d<0.5){
+   print("Less than 0.5")
+ } else if (d<0.75){
+   print("Less than 0.75")
+ } else{
+   print("greater than 0.75")
+ }
[1] "Less than 0.75"
>
```

반복문 사용

특정 코드를 여러 번 실행할 때 반복문(loop)을 사용하는데, 대표적인 반복문으로 for, while, repeat를 사용한다. for는 아래 예시처럼 반복되는 횟수를 정해주고 그 정해진 횟수만큼 반복한다.

```
for (i in 1:4) {
  print(i)
}

isum = 0
for (i in 100:200) {
  isum = isum + i
}
print(isum)
```

while은 주어진 조건이 참(TRUE)일 동안 계속 반복한다.

```
#100을 넘으면서 100과 가장 가까운 t 구하기
# while 이용
t = 0
tsum = 0
while (tsum <= 100) {
  t = t + 1
  tsum = tsum + t
}
print(t) ; print(tsum)
```

repeat는 break 명령을 만나서 종료될 때까지 계속 반복한다.

```
# repeat 이용
t = 0
tsum = 0
repeat{
  t = t + 1
  tsum = tsum + t
  if(tsum > 100) break
}
print(t) ; print(tsum)
```

데이터 파일 불러오기

R에서는 다양한 형식의 데이터를 불러올 수 있다. 아래 그림은 대표적인 방법을 보여주고 있다. csv 파일은 read.csv(), txt 파일은 read.table(), 엑셀 파일은 read_excel() 함수를 이용한다. 다만 엑셀 파일을 불러오기 위해서는 readxl 패키지를 설치하고 이용해야 한다.

```
# csv file
data1 <- read.csv("DataHousingPrice.csv")

# txt file
data2 = read.table("DataHousingPrice.txt",header=T)

#### import excel data
install.packages("readxl")
library("readxl")

# xls file
dataxls = read_excel("DataHousingPrice.xls")

# import data in the first sheet in an xlsx file
dataxlsx = read_excel("DataHousingPrice.xlsx",sheet=1)
```

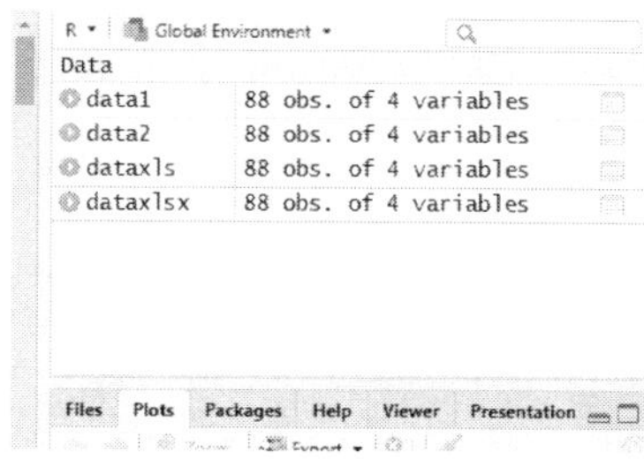

결측치 여부 확인 및 제거

데이터를 불러온 후 데이터 세트에 결측치가 존재하는지를 확인할 필요가 있다. 이때 complete.cases() 함수를 이용할 수 있다. DataHousingPrice.csv 데이터 파일에는 총 88개의 표본이 있고 각 표본이 4개의 변수를 포함하고 있다. 결측치가 전혀 없다면, complete.cases()는 모든 표본에 대해 TRUE를 나타낸다.

DataHousingPriceMissing.csv 데이터 파일의 경우 7번째와 13번째 표본에 대해 FALSE를 나타내는데, 이 두 표본의 변수 중 결측치가 있음을 의미한다. 결측치가 있는 표본을 제외하기 위해서는 na.omit() 함수를 사용할 수 있다. nrow() 함수를 이용하면, 결측치가 있는 표본을 제거하고 남은 표본의 수가 86이 된 것을 알 수 있다.

```r
# NA가 있는지를 확인
complete.cases(data1)
n     = nrow(data1)
n
# Case2: there are missing data
dataMissing = read.csv("DataHousingPriceMISSING.csv",header=T)

complete.cases(dataMissing)
# na.omit는 NA(missing data)를 제거
dataCleaned = na.omit(dataMissing)
nCleaned     = nrow(dataCleaned)
nCleaned
```

49:1 (Untitled) R Script

Console Terminal Background Jobs

R 4.3.1 · D:/2Teaching/0BasicQuant/R_Quant_updated/R_basics/

```
> # NA가 있는지를 확인
> complete.cases(data1)
 [1] TRUE TRUE TRUE TRUE TRUE TRUE TRUE TRUE TRUE TRUE TRUE TRUE TRUE TRUE
[15] TRUE TRUE TRUE TRUE TRUE TRUE TRUE TRUE TRUE TRUE TRUE TRUE TRUE TRUE
[29] TRUE TRUE TRUE TRUE TRUE TRUE TRUE TRUE TRUE TRUE TRUE TRUE TRUE TRUE
[43] TRUE TRUE TRUE TRUE TRUE TRUE TRUE TRUE TRUE TRUE TRUE TRUE TRUE TRUE
[57] TRUE TRUE TRUE TRUE TRUE TRUE TRUE TRUE TRUE TRUE TRUE TRUE TRUE TRUE
[71] TRUE TRUE TRUE TRUE TRUE TRUE TRUE TRUE TRUE TRUE TRUE TRUE TRUE TRUE
[85] TRUE TRUE TRUE TRUE
> n     = nrow(data1)
> n
[1] 88
> # Case2: there are missing data
> dataMissing = read.csv("DataHousingPriceMISSING.csv",header=T)
> complete.cases(dataMissing)
 [1]  TRUE  TRUE  TRUE  TRUE  TRUE  TRUE FALSE  TRUE  TRUE  TRUE  TRUE  TRUE
[13] FALSE  TRUE  TRUE  TRUE  TRUE  TRUE  TRUE  TRUE  TRUE  TRUE  TRUE  TRUE
[25]  TRUE  TRUE  TRUE  TRUE  TRUE  TRUE  TRUE  TRUE  TRUE  TRUE  TRUE  TRUE
[37]  TRUE  TRUE  TRUE  TRUE  TRUE  TRUE  TRUE  TRUE  TRUE  TRUE  TRUE  TRUE
[49]  TRUE  TRUE  TRUE  TRUE  TRUE  TRUE  TRUE  TRUE  TRUE  TRUE  TRUE  TRUE
[61]  TRUE  TRUE  TRUE  TRUE  TRUE  TRUE  TRUE  TRUE  TRUE  TRUE  TRUE  TRUE
[73]  TRUE  TRUE  TRUE  TRUE  TRUE  TRUE  TRUE  TRUE  TRUE  TRUE  TRUE  TRUE
[85]  TRUE  TRUE  TRUE  TRUE
> # na.omit는 NA(missing data)를 제거
> dataCleaned = na.omit(dataMissing)
> nCleaned     = nrow(dataCleaned)
> nCleaned
[1] 86
> 
```

데이터 처리

R에서 데이터를 처리하는 방법은 다양하다. dplyr 패키지는 데이터 처리를 간단하고 효율적으로 수행할 수 있도록 도와주는 패키지 중 하나이다. filter() 함수는 특정 조건을 만족하는 행을 선택할 때 사용하고, select() 함수는 특정 조건을 만족하는 열을 선택할 때 사용하고, mutate() 함수는 새로운 열을 추가하거나 기존 열을 변형할 때 사용한다. 참고로 아래 그림의 202번 줄과 203번 줄은 콘솔에 동일한 결과를 제시한다.

```
196 install.packages("dplyr")
197 library(dplyr)
198
199 data(iris)
200
201 # Select rows (Species == 'setosa')
202 iris %>% filter(Species == 'setosa')
203 filter(iris, Species == 'setosa')
204
205 # Select columns (Sepal.Length, Species)
206 iris %>% select(Sepal.Length, Species)
207
208 # Generate new variable
209 iris %>% mutate(leng.per.wid =  Sepal.Length/Sepal.Width)
```

데이터 저장

데이터를 저장하려면 write.csv() 함수 또는 (writexl 패키지 설치 후) write_xlsx() 함수를 사용할 수 있다.

```
write.csv(data1, "저장할파일.csv", row.names = FALSE)


install.packages("writexl")
library(writexl)

write_xlsx(data1, "저장할파일.xlsx")
```

부록 B Python과 VS Code 설치 및 기본 사용법

1. Anaconda 설치

Anaconda는 https://www.anaconda.com/download에서 다운로드할 수 있다. Anaconda 설치 시 Python이 함께 설치된다.

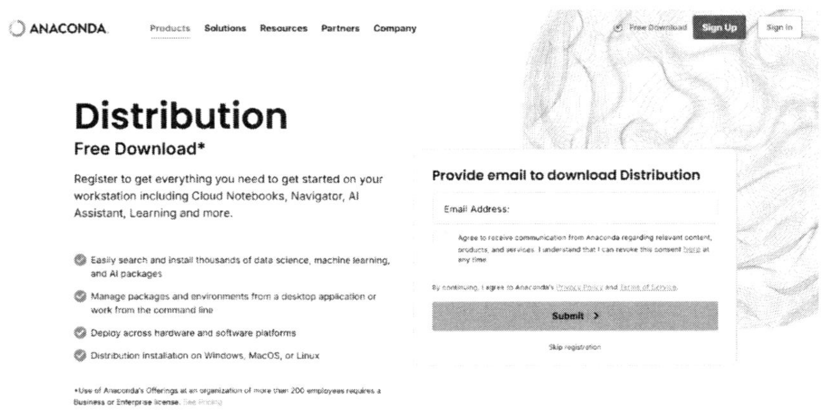

이메일을 입력하고 Submit을 클릭하면 아래와 같이 다운로드를 할 수 있는 페이지에 접속된다. 아래 페이지에서 Anaconda를 다운로드받을 수 있다.

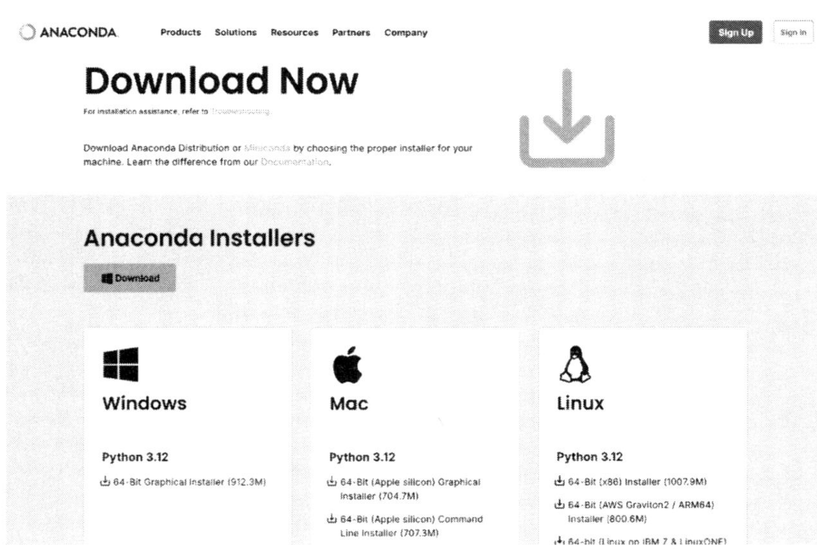

2. Visual Studio Code 설치

Visual Studio Code (VS Code)는 통합 개발 환경(Integrated Development Environment, IDE)으로서, 코드 편집과 출력에 유용한 기능들을 제공하여 Python 사용을 더욱 편리하게 만들어준다. PyCharm과 같은 다른 기본적인 개발 도구들도 사용할 수 있지만, Visual Studio Code는 가볍고 직관적인 인터페이스 덕분에 활용도가 높다. 따라서 본 교재에서는 모든 실습 파일을 Visual Studio Code를 사용하여 실행할 것이다.

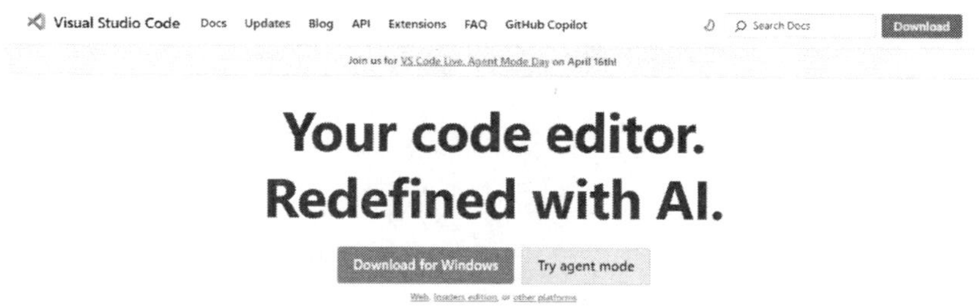

VS Code는 https://code.visualstudio.com에서 'Download for Windows'를 클릭해서 설치할 수 있다.

3. Visual Studio Code 시작

설치 이후 VS Code를 열면, 아래와 같은 초기화면이 나온다.

초기화면의 왼쪽에는 '탐색기', '검색', '소스 제어', '샐행 및 디버그', '확장' 등이 있다. VS Code 설치 이후에는 먼저, '확장'을 누르고, 필요한 Extension을 설치한다. Extension은 VS Code의 기능을 확장시켜주는 플러그인이다. 특정 언어나 도구에 맞는 기능을 추가하여 개발을 더 편리하게 만들어 준다.

VS Code 상에서 Python을 실행하기 위해 필요하거나 유용한 Extension은 다음과 같다. 위 화면과 같이 '확장'에서 Extension의 이름을 검색하면 설치할 Extension을 찾을 수 있다.

이름	설명
Python	Python 코드 실행, 오류 검사, 디버깅 등.
Korean Language Pack for Visual Studio Code	VS code용 한국어 팩.
Jupyter	Jupyter Notebook 파일(.ipynb)을 VS Code 안에서 열고 실행할 수 있게 해줌.
Pylance	코드 자동 완성과 변수 타입 힌트를 보여줌.
Code Runner	선택한 코드만 바로 실행

'탐색기'를 누르면, '폴더 열기'를 통해 작업 공간이 되는 폴더를 열 수 있다(첫 번째 화면). 해당 폴더에서 Python Script 파일(.py), Jupyter Notebook(.ipynb) 등을 열 수 있다(두 번째 화면). 좌상단의 '파일' > '폴더 열기'를 통해서 같은 작업을 진행할 수 있

다(세 번째 화면). 아래와 같은 방식을 통해 ".py" 혹은 ".ipynb" 파일 하나만 열지 말고, 폴더 열기를 통해 폴더 전체를 여는 것을 권장한다.

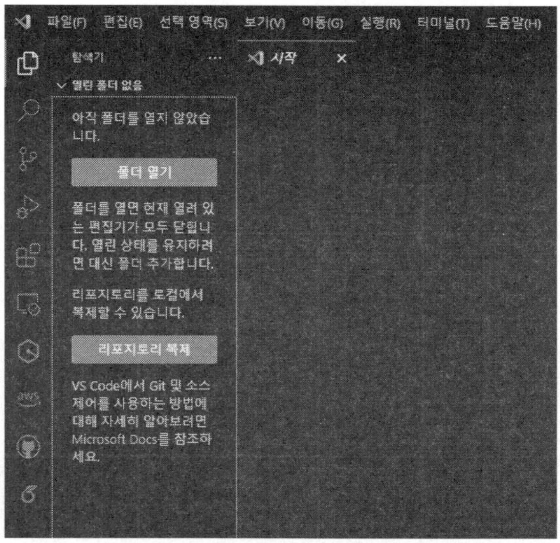

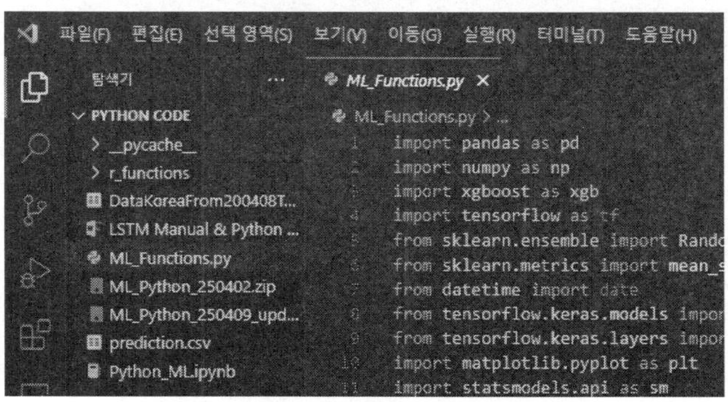

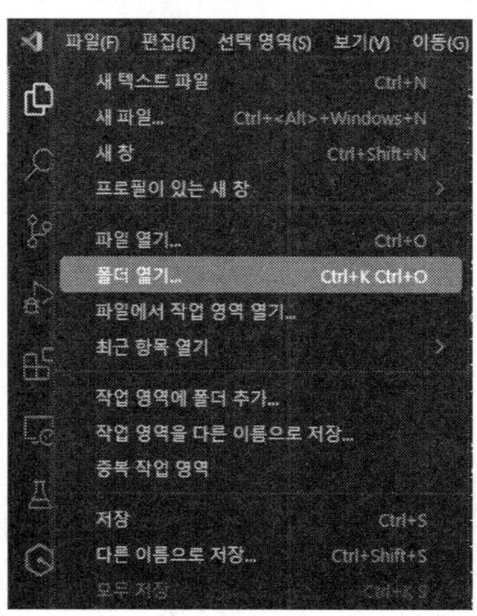

4. 머신러닝을 위한 가상환경 만들기

TensorFlow, Keras 등 머신러닝을 위한 Python 패키지 중 일부는 Python 버전에 따라 설치가 정상적으로 이루어지지 않거나, 업데이트 과정에서 문제가 발생하는 경우가 있다. 이러한 문제를 방지하고 안정적인 실습 환경을 유지하기 위해, 본 교재에서는 가상환경을 만들어 실습을 진행한다.

가상환경을 만들기 위해서는 먼저 Anaconda Prompt를 실행한다. 실행 후에는 다음과 같은 명령(Command) 창이 나타난다.

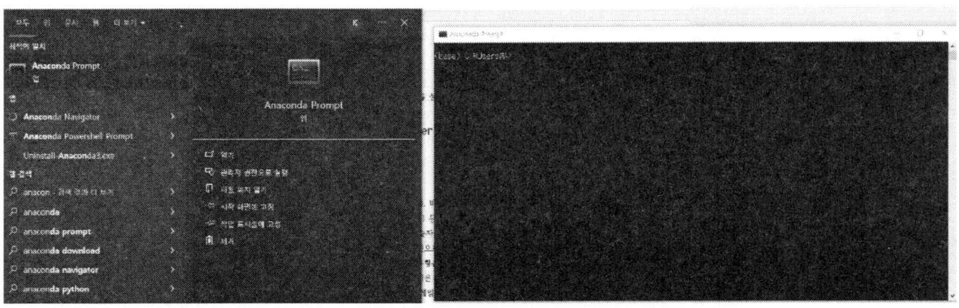

아래 명령어를 Anaconda Prompt의 Command 창에 입력하면, Python 3.8 버전을 사용하는 'tf'라는 이름의 가상환경이 생성된다.

```
> conda create --name tf python=3.8 tensorflow
```

가상환경이 정상적으로 생성되었는지 확인하려면, 다음 명령어를 입력하여 'tf' 가상환경을 활성화한다.

```
> conda activate tf
```

명령어 실행 후 프롬프트의 앞부분이 (base)에서 (tf)로 바뀌었다면, 가상환경이 정상적으로 생성 및 활성화된 것이다.

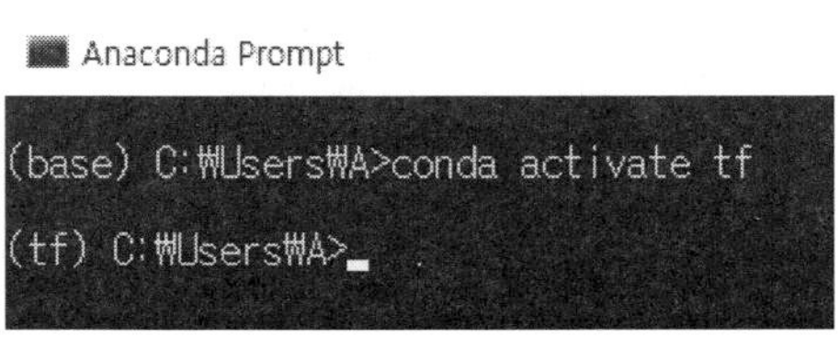

5. VS Code에서 Python 및 Jupyter Notebook 사용하기

Python 사용

VS Code에서 파일을 새로 만들려면 탐색기 패널에서 폴더 이름 옆의 "새 파일" 아이콘을 클릭한 뒤(첫 번째 사진), 원하는 이름 뒤에 .py를 붙여 파일을 생성하면 된다(두 번째 사진).

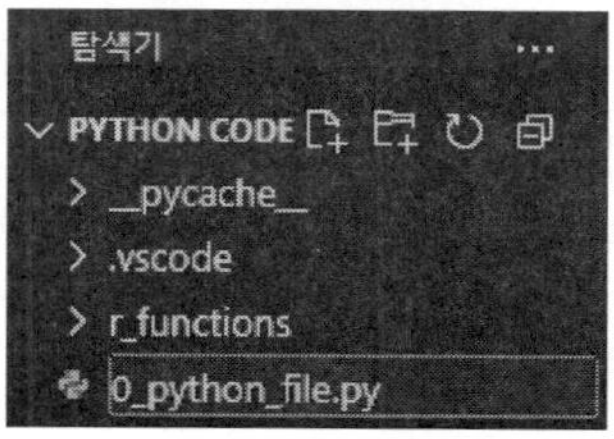

해당 파일을 열면 아래와 같은 화면이 VS Code에 표시된다.

Python 파일에 코드를 입력하고, 실행하는 방법은 다음과 같다.

1) 우하단의 인터프리터 설정을 클릭한 이후 'tf'를 선택한다.

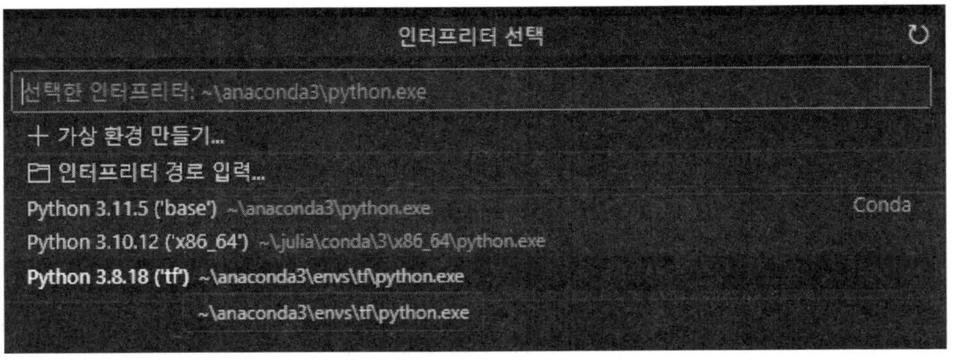

2) Ctrl + F5를 누르고 "Run Python File in Terminal" 선택하거나

3) 우측 상단의 "▷" 클릭 후 실행한다.

실행하면 다음 화면과 같이 실행 결과를 확인할 수 있다.

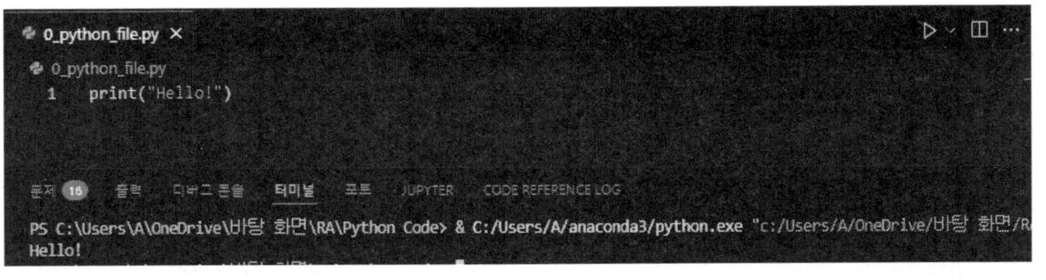

Jupyter Notebook 사용

Jupyter Notebook은 웹 브라우저에서 Python 코드를 작성, 실행, 시각화, 문서화할 수 있는 인터랙티브 개발 환경(IDE)이다. Jupyter는 "Julia + Python + R"에서 이름을 따왔으며, 현재는 Python 기반 데이터 분석에 가장 널리 쓰이는 도구이다. 본 교재에서는 코드 작성 및 시각화 편의성을 고려하여 Jupyter Notebook을 사용해 실습을 진행한다.

Jupyter Notebook은 원래 웹 브라우저 기반의 개발 환경이지만, VS Code에서도 편리하게 실행할 수 있다. VS Code에서 Jupyter Notebook을 사용하려면 먼저 3장에서 설명한 것처럼 작업할 폴더를 열어 작업 공간을 설정해야 한다. Jupyter Notebook 파일은 .ipynb 확장자를 가지며, VS Code에서 파일을 새로 만들려면 탐색기 패널에서 폴더 이름 옆의 "새 파일" 아이콘을 클릭한 뒤(첫 번째 사진), 원하는 이름 뒤에 .ipynb를 붙여 파일을 생성하면 된다(두 번째 사진). 이렇게 하면 Jupyter Notebook 환경이 자동으로 활성화된다.

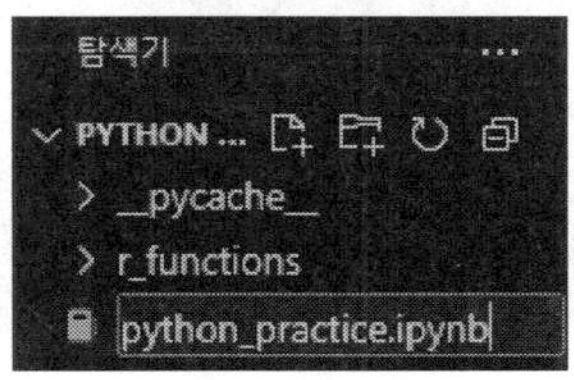

해당 파일을 열면 아래와 같은 화면이 VS Code에 표시된다. Jupyter Notebook에서 Python 코드와 머신러닝 실습을 실행하려면, 우상단의 '커널 선택'(Select Kernel) 메뉴에서 가상환경에 설치된 Python 인터프리터를 선택하여 Notebook 파일과 연결해야 한다.

위 화면 우상단의 '커널 선택' 버튼을 클릭하면, 앞서 생성한 가상환경이 목록에 나타난다. "Python 환경 > tf"를 클릭하여 해당 가상환경을 커널로 선택할 수 있다(첫 번째 화면). 커널 선택이 완료되면, 화면 우상단에 선택된 커널 이름이 표시되며, 연결이 완료된 것을 확인할 수 있다(두 번째 화면).

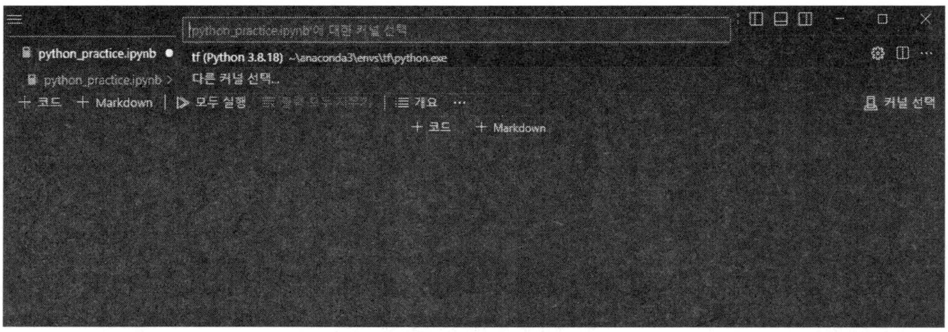

위 창에서 "+ 코드"를 누르면 코드를 실행할 수 있는 셀이 추가되고, "+ Markdown"를 누르면 Markdown 언어로 텍스트를 입력할 수 있는 셀이 추가된다.

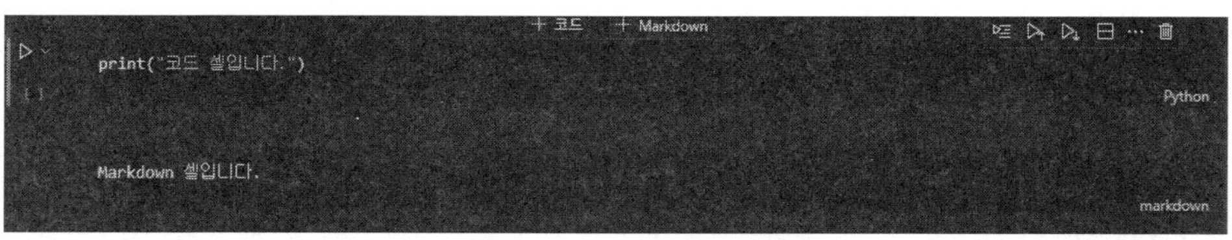

Jupyter Notebook에서 Python 코드를 실행하기 위해서는 ipykernel 패키지가 설치되어 있어야 한다. 코드 셀 좌측의 '셀 실행(▷)' 버튼을 클릭하거나 Ctrl + Enter를 눌러 Python 코드를 처음 실행하면, ipykernel 설치가 필요하다는 안내 문구가 표시될 수 있다. 이 경우 화면의 안내에 따라 설치를 진행하면 된다.

만약 설치가 너무 오래 걸리거나 중단된 경우에는 창을 닫고, Anaconda Prompt를 실행한 뒤 아래 명령어를 입력하여 수동으로 설치할 수 있다.

conda activate tf

python -m pip install ipykernel

설치가 완료되면 Prompt 창을 닫고, 다시 VS Code에서 Jupyter Notebook 파일을 열어 코드 셀을 실행한다. 정상적으로 실행되면, 아래 화면과 같이 결과가 코드 셀 하단에 출력된다.

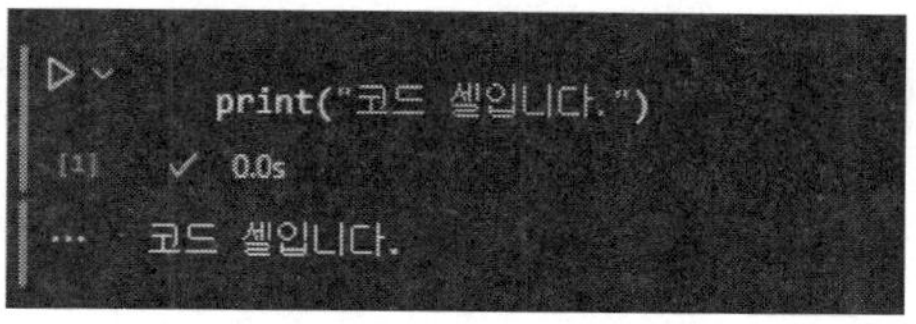

Markdown 셀에서 "Ctrl + Enter"를 누를 경우, 아래와 같이 텍스트가 생성된다.

6. Python 패키지

Python 필수 패키지

Python에서 패키지(Package)는 R에서의 패키지와 유사하게 Python 함수와 도구들을 모아 놓고 있다. 마찬가지로 라이브러리(library)는 Python 패키지가 저장되는 폴더이다. 데이터 분석에 필요한 Python 패키지는 아래와 같다.

이름	용도	특징
NumPy	수치 계산, 배열 연산	고속 벡터, 행렬 연산
Pandas	표 형태의 데이터 처리	R의 dplyr과 유사
Matplotlib	데이터 시각화	선그래프, 막대그래프 등 기본 도구
Seaborn	고급 통계 그래프	Matplotlib 기반, 시각화 디자인 향상
Scikit-learn[1)]	머신러닝 모델 생성 및 평가	회귀, 분류, 클러스터링 등 지원
Statsmodels	통계 분석	회귀분석, 시계열, 가설검정 등
TensorFlow	딥러닝 모델 구축 및 학습	Google 개발, 딥러닝 대표 프레임워크
Keras	TensorFlow 기반 딥러닝 API	직관적이고 쉽게 모델 설계 가능
ipykernel	.ipynb 파일 실행	웹 기반 코드 실습 노트북 환경

해당 패키지를 설치하기 위해서는 Jupyter Notebook의 코드 셀에서 아래와 같이 코드를 실행한다.

```
!pip install numpy
!pip install pandas
```

Anaconda Prompt 및 Command 창을 통해 패키지를 설치할 수도 있다(아래 화면 참고).

Anaconda Prompt - conda install pip

```
(base) C:₩Users₩A>conda install pip
Retrieving notices: ...working... done
Collecting package metadata (current_repodata.json): -
```

명령 프롬프트 - python -m pip install numpy

```
Microsoft Windows [Version 10.0.19045.5737]
(c) Microsoft Corporation. All rights reserved.

C:₩Users₩A>python -m pip install numpy
```

설치가 완료된 후, 코드 셀에서 아래 코드를 실행하면 설치한 패키지를 불어올 수 있다. 아래 코드는 numpy와 pandas를 각각 "np"과 "pd"라는 이름으로 불러온다는 의미이다.

```
import numpy as np
import pandas as pd
```

1) 자세한 사항은 https://scikit-learn.org/stable/index.html을 참고한다.

7. Python 데이터 구조 및 연산자

Python에서도 R과 마찬가지로 벡터, 행렬, 데이터프레임 등을 다룰 수 있고, 이를 통해 데이터 분석을 진행할 수 있다. Python에서는 데이터를 다루기 위한 다양한 데이터 형태를 제공한다. 아래 표는 R에서 사용되는 데이터 유형과 Python의 대응 구조를 비교한 것이다.

R 데이터 유형	Python 데이터 유형	예시
벡터(Vector)	리스트(list) 또는 배열(np.array)	[1, 2, 3], np.array([1, 2, 3])
행렬(Matrix)	2차원 배열(np.array)	np.array([[1,2],[3,4]])
배열(Array)	다차원 배열(np.array)	np.array([[[1],[2]]])
리스트(List)	리스트(list) 또는 딕셔너리(dict)	{'name':'A', 'score':[70,80]}
데이터프레임(Data Frame)	데이터프레임(pd.DataFrame)	pd.DataFrame(...)
팩터(Factor)	CategoricalDtype	pd.Categorical(...)

아래 표는 Python의 연산자이다.

연산자	의미
+, −, *, /	사칙연산
==, !=, 〈, 〉	비교연산

리스트 및 문자열

```
x = [1, 2, 3]
season = ["봄", "여름", "가을"]
print(type(x))          # <class 'list'>
print(type(season[0]))  # <class 'str'>
✓ 0.0s

<class 'list'>
<class 'str'>
```

Python에서 리스트(list)는 여러 개의 값을 하나로 묶어주는 자료형으로, [ ] 안에 요소를 쉼표로 나열하여 생성한다. 문자열(str)은 '작은따옴표' 또는 "큰따옴표"로 감싼 문자들의 모음이며, 리스트의 요소로도 들어갈 수 있다. type() 함수는 객체의 자료형을 알려준다. Python은 인덱스가 0부터 시작하므로 season[0]은 "봄"이다.

숫자 데이터 종류

```
x = np.array([1, 2, 3.0])
print(x.dtype)  # float64

x = np.array(["a", "b"])
print(x.dtype)  # <U1 (유니코드 문자열)

x = np.array([True, False])
print(x.dtype)  # bool

x = np.array([3 + 2j])
print(x.dtype)  # complex128
✓ 0.0s
float64
<U1
bool
complex128
```

Python의 NumPy 배열은 다양한 자료형을 포함할 수 있으며, 배열의 .dtype 속성을 통해 각 요소의 타입을 확인할 수 있다. NumPy는 자동으로 가장 포괄적인 데이터 타입으로 일관되게 변환합니다.

데이터 타입 변환

astype() 메서드를 사용하면 배열 내 데이터의 타입을 다른 타입으로 변환할 수 있다. 예를 들어, 실수를 정수로 바꾸고 싶을 때 아래와 같이 사용할 수 있다.

```
x = np.array([1.2, 2.3])
x = x.astype(int)  # float → int

print(x)
✓ 0.0s
[1 2]
```

실수(float)에서 정수(int)로 형변환 시 소수점 이하 값은 반올림되지 않고 사라진다.

행렬과 배열(np.array)

NumPy는 배열(array)을 사용하여 다양한 차원의 데이터를 효율적으로 표현할 수 있다. 이러한 배열은 행렬 계산뿐 아니라 머신러닝의 입력 데이터로도 자주 사용된다.

```
A = np.array([[1, 2, 3, 4, 5],
              [6, 7, 8, 9, 10]])
print(A[0])        # 첫 번째 행
print(A[:, 0])     # 첫 번째 열

B = np.array(range(1, 13)).reshape(2, 3, 2)  # 3차원 배열
print(B)
✓ 0.0s

[1 2 3 4 5]
[1 6]
[[[ 1  2]
  [ 3  4]
  [ 5  6]]

 [[ 7  8]
  [ 9 10]
  [11 12]]]
```

reshape()은 배열의 차원을 바꿀 수 있다. :는 전체 선택, [i, j]는 특정 인덱스를 의미한다.

딕셔너리(Dictionary)

딕셔너리는 key: value 형식으로 구성되며, 이름별로 정보를 저장할 때 자주 사용된다.

```
person = {
    "name": "홍길동",
    "gender": "M",
    "score": [70, 80]
}

# 중첩 리스트
students = [
    {"name": "A", "gender": "M", "score": [70, 80]},
    {"name": "B", "gender": "F", "score": [60, 70]}
]
✓ 0.0s
```

위 화면의 students와 같이 여러 딕셔너리를 포함하는 리스트도 만들 수 있다.

범주형 데이터

Pandas에서는 범주형 자료를 category 타입으로 설정하여 메모리를 절약하거나 정렬 순서를 명시할 수 있다.

```
gender = pd.Series(["M", "F", "M"], dtype="category")
gender = gender.cat.set_categories(["F", "M"])
✓ 0.0s
```

데이터프레임(Data Frame)

DataFrame은 Pandas에서 가장 자주 사용되는 구조로, 엑셀처럼 행(row)과 열(column)을 가진 데이터 구조이다.

```
data = {
    "name": ["A", "B", "C"],
    "gender": ["M", "F", "M"],
    "height": [170, 165, 180],
    "score": [80, 95, 91]
}
df = pd.DataFrame(data)
print(df)
✓ 0.0s

  name gender  height  score
0    A      M     170     80
1    B      F     165     95
2    C      M     180     91
```

위 화면에서 df["name"]는 시리즈(Series)라는 1차원 데이터 형태를 불러오고, df[["name", "score"]]은 데이터프레임을 불러온다.

```
df['name']        # Series 형태 반환
[11] ✓ 0.0s
... 0    A
    1    B
    2    C
    Name: name, dtype: object

df[['name', 'score']]   # DataFrame 형태 반환
[10] ✓ 0.0s
...   name  score
    0    A     80
    1    B     95
    2    C     91
```

Python에서 데이터프레임은 아래와 같이 인덱싱할 수 있다. Pandas의 .loc[], .iloc[] 등을 활용해 인덱싱하여 데이터의 행과 열을 선택할 수 있다.

```
df.loc[2]                # 인덱스 라벨이 2인 행
```
```
name        C
gender      M
height    180
score      91
Name: 2, dtype: object
```

```
df.loc[0:2]              # 인덱스 라벨 0~2 범위의 행들
```

	name	gender	height	score
0	A	M	170	80
1	B	F	165	95
2	C	M	180	91

```
df.iloc[0]               # 첫 번째 행 (0번째 위치)
```
```
name        A
gender      M
height    170
score      80
Name: 0, dtype: object
```

```
df.iloc[0:3]             # 0~2번째 행들
```

	name	gender	height	score
0	A	M	170	80
1	B	F	165	95
2	C	M	180	91

```
df.loc[0, 'name']            # 라벨 기준: 0번째 행, 특정 열
```
```
'A'
```

```
df.iloc[0, 1]                # 위치 기준: 0번째 행, 1번째 열
```
```
'M'
```

```
df.loc[:, ['name', 'score']]  # 모든 행, 열1·열2만 선택
```

	name	score
0	A	80
1	B	95
2	C	91

함수

Python에서는 def를 사용해 함수를 정의할 수 있으며, 여러 인자를 받아 계산한 결과를 반환할 수 있다. 아래 함수는 사각형의 밑변과 높이를 곱해서 면적을 구하는 함수이다.

```
def area(x, y):
    return x * y

print(area(5, 6))  # 30
✓ 0.0s

30
```

아래 함수는 자주 사용하는 수학 함수 목록이다.

함수	기능	사용 예	실행 결과
abs(x)	절댓값	abs(−2)	2
np.log(x)	자연로그	np.log(100)	4.60517
np.mean(x), x.mean()	평균	mean(range(10)1	4.5
np.var(x), x.var()	분산	np.var(range(10))	8.25
np.std(x), x.std()	표준편차	np.std(range(10))	2.872
np.median(x), x.median()	중앙값	np.median(range(10))	4.5
np.quantile(x, 0.9)	분위수	np.quantile(range(10), 0.9)	8.1
np.max(x)	최댓값	np.max(range(10))	9
np.min(x)	최솟값	np.min(range(10))	0

8. Python 기본 실습

'https://github.com/heejoonhan/Machine-Learning-and-Forecasting-Textbook'의 '코드 및 데이터/부록 Python 기본' 폴더 안에 있는 python_practice.ipynb를 실행하면 Python의 기본을 익힐 수 있다. 해당 파일 안에 있는 예시 코드를 변형하면서 Python을 익히는 데 더 도움이 될 것이다. 아래 내용은 실습에 대한 간단한 해설이다.

Python 작업 공간 설정

```
import os

# 확인
print(os.getcwd())

# 변경
os.chdir("c:/Users/A/OneDrive/바탕 화면/RA/Python Code")
✓ 0.0s
C:\Users\A\Desktop
```

앞서 서술한 바와 같이 '폴더 열기'를 통해 작업 공간을 지정할 수 있지만, 위 코드와 같이 os.chdir() 함수를 통해 작업 공간을 지정할 수도 있다. 작업 공간 지정 이후 os.getcwd()를 통해 작업 공간이 제대로 지정되었는지 확인할 수 있다.

조건문

조건문은 어떤 조건이 참(True)이냐 거짓(False)이냐에 따라 코드의 흐름을 다르게 제어할 때 사용한다. Python에서는 if, elif, else 키워드를 사용하여 조건을 검사하고, 해당 조건이 참일 때만 블록 안의 코드를 실행한다. 아래 코드는 조건문이다.

```
import random

x = random.random()
if x < 0.5:
    print("x는 0.5보다 작습니다")
elif x < 0.75:
    print("x는 0.75보다 작습니다")
else:
    print("x는 0.75 이상입니다")
✓ 0.0s
x는 0.75보다 작습니다
```

random.random() 함수는 0 이상 1 미만의 실수를 무작위로 생성한다. if, elif, else 구문을 사용하여, 변수 x의 값이 어떤 범위에 속하는지에 따라 서로 다른 문장을 출력한다. if는 첫 번째 조건을 검사하고, 그 조건이 거짓이면 elif를 검사한다. else는 위 조건들이 모두 거짓일 때 실행된다. 예를 들어 x = 0.68이면 "x는 0.75보다 작습니다"가 출력된다.

반복문 사용

반복문은 특정 코드를 여러 번 반복해서 실행하고 싶을 때 사용한다. for 반복문은 정해진 횟수만큼 반복할 때 사용하고, while 반복문은 조건이 만족하는 동안 계속 반복된다. break 문은 반복문을 중간에 강제로 종료할 때 사용된다. 아래는 for 반복문의 예시이다.

```
for i in range(1, 5):
    print(i)
```

```
1
2
3
4
```

range(1, 5)는 1부터 4까지의 정수를 생성한다(5는 포함되지 않음). 반복문은 i의 값이 1에서 4까지 변하면서 print(i)를 실행한다. 다음은 while 반복문의 예시이다.

```
t = 0
sum_val = 0
while sum_val <= 100:
    t += 1
    sum_val += t
print(sum_val)
```

```
105
```

while 반복문은 sum_val <= 100이라는 조건이 참인 동안 계속 반복된다. t는 1씩 증가하고, sum_val은 t를 계속 더하면서 누적된다. sum_val이 100을 초과하면 반복이 종료되고, 최종적으로 sum_val = 105가 출력된다. break를 사용하면 같은 결과를 출력하는 아래와 같은 코드를 만들 수 있다.

```
t = 0
sum_val = 0
while True:
    t += 1
    sum_val += t
    if sum_val > 100:
        break
print(sum_val)
```

```
105
```

while True:는 항상 참이므로 무한 반복된다. 하지만 반복문 안에 if sum_val > 100: 조건문을 넣고, break 문을 사용하여 조건을 만족하면 반복을 중단하도록 만든다. 결과적으로 이전 예제와 동일하게 sum_val = 105가 출력된다. 이 구조는 반복 횟수를 알 수 없는 경우, 조건을 통해 반복을 제어하고 싶을 때 자주 사용된다.

데이터 불러오기

데이터의 형식에 따라 불러오는 방식은 다양하지만, 본 교재에서는 .csv 파일을 기준으로 설명한다. .xlsx나 .xls 형식의 엑셀 파일도 유사한 방식으로 불러올 수 있다. 데이터를 불러올 때는 Pandas 패키지의 pd.read_csv() 함수를 사용하며, 작업 공간이 제대로 설정되어 있고 해당 폴더 안에 .csv 파일이 있다면 아래와 같이 데이터를 정상적으로 불러올 수 있다. 또한, 데이터가 올바르게 불러와졌는지 확인하기 위해 head() 함수를 사용하여 처음 5개의 행을 미리 확인할 수 있다.

```
df = pd.read_csv("[illegible]")
df.head()
```

✓ 0.0s

	date	PI_CA	SI_CA	II_CA	PI_I	SI_I	II_I	PI_CO	SI_CO	II_CO	...	KOSDAQ	Expected_inf	Oilprice	TB_spread	USCPI	IR_House	USB_10	LeadingCI	LaggingCI	VKOSPI
0	td	5.000	5.000	5.000	5.000	5.000	5.000	5.000	5.000	5.000	...	5.00	2.0	5.00	2.00	5.0	2.00	2.00	5.0	5.0	1.00
1	04-Aug	80.676	83.725	47.866	44.747	52.469	42.169	90.809	97.398	64.304	...	355.66	3.4	44.94	0.60	189.2	5.80	4.28	56.6	59.8	22.76
2	04-Sep	83.572	84.319	48.542	44.970	52.976	42.437	92.941	103.601	63.246	...	362.08	3.3	45.95	0.64	189.8	5.63	4.13	56.7	59.9	23.73
3	04-Oct	81.798	83.807	48.367	45.019	52.919	42.511	92.793	101.498	63.232	...	357.04	3.3	53.13	0.57	190.8	5.57	4.10	56.9	60.1	27.17
4	04-Nov	82.503	84.153	49.361	45.883	53.771	44.000	95.844	106.127	62.213	...	373.43	3.3	48.46	0.62	191.7	5.47	4.19	57.0	60.2	25.05

5 rows × 94 columns

결측치 제거

데이터상에 결측치가 있을 경우 분석 과정에서 문제가 생길 수 있기 때문에 결측치를 확인하고 제거해 주는 과정을 거친다. .isnull()을 통해 각 값이 결측치인지 확인할 수 있고, isnull().sum()을 통해 각 열의 결측치 개수를 확인할 수 있다.

```
print(df.isnull().head())          # 각 값이 결측인지 확인
✓ 0.0s

    date  PI_CA  SI_CA  II_CA  PI_I   SI_I   II_I   PI_CO  SI_CO  II_CO  ...  \
0  False  False  False  False  False  False  False  False  False  False  ...
1  False  False  False  False  False  False  False  False  False  False  ...
2  False  False  False  False  False  False  False  False  False  False  ...
3  False  False  False  False  False  False  False  False  False  False  ...
4  False  False  False  False  False  False  False  False  False  False  ...

   KOSDAQ  Expected_inf  Oilprice  TB_spread  USCPI  IR_House  USB_10  \
0   False         False     False      False  False     False   False
1   False         False     False      False  False     False   False
2   False         False     False      False  False     False   False
3   False         False     False      False  False     False   False
4   False         False     False      False  False     False   False

   LeadingCI  LaggingCI  VKOSPI
0      False      False   False
1      False      False   False
2      False      False   False
3      False      False   False
4      False      False   False

[5 rows x 94 columns]
```

```
print(df.isnull().sum())   # 각 열의 결측치 개수 확인
✓ 0.0s
date         0
PI_CA        0
SI_CA        0
II_CA        0
PI_I         0
            ..
IR_House     0
USB_10       0
LeadingCI    0
LaggingCI    0
VKOSPI       0
Length: 94, dtype: int64
```

결측치 확인 후, .dropna()를 통해 결측치를 제거한다.

```
df_clean = df.dropna() # 결측치 제거
✓ 0.0s
```

데이터 처리

데이터를 분석할 때는 전체 데이터를 그대로 사용하는 것보다, 필요한 부분만 선택하거나 새로운 변수를 생성하여 분석을 진행하는 경우가 많다. 이럴 때는 아래와 같이 Pandas의 기능을 활용하여 원하는 열(변수)을 추출하거나, 기존 열을 활용해 새로운 열을 만들어 분석에 활용할 수 있다. 아래 코드는 데이터 처리의 예시이다.

```
# 필터
KOSDAQ_select = df[df['KOSDAQ'] <= 600]

# 선택
selected = df[['USCPI', 'KOSDAQ']]

# 새 변수 만들기
df['USCPI/KOSDAQ'] = df['USCPI'] / df['KOSDAQ']
```

위 코드는 다음과 같은 작업을 수행한다.

1) df 데이터프레임에서 'KOSDAQ' 값이 600 이하인 행을 필터링하여 selected 변수에 저장
2) df 데이터프레임에서 'USCPI'와 'KOSDAQ' 열만 선택하여 selected 변수에 저장
3) 'USCPI' 값을 'KOSDAQ' 값으로 나눈 결과를 새로운 열 'USCPI/KOSDAQ'이라는 새로운 변수에 저장

이러한 전처리 과정은 분석의 정확도와 해석력을 높이는 데 중요한 역할을 한다.

데이터 저장

Pandas를 이용하면 가공한 데이터를 쉽게 저장할 수 있다. 파일로 저장할 때는 to_csv() 또는 to_excel() 함수를 사용하며, 엑셀 파일(.xlsx)로 저장하려면 먼저 openpyxl 패키지를 설치해야 한다. 아래 코드는 df라는 데이터프레임을 저장하는 예시이다.

```
!pip install openpyxl


# CSV 파일로 저장
df.to_csv("저장결과.csv", index=False)

# Excel 파일 저장 (openpyxl 설치 필요)
df.to_excel("저장결과.xlsx", index=False)
```

index=False 옵션은 데이터프레임의 인덱스를 파일에 저장하지 않도록 설정한다. 파일은 현재 작업 공간에 저장되며, Jupyter Notebook 기준으로 왼쪽 탐색기 창에서 바로 확인할 수 있다. CSV 파일은 대부분의 데이터 분석 도구와 호환되며, Excel 파일은 가독성과 공유에 유리하다. 상황에 따라 적절한 형식을 선택해 데이터를 저장하면 된다.

참고문헌

강규호, 김정성, 신세림. (2021). 우리나라 소비자물가상승률 예측.『경제분석』, 27(4), 1-42.

김종화, 이중식. (2005). 인플레이션 전망에 있어서 정보변수의 역할.『경제분석』, 11(3), 31-58.

김현학. (2015). 예측조합 및 밀도함수에 의한 소비자물가 상승률 전망.『BOK 경제연구』, 2015-11, 1-33.

박준용, 장유순, 한상범. (2022).『경제시계열분석』. 법문사.

이진희, 김덕파. (2014). 한국 경제변수에 대한 자기회귀 및 벡터자기회귀 모형의 예측성과 비교.『경제분석』, 20(4), 114-150.

최인, 황승진. (2012). 한국의 인플레이션 예측.『응용경제』, 14(3), 133-168.

한희준. (2023). 랜덤 포레스트(Random Forest)의 시계열 적용에 관한 연구: 한국 물가상승률 예측 사례 분석.『경제학연구』, 71(3), 37-73.

한희준. (2024). 머신러닝 기법을 이용한 한국 인플레이션 예측: 시계열 지속성과 머신러닝 예측의 관계에 관한 사례 연구.『국제경제연구』, 30(2), 21-56.

Andersen, T. G., Bollerslev, T., Diebold, F. X., & Labys, P. (2001). The distribution of realized exchange rate volatility. *Journal of the American Statistical Association*, 96(453), 42-55.

Andersen, T. G., Bollerslev, T., Diebold, F. X., & Labys, P. (2003). Modeling and forecasting realized volatility. *Econometrica*, 71(2), 579-625.

Baillie, R. T., Bollerslev, T., & Mikkelsen, H. O. (1996). Fractionally integrated generalized autoregressive conditional heteroskedasticity. *Journal of Econometrics*, 74(1), 3-30.

Bollerslev, T. (1986). Generalized autoregressive conditional heteroskedasticity. *Journal of Econometrics*, 31(3), 307-327.

Bollerslev, T. (2010). Glossary to ARCH (GARCH). In T. Bollerslev, J. Russell, & M. Watson (Eds.), *Volatility and Time Series Econometrics: Essays in Honor of Robert Engle* (pp. 137-163). Oxford University Press.

Breiman, L. (2001). Random forests. *Machine Learning*, 45(1), 5-32.

Carlstein, B. (1988). The use of subseries methods for estimating the variance of a general statistic from a stationary time series. *Annals of Statistics*, 16(3), 1171–1179.

Chen, T., & Guestrin, C. (2016). XGBoost: A scalable tree boosting system. In *Proceedings of the 22nd ACM SIGKDD International Conference on Knowledge Discovery and Data Mining* (pp. 785–794).

Choi, I. (2015). *Almost all about unit roots: Foundations, developments, and applications*. Cambridge University Press.

Clark, T. E., & McCracken, M. W. (2001). Tests of equal forecast accuracy and encompassing for nested models. *Journal of Econometrics*, 105(1), 85–110.

Clark, T. E., & McCracken, M. W. (2012). In-sample tests of predictive ability: A new approach. *Journal of Econometrics*, 170(1), 1–14.

Clark, T. E., & West, K. D. (2007). Approximately normal tests for equal predictive accuracy in nested models. *Journal of Econometrics*, 138(1), 291–311.

Corsi, F. (2009). A simple approximate long-memory model of realized volatility. *Journal of Financial Econometrics*, 7(2), 174–196.

Diebold, F. X., & Inoue, A. (2001). Long memory and regime switching. *Journal of Econometrics*, 105(1), 131–159.

Diebold, F. X., & Mariano, R. S. (1995). Comparing predictive accuracy. *Journal of Business & Economic Statistics*, 13(3), 253–263.

Ding, Z., & Granger, C. W. J. (1996). Modeling volatility persistence of speculative returns: A new approach. *Journal of Econometrics*, 73(1), 185–215.

Ding, Z., Granger, C. W. J., & Engle, R. F. (1993). A long memory property of stock market returns and a new model. *Journal of Empirical Finance*, 1(1), 83–106.

Elliott, G., Gargano, A., & Timmermann, A. (2013). Complete subset regressions. *Journal of Econometrics*, 177(2), 357–373.

Elliott, G., Gargano, A., & Timmermann, A. (2015). Complete subset regressions with large-dimensional sets of predictors. *Journal of Economic Dynamics and Control*, 54, 86–110.

Engle, R. F. (1982). Autoregressive conditional heteroskedasticity with estimates of the variance of United Kingdom inflation. *Econometrica*, 50(4), 987–1007.

Engle, R. F., & Bollerslev, T. (1986). Modelling the persistence of conditional variances. *Econometric Reviews*, 5(1), 1–50.

Fan, J., & Li, R. (2001). Variable selection via nonconcave penalized likelihood and its oracle properties. *Journal of the American Statistical Association*, 96(456), 1348–1360.

Faust, J., & Wright, J. H. (2013). Forecasting inflation. In G. Elliott & A. Timmermann (Eds.), *Handbook of Economic Forecasting* (Vol. 2A, pp. 2–56). Elsevier.

Freund, Y., & Schapire, R. E. (1997). A decision-theoretic generalization of on-line learning and an application to boosting. *Journal of Computer and System Sciences*, 55(1), 119–139.

Friedman, J. H. (2001). Greedy function approximation: A gradient boosting machine. *Annals of Statistics*, 29(5), 1189–1232.

Giacomini, R., & White, H. (2006). Tests of conditional predictive ability. *Econometrica*, 74(6), 1545–1578.

Glosten, L. R., Jagannathan, R., & Runkle, D. E. (1993). On the relation between the expected value and the volatility of the nominal excess return on stocks. *Journal of Finance*, 48(5), 1779–1801.

Granger, C. W. J., & Hyung, N. (2004). Occasional structural breaks and long memory with an application to the S&P 500 absolute stock returns. *Journal of Empirical Finance*, 11(3), 399–421.

Han, H. (2015). Asymptotic properties of GARCH-X processes. *Journal of Financial Econometrics*, 13(1), 188–221.

Han, H., & Park, J. Y. (2008). Time series properties of ARCH processes with persistent covariates. *Journal of Econometrics*, 146(2), 275–292.

Han, H., & Park, J. Y. (2014). GARCH with omitted persistent covariate. *Economics Letters*, 124(2), 248–254.

Hansen, P. R., & Lunde, A. (2005). A comparison of volatility models: Does anything beat a GARCH(1,1)? *Journal of Applied Econometrics*, 20(7), 873–889.

Hansen, P. R., Lunde, A., & Nason, J. M. (2011). The model confidence set. *Econometrica*, 79(2), 453–497.

Hastie, T., Tibshirani, R., & Friedman, J. (2017). *The elements of statistical learning: Data mining, inference, and prediction* (2nd ed.). Springer.

Hillebrand, E. (2005). Neglecting parameter changes in GARCH models. *Journal of Econometrics*, 129(1–2), 121–138.

Ke, G., Meng, Q., Finley, T., Wang, T., Chen, W., Ma, W., Ye, Q., & Liu, T.-Y. (2017). LightGBM: A highly efficient gradient boosting decision tree. In *Advances in Neural Information Processing Systems*, 30.

Kilian, L., & Lütkepohl, H. (2017). *Structural vector autoregressive analysis*. Cambridge University Press.

Kreiss, J.-P. (1992). Bootstrap procedures for AR(∞) processes. In *Bootstrapping and Related Techniques* (pp. xx–xx). Springer.

Kursa, M. B., & Rudnicki, W. R. (2010). Feature selection with the Boruta package. *Journal of Statistical Software*, 36(11), 1–13.

Kwiatkowski, D., Phillips, P. C. B., Schmidt, P., & Shin, Y. (1992). Testing the null hypothesis of stationarity against the alternative of a unit root. *Journal of Econometrics*, 54(1–3), 159–178.

Medeiros, M. C., Vasconcelos, G. F. R., Veiga, Á., & Zilberman, E. (2021). Forecasting inflation in a data-rich environment: The benefits of machine learning methods. *Journal of Business & Economic Statistics*, 39(1), 98–119.

McCracken, M. W., & Ng, S. (2015). FRED-MD: A monthly database for macroeconomic research (Working Paper No. 2015-012). Federal Reserve Bank of St. Louis.

Mikosch, T., & Stărică, C. (2004). Nonstationarities in financial time series, the long-range dependence, and the IGARCH effects. *The Review of Economics and Statistics*, 86(1), 378–390.

Nelson, D. B. (1991). Conditional heteroskedasticity in asset returns: A new approach. *Econometrica*, 59(2), 347–370.

Park, J., & Ratti, R. A. (2008). Oil price shocks and stock markets in the U.S. and 13 European countries. *Energy Economics*, 30(5), 2587–2608.

Politis, D. N., & Romano, J. P. (1994). The stationary bootstrap. *Journal of the American Statistical Association*, 89(428), 1303–1313.

Sims, C. A. (1980). Macroeconomics and reality. *Econometrica*, 48(1), 1–48.

Speiser, J. L., Miller, M. E., Tooze, J., & Ip, E. H. (2019). A comparison of random forest variable selection methods for classification prediction modeling. *Statistics in Medicine*, 38(9), 1521–1533.

Stock, J. H., & Watson, M. W. (2010). Modeling inflation after the crisis (NBER Working Paper No. 16488). National Bureau of Economic Research.

Tibshirani, R. (1996). Regression shrinkage and selection via the lasso. *Journal of the Royal Statistical Society: Series B (Methodological)*, 58(1), 267–288.

West, K. D. (1996). Asymptotic inference about predictive ability. *Econometrica*, 64(5), 1067–1084.

Zou, H. (2006). The adaptive lasso and its oracle properties. *Journal of the American Statistical Association*, 101(476), 1418–1429.

Zou, H., & Hastie, T. (2005). Regularization and variable selection via the elastic net. *Journal of the Royal Statistical Society: Series B (Statistical Methodology)*, 67(2), 301–320.

Zou, H., Hastie, T., & Tibshirani, R. (2007). On the "degrees of freedom" of the lasso. *The Annals of Statistics*, 35(5), 2173–2192.

찾아보기

ㅅ

ㅇ

ㅎ

저자 소개

한희준
서울대학교 국제경제학과 학사
Rice University 경제학 박사
한국은행 조사국 및 부산지점 근무
싱가포르 국립대학교 조교수 역임
경희대학교 부교수 역임
성균관대학교 퀀트응용경제학과 설립 학과장 역임
현) 성균관대학교 경제학과 및 퀀트응용경제학과 교수

홈페이지: https://sites.google.com/site/heejoonecon

머신러닝과 경제·금융 시계열 예측

R과 Python을 활용한 실습 중심 입문서

저　　자　한희준
표지디자인　이수지
발 행 인　김지영
발 행 처　자유아카데미
주　　소　경기도 파주시 회동길 37-42 파주출판도시
전　　화　031-955-1321
팩　　스　031-955-1322
홈페이지　www.freeaca.com
전자우편　main@freeaca.com (대표)
editor@freeaca.com (편집)
crm@freeaca.com (영업)
등　　록　제406-2003-017호, 1980. 7. 12
제1판1쇄　2025년 8월 29일 발행

저자와의 협의하에 인지생략

ISBN 979-11-5808-749-4 93310